全国重点大学自主招生通用教程

物　理

丛书主编　吴翀逸
本册主编　黄宏彬

东南大学出版社
SOUTHEAST UNIVERSITY PRESS
·南京·

图书在版编目(CIP)数据

全国重点大学自主招生通用教程. 物理 / 吴翀逸，黄宏彬主编. —南京：东南大学出版社，2019.1
ISBN 978-7-5641-8033-1

Ⅰ. ①全… Ⅱ. ①吴… ②黄… Ⅲ. ①中学物理课—高中—升学参考资料 Ⅳ. ①G634

中国版本图书馆 CIP 数据核字(2018)第 229125 号

全国重点大学自主招生通用教程 · 物理

出版发行：东南大学出版社
社　　址：南京市四牌楼 2 号　　**邮编**：210096
出 版 人：江建中
网　　址：http://www.seupress.com
电子邮箱：press@seupress.com
经　　销：全国各地新华书店
印　　刷：南京玉河印刷厂
开　　本：787 mm×1092 mm　1/16
印　　张：11
字　　数：275 千字
版　　次：2019 年 1 月第 1 版
印　　次：2019 年 1 月第 1 次印刷
书　　号：ISBN 978-7-5641-8033-1
定　　价：38.00 元

跃起闯关，铸造辉煌
（代前言）

王步高

跨进大学校门，对很多人而言，是人生黄金时代的开始。我先后就读于南京大学和吉林大学、南京师范大学，长期任教于东南大学，退休后又任教于清华大学，比较这些学校，虽都叫"大学"，实际办学风格、办学特色各不相同，或者说"大"和强大程度并不相同，这是人所共知的。华中科技大学有位教授说："泡菜的味道，是由泡菜坛中水的味道决定的。"来清华大学以后，我更体会到上大学能进入清华这样的著名高校，对一生成才能提供更好的文化环境和文化氛围，才能更找到上大学的感觉。大学之间的差别，不仅在办学规模的大小、校园面积的不同、硬件设施和办学条件及师生的水平差异等等多数人能想象得出的不同，而且名校拥有一种"雍容大度"的胸襟，"追求卓越，耻不如人"的气概，一些说不清、道不明，却又明明白白存在的类似"气场"这样的东西。当您长期生活在它的氛围中，特别是您将它与不同层次高校比较时，更会有这样的感受。据说，清华大学每年在河北这样很大的省就录取30来人，即使在一个县、市名列第一，也未必一定能被录取。您能上清华、北大、南大、东大、复旦、交大、浙大、吉林大学这类高校，会使您的青春放射出更奇丽的光彩。

清华大学历史上有过许多不拘一格录取人才的佳话。1929年夏，钱钟书报考清华大学，而他的数学成绩仅15分，但是他的国文成绩和英文成绩都是特优，主管录取的老师便将他的成绩报告了校长罗家伦。罗家伦没有只注重总分，不看重考生的单科成绩，而是打破惯例，予以破格录取。这在清华被传为美谈。若没有当初的"破"，清华便少了这位立誓"横扫清华图书馆"的才华横溢的青年才子。

钱伟长回忆考清华大学时，"我还记得当时的语文题目是《梦游清华园记》，我写了一篇赋，45分钟450字，出题目的老师想改，一个字也改不了。后来他给了100分。历史题目是写二十四史的名称、作者、卷数，我一点错误都没有，又是满分"。钱伟长选入历史系，不久爆发了"九·一八"事变，他立志要科学救国，向学校提出想转学理工。物理系主任吴有训看到他的物理成绩仅5分，数学、化学两科成绩加起来也不过20分，而英文则是0分，而清华大学的理工科课堂基本上是用英语讲授，不允许他转系。后经钱再三申请，理学院准许他试读，并且规定第一年的大学普通物理、微积分、普通化学等三门课都要过70分才能正式入物理系。经过刻苦学习和改进学习方法，钱伟长终于如愿进入物理系，后又到加拿大求学，成为著名物理学家，1955年当选中科院首批学部委员。

华罗庚少年时期命运十分坎坷，他的腿因幼时患伤寒症而跛，初中毕业后辍学在金坛中学当会计。1930年华罗庚在《科学》上发表论文《苏家驹之代数的五次方程式解法不能成立的理由》，被清华算学系主任熊庆来、杨武之教授等看到，认为他很有数学天资，值得培养，请示理学院院长叶企孙，得到支持，便安排他到算学系图书馆做助理员，一边工作一边旁听大学课程。1933年，在熊庆来、杨武之、郑之蕃等教授的极力推荐下，华罗庚被清华破格提为助教，教授微积分课程。1936年，华罗庚经学校推荐，以访问学者身份派往英国剑桥大学留学。1938年华罗庚回国后，又被破格聘为西南联大教授，成为著名数学家。

我认为，如今各著名高校进行的自主招生，就是要达到两个目的：其一，要不拘一格，把未来的钱钟书、钱伟长、华罗庚录取进来，尤其要注意录取偏科、确实在某一方面具有特长的学生，不至于因总分不够而不能进入名校；其二，让一些一贯成绩优秀，因一时临场发挥不正常，未考出应有水平的高材生，不致因"一张考卷定终身"而与名校失之交臂 。说到底，是要让目前争议很大的高考，得到某种补偿，真正起到选拔优秀可造之才的作用。

这使优秀的人才多了一次接受名校选拔的机会，录取的几率也大大增加。因此，自主考试的成败便显得非常重要。

然而，自主考试虽推出不止一年，以往均各校自主命题，因教师喜好不同，本身专业背景不同，命题五花八门，没有太多规律可循。从2010年起，清华、北大和若干所高校联合命题，形成所谓"华约""北约"，前一年的试题也不难得到，这便给新一年的应试者探索其出题规律，在尽量不影响高考复习正常进程的情况下准备好自主招生考试提供了可能。要选拔符合新时代竞争需求的具备创新意识和综合实践能力的优秀考生，命题中应用型、能力型试题比重会加大，主要考查考生的综合素质与能力。自主考试的试题正逐步走向正轨。

吴先生是我们东南大学的校友，长期办学，有适度超前的教育理念，有一套指导学生复习应考的好方法，团结了一批学有所长、教有所长的教师。最近又编著了一套面向著名高校自主招生的教材，这套书包括《语文》《数学》《英语》《文科综合及面试》《理科综合及面试》五本，体例在共性上至少包括三大模块，即"核心知识探究""精选真题剖析""模拟实战冲刺"。它的资料采集新颖、丰富，知识构架整合、提升，解题方法视角独特，集备考的资料性、实用性、针对性于一体。为考生准备自主招生提供帮助，开全国风气之先，我愿其成功！

希望同学们借助这套书完成优秀中学与重点大学之间的衔接：(1) 明确复习重点，优化中学学科知识结构，衔接（输入、学习、了解）大学学科基础知识与基本研究技能；(2) 拓展学科思维，理解掌握学科规律，深化经典范题，提升创新能力；(3) 把握命题趋势，透视社会热点与焦点，范式点评、综合研练各类题型的解题思路。

此外，也希望同学们对要报考的高校的基本办学理念、办学精神、校训等有所了解。

祝同学们在自主招生考试中取得成功，更希望您能以此为起点，"跃起闯关，铸造辉煌"，既铸造高考的辉煌，更开启理想的黄金时代，铸造一生的辉煌。我特别希望稍后在我们清华园里，与您相逢，也祝愿您会成为我们清华、南大、东大、吉林大学的校友，希望您能成为钱钟书、钱伟长、华罗庚一样的成功者，让祖国人民为您骄傲！

2012年5月22日于清华园

王步高　东南大学二级教授（文科最高级），国家两项精品课程主持人，清华大学客座教授

Contents 目录

第1章

数学工具

数学是物理学的工具."工欲善其事,必先利其器",这一章我们从直观实用的角度来介绍微积分和物理量,不求全面与系统,重在基本概念和核心思想,并为以后的物理表述提供表达符号和运算公式,更严格的数学论证读者可以参考有关书籍.

1.1 微 积 分

微积分,或者数学分析,是人类思维的伟大成果之一,它处于自然科学与人文科学之间的地位,使它成为高等教育的一种特别有用的工具.

——R. 柯朗

一、微分

微分,顾名思义,就是微小的部分,在应用时常称为微元. 在物理里,最基本的对象往往是点模型,例如质点和点电荷,因而研究一个连续分布的体系时,要将其划分为微元进行物理分析和数学处理. 例如,一段长度为 l 的导线,取其一有限部分,记为 Δl. 如果 $\Delta l \to 0$,即为导线的微元,简称线元,记为 $\mathrm{d}l$. 如果 $\mathrm{d}l$ 乘上质量或电荷线密度 λ,则有质量微元 $\mathrm{d}m=\lambda \mathrm{d}l$ 或电荷微元 $\mathrm{d}q=\lambda \mathrm{d}l$. 从数学角度讲,这些微元可以任意小,称为无穷小量;但从物理角度讲,这些仅是宏观上看起来无穷小,若真的小到原子尺度以下,就几乎是真空了. 因此这些微元从微观上看要取得足够大,以保证线密度作为该范围内的平均值有意义;而从宏观上看必须足够小,以保证我们可以把它们当成微元处理.

在数学里,微分是对变量而言的,比如 x 的变化量 Δx 趋于无穷小时,则记为微元 $\mathrm{d}x$. 作为 x 的函数,$y=f(x)$随 x 而变化,其微分则为

$$\mathrm{d}y = f(x+\mathrm{d}x) - f(x) \equiv \lim_{\Delta x \to 0}[f(x+\Delta x) - f(x)].$$

$\mathrm{d}y$ 的具体表示式,显然依赖于函数的具体形式,这里举两个例子.

例 1 已知 $y=x^3$,试求与 $\mathrm{d}x$ 相应的微分 $\mathrm{d}y$.

解:根据定义,有

$$\mathrm{d}y = (x+\mathrm{d}x)^3 - x^3.$$

可得

$$\mathrm{d}y = x^3 + 3x^2\mathrm{d}x + 3x(\mathrm{d}x)^2 + (\mathrm{d}x)^3 - x^3.$$

略去比 $\mathrm{d}x$ 高阶的无穷小 $(\mathrm{d}x)^2$，$(\mathrm{d}x)^3$ 后，得到

$$\mathrm{d}y = 3x^2\mathrm{d}x.$$

例 2 已知 $x=h\tan\theta$，试求与 $\mathrm{d}\theta$ 相应的微分 $\mathrm{d}x$.

解： 由于 $x=h\tan\theta$ 很容易被赋予几何意义，我们从几何关系来考察角度的微元变化 $\mathrm{d}\theta$ 引起的 x 的微分变化 $\mathrm{d}x$.

如下图所示，一个处在点 O' 处的探照灯旋转角度 θ 时，在距其距离为 h 处的直河岸 Ox 的光斑位置为 A，当角度 θ 改变 $\mathrm{d}\theta$ 后，光斑移到 B 处，B 相对 A 的位置改变即为 $\mathrm{d}x$.

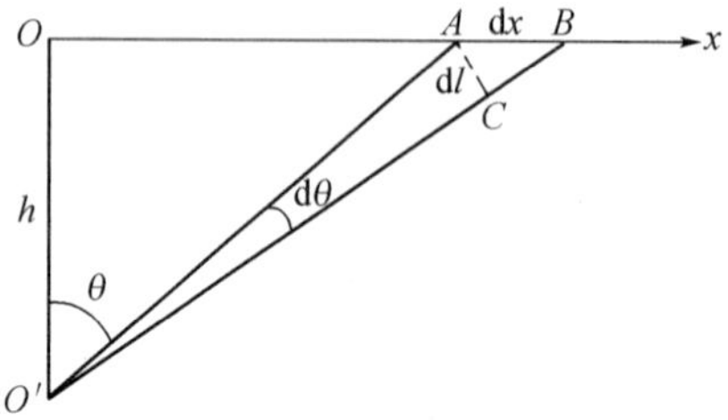

为了求出 $\mathrm{d}x$，我们从 A 点作 $O'B$ 的垂线 AC，其长度为 $\mathrm{d}l$. 由于 $\mathrm{d}\theta$ 是无穷小，可得

$$\mathrm{d}l = |O'A|\,\mathrm{d}\theta = \frac{h}{\cos\theta}\mathrm{d}\theta.$$

进一步，由几何关系可得

$$\mathrm{d}x = \frac{\mathrm{d}l}{\cos\theta} = \frac{h}{\cos^2\theta}\mathrm{d}\theta.$$

在物理里，很多物质系统会随时间演变，描述这些系统的物理量就是关于时间 t 的函数. 分析这些系统时，我们往往需要把这些变化过程划分成一个个微元过程，即考察微元 $\mathrm{d}t$ 时间内物理量相应的微元变化. 在质点力学里面，这些微元之间的关系往往就是描述质点系统的基本动力学规律，例如动量、角动量和动能定理可以写成微分形式：

$$\mathrm{d}\boldsymbol{p} = \boldsymbol{F}\mathrm{d}t,$$

$$\mathrm{d}\boldsymbol{L} = \boldsymbol{M}\mathrm{d}t,$$

$$\mathrm{d}E_{\mathrm{k}} = \boldsymbol{F}\cdot\mathrm{d}\boldsymbol{r}.$$

因此，必须掌握好微分的概念，这样不仅可以更深刻地理解物理规律，也可以用它来解决与连续系统和变化过程有关的物理问题.

二、微商

在一个不断变化的世界里，我们往往需要考察一个量随另一量变化的快慢，即速度或变化率的问题，这时需要引进微商的概念. 微商在数学里也叫导数，就是两个微分相除得到的商.

1. 微商的定义和记号

函数 $y=f(x)$ 的一阶微商记为 $f'(x)$，它的定义为

$$f'(x) \equiv \frac{\mathrm{d}y}{\mathrm{d}x} \equiv \lim_{\Delta x\to 0}\frac{f(x+\Delta x)-f(x)}{\Delta x}.$$

其几何解释就是函数曲线在 x 处切线的斜率. 如下图所示，一条割线交函数曲线于 A,B 两点，割线 AB 的斜率就是$\dfrac{\Delta y}{\Delta x}$，当 $\Delta x\to 0$ 时，B 点就越来越接近 A 点，割线 AB 最终变为过 A 点的切线，该切线的斜率就是该处函数的微商或导数.

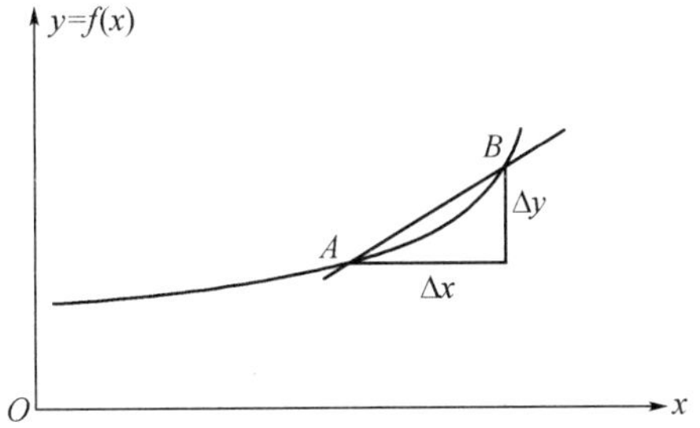

显然 $f'(x)$ 也是 x 的函数，进一步可以定义函数 $y=f(x)$的二阶和三阶微商，分别为

$$f''(x)=\frac{\mathrm{d}f'(x)}{\mathrm{d}x}\equiv\frac{\mathrm{d}^2 y}{\mathrm{d}x^2},\quad f'''(x)=\frac{\mathrm{d}f''(x)}{\mathrm{d}x}\equiv\frac{\mathrm{d}^3 y}{\mathrm{d}x^3}.$$

n 阶微商则记为

$$f^{(n)}(x)=\frac{\mathrm{d}f^{(n-1)}(x)}{\mathrm{d}x}\equiv\frac{\mathrm{d}^n y}{\mathrm{d}x^n}.$$

在物理里，我们常碰到随时间变化的变量，为了表述简单，我们在变量上面加一点、两点来表示对时间的一阶、二阶导数，例如质点在 x 轴方向的速度和加速度可以记为

$$v_x=\frac{\mathrm{d}x}{\mathrm{d}t}=\dot{x},\quad a_x=\frac{\mathrm{d}v_x}{\mathrm{d}t}=\dot{v}_x=\frac{\mathrm{d}^2 x}{\mathrm{d}t^2}=\ddot{x}.$$

2. 求导规则和公式

根据微商的定义，可直接得到求导的一些基本规则：

(1) 函数 $y=f^{-1}(x)$是函数 $y=f(x)$的反函数，由 x 和 y 的互反关系，易得

$$\frac{\mathrm{d}f^{-1}(x)}{\mathrm{d}x}=\frac{\mathrm{d}y}{\mathrm{d}f(y)}=\frac{1}{\mathrm{d}f(y)/\mathrm{d}y}=\frac{1}{f'(y)}.$$

(2) 如果 $y=f(u)$，$u=g(x)$，则复合函数 $y=f[g(x)]$的导数为

$$\frac{\mathrm{d}y}{\mathrm{d}x}=\frac{\mathrm{d}y}{\mathrm{d}u}\frac{\mathrm{d}u}{\mathrm{d}x}=f'(u)g'(x).$$

(3) 如果 y 与 x 的函数关系由参数方程 $y=y(t)$，$x=x(t)$给出，则有

$$\frac{\mathrm{d}y}{\mathrm{d}x}=\frac{\mathrm{d}y/\mathrm{d}t}{\mathrm{d}x/\mathrm{d}t}=\frac{\dot{y}}{\dot{x}}.$$

(4) 对于两个函数 $u(x)$，$v(x)$ 的和与差的导数，则由

$$\mathrm{d}(u\pm v)=\mathrm{d}u\pm\mathrm{d}v,$$

得到

$$\frac{\mathrm{d}[u(x)\pm v(x)]}{\mathrm{d}x}=\frac{\mathrm{d}u(x)}{\mathrm{d}x}\pm\frac{\mathrm{d}v(x)}{\mathrm{d}x}.$$

(5) 对于两个函数 $u(x)$，$v(x)$ 的积的导数，则由

$$\mathrm{d}(uv)=(u+\mathrm{d}u)(v+\mathrm{d}v)-uv=u\mathrm{d}v+v\mathrm{d}u,$$

得到

$$\frac{\mathrm{d}[u(x)v(x)]}{\mathrm{d}x}=u(x)\frac{\mathrm{d}v(x)}{\mathrm{d}x}+v(x)\frac{\mathrm{d}u(x)}{\mathrm{d}x}=u(x)v'(x)+v(x)u'(x).$$

下面我们不加证明地给出一些常用初等函数的导数公式：

(1) $y=C, y'=0.$

(2) $y=x^n(n\neq 0), y'=nx^{n-1}.$

(3) $y=\sin x, y'=\cos x.$

(4) $y=\cos x, y'=-\sin x.$

(5) $y=\mathrm{e}^x, y'=\mathrm{e}^x.$

(6) $y=\ln x, y'=\frac{1}{x}.$

有了这些基本导数，并运用基本规则，就可以求出更多复杂函数的导数. 对于隐函数求导我们也可基于导数的基本定义而得到. 这儿，我们通过两个例子予以说明.

例 3 求 $y=\tan\theta$ 对 θ 的一阶导数.

解：

$$\begin{aligned}\frac{\mathrm{d}y}{\mathrm{d}\theta}&=\frac{\mathrm{d}}{\mathrm{d}\theta}\left(\frac{\sin\theta}{\cos\theta}\right)=\frac{\mathrm{d}}{\mathrm{d}\theta}[\sin\theta\cos^{-1}\theta]\\&=\cos\theta\cos^{-1}\theta+\sin\theta(-\cos^{-2}\theta)(-\sin\theta)\\&=1+\frac{\sin^2\theta}{\cos^2\theta}=\frac{1}{\cos^2\theta}=\sec^2\theta.\end{aligned}$$

从这个结果，容易得到例 2 中的微分为

$$\mathrm{d}(h\tan\theta)=h\frac{\mathrm{d}\tan\theta}{\mathrm{d}\theta}\mathrm{d}\theta=h\frac{1}{\cos^2\theta}\mathrm{d}\theta=h\sec^2\theta\mathrm{d}\theta.$$

例 4 已知直角坐标系中圆的方程为 $x^2+y^2=r^2$，求 $y'(x)$.

解：这是个隐函数求导问题，对所给方程两边求导，得

$$2x+2y\frac{\mathrm{d}y}{\mathrm{d}x}=0,$$

从而可得

$$\frac{\mathrm{d}y}{\mathrm{d}x}=-\frac{x}{y}.$$

也可对方程两边求微分，可得

$$2x\mathrm{d}x+2y\mathrm{d}y=0,$$

进而一样得到

$$y'(x)=\frac{\mathrm{d}y}{\mathrm{d}x}=-\frac{x}{y}.$$

如果把圆的方程改为参数方程

$$\begin{cases} x = r\cos\theta, \\ y = r\sin\theta, \end{cases}$$

则可得到

$$\frac{\mathrm{d}y}{\mathrm{d}x} = \frac{\mathrm{d}y/\mathrm{d}\theta}{\mathrm{d}x/\mathrm{d}\theta} = \frac{r\cos\theta}{-r\sin\theta} = -\frac{x}{y}.$$

这个例题看起来简单,但请细心体会3种不同解法的具体含义.

3. 微商的应用

微商在数学和物理中都有很广的应用.例如运动学里面速度和加速度分别定义为位置矢量对时间的一阶导数和二阶导数,动力学里面牛顿第二定律就是力和动量对时间变化率的方程,而电磁感应部分中的法拉第定律给出的是电动势和磁通量变化率的方程.微积分的基本概念正是由于物理学的需要才由牛顿等人首先提出来的,后来由数学家发展为严格的数学理论.

引入导数以后,从它作为曲线 $y=f(x)$ 斜率的几何意义,可以得到求函数 $y=f(x)$ 极值的一般方法.极值所在位置由一阶导数 $f'(x)=0$ 确定,极小值还是极大值由二阶导数 $f''(x)$ 的正负来判断.一般教科书里面都有这方面的详细内容,这里不再赘述.

我们下面主要讨论微商在函数逼近中的应用:泰勒级数和小量展开.在 $x=x_0$ 附近可以把函数 $y=f(x)$ 展开为泰勒级数

$$f(x) = \sum_{n=0}^{\infty} \frac{1}{n!} f^{(n)}(x_0)(x-x_0)^n = f(x_0) + f'(x_0)(x-x_0) + \frac{1}{2!} f''(x_0)(x-x_0)^2 + \cdots$$

通过两边求导,我们可以验证这个式子的正确性.

由函数的泰勒级数表示,我们可以得到在物理里面用得很多的一些小量展开公式,如:

$$(1\pm x)^n = 1 \pm nx + \frac{n(n-1)}{2!}x^2 + \cdots \quad (x \ll 1),$$

$$\sin x = x - \frac{x^3}{3!} + \cdots,$$

$$\cos x = 1 - \frac{x^2}{2!} + \cdots,$$

$$\tan x = x + \frac{1}{3!}x^3 + \cdots,$$

$$\mathrm{e}^x = 1 + x + \frac{1}{2!}x^2 + \cdots \quad (x \ll 1),$$

$$\ln(1\pm x) = \pm x - \frac{1}{2}x^2 \pm \frac{1}{3}x^3 - \cdots \quad (|x| \ll 1).$$

这里的公式都给到二级或以上近似,通常情况下,在很多物理问题里面,只要准确到一级近似就可以了.

三、积分

积分就是微分的累积,本质上就是求和,把划分开来的微小部分重新合成为一个整体.把变量 y 在区间 $[y_i, y_f]$ 中的微小变化 $\mathrm{d}y$ 累加在一起就是整个区间的变化,用积分符号写出来就是

$$\int_{y_i}^{y_f} \mathrm{d}y = y_f - y_i = \Delta y.$$

如果 $y=f(x)$，则由其微商 $f'(x)$ 可得其微分 $dy=f'(x)dx$，并注意 x 和 y 的对应关系，则有

$$\int_{x_i}^{x_f} f'(x)dx = f(x_f) - f(x_i).$$

这就是计算区间 $[x_i, x_f]$ 中定积分的牛顿-莱布尼兹公式. 式中 x_i 称为积分下限，x_f 称为积分上限，$f'(x)$ 称为 $y=f(x)$ 的导函数，而 $y=f(x)$ 则称为 $f'(x)$ 的原函数. 这个公式表明了微分和积分运算的互逆关系，它是微积分学的灵魂和核心，也被称为积分学的基本定理.

从积分学基本定理可以看出，积分其实就是知道斜率 $f'(x)$，从 dx 求得 $dy=f'(x)dx$，然后累积得到整个 Δy. 这正是林群院士于一棵古树之下对微积分本质的一个感悟：积分就是由斜率求高. 这其实就是初中就知道的三角函数知识的延伸，很容易能想到. 在一般的微积分教科书中，积分的几何解释则是面积，即 $f'(x)$ 曲线与 x 轴之间在 $[x_i, x_f]$ 区间范围内所包围的面积. 林院士把这两种解释画在一张图上，如下图所示. 国外有人引用后并赞曰："这大概是最重要的一张图，顶得上 1 000 个符号和方程，将积分的实质压缩在一张快照之中."深刻领悟这张图对于我们把握微积分实质并用图像法解题是关键中的关键.

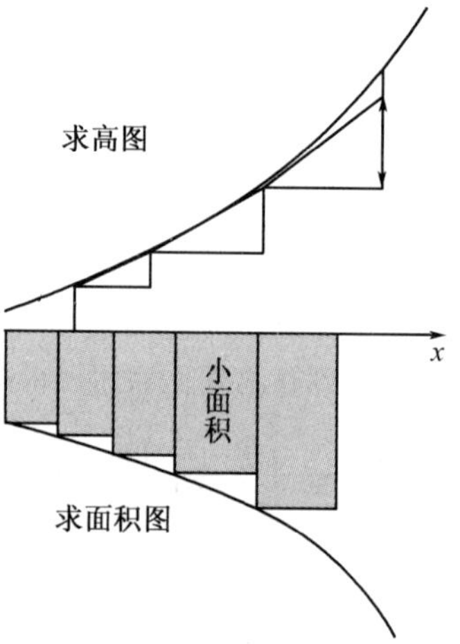

理解了积分的本质之后，我们就可以将求积分的问题转为由导函数 $f'(x)$ 求原函数 $y=f(x)$. 如果把定积分中的上限 x_f 换成变量 x，我们可得到原函数的不定积分的表达式

$$\int_{x_i}^{x} f'(x)dx = f(x) - f(x_i) = f(x) + C.$$

其中，C 为任意常数，在具体物理问题中取决于初始条件或边界条件. 简单的积分，由导数公式反之即得原函数，例如：

$$\int x^n dx = \frac{1}{n+1}x^{n+1} + C. \quad (n \neq -1)$$

$$\int \frac{dx}{x} = \ln|x| + C.$$

$$\int e^x dx = e^x + C.$$

$$\int \sin x dx = -\cos x + C.$$

$$\int \cos x dx = \sin x + C.$$

复杂的积分，我们可以通过查积分表、换元积分或分步积分等方法来求原函数.

1. 换元积分

若 $x=g(u)$，则 $\mathrm{d}x=g'(u)\mathrm{d}u$，从而可得

$$\int f(x)\mathrm{d}x=\int f[g(u)]g'(u)\mathrm{d}u.$$

该式正向进行，成为第二类换元法；反向进行，则是第一类换元法，即所谓凑微分法.

2. 分步积分

由 $\mathrm{d}(uv)=u\mathrm{d}v+v\mathrm{d}u$ 可得

$$\int u\mathrm{d}v=uv-\int v\mathrm{d}u.$$

关于积分的具体技巧我们不再深入讨论.下面，我们通过一个具体的例子来说明积分是如何从实际问题产生以及如何进行计算的.

例 5 试求证一个底面半径为 R、高为 H 的圆锥体的体积为 $V=\frac{1}{3}\pi R^2H$.

证明：我们先按微元积分的原始想法来展示求解的一般过程，然后再将其表示为抽象的积分形式.

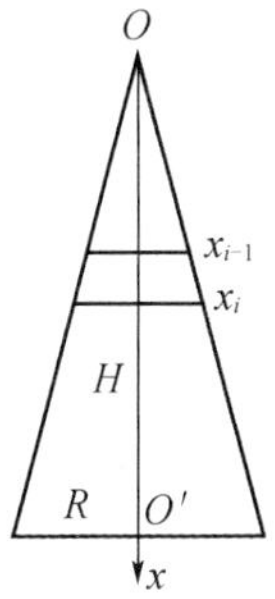

如右图所示，在圆锥体的纵剖面图中，取 OO' 为 x 轴，O 为原点.将高 OO' 分成 n 等份，等分点的坐标为 $x_i=i\frac{H}{n}(i=1,2,\cdots,n-1)$，并记 $x_0=0,x_n=H$.从每个等分点作垂直于 OO' 的平面，这些平面把圆锥体分成 $n-1$ 个圆台，当 n 很大时这些圆台可以近似为一个个圆柱.

考察介于 x_{i-1},x_i 之间的圆台，其上表面的半径为（由于 n 的值很大，x_0 与 x_1 之间的圆锥体积可忽略不计，为 0）

$$r_{i-1}=\frac{x_{i-1}}{H}R.$$

如果该圆台可以近似为圆柱，其体积则约为

$$V_i\approx\pi r_{i-1}^2\frac{H}{n}=\pi R^2H\frac{(i-1)^2}{n^3}.$$

从而整个圆锥体的体积近似为 n 个圆台的体积之和，为

$$V=\sum_{i=1}^{n}V_i=\pi R^2H\frac{1}{n^3}\sum_{i=1}^{n}(i-1)^2=\pi R^2H\frac{1}{n^3}\sum_{i=1}^{n-1}i^2.$$

我们知道自然数平方的级数之和为

$$\sum_{i=1}^{n}i^2=1^2+2^2+3^2+\cdots+n^2=\frac{1}{6}n(n+1)(2n+1).$$

于是，可得圆锥体的体积为

$$V=\sum_{i=1}^{n}V_i=\pi R^2H\frac{1}{n^3}\frac{1}{6}(n-1)n(2n-1)=\frac{1}{3}\pi R^2H\left(1-\frac{1}{n}\right)\left(1-\frac{1}{2n}\right).$$

在 $n\to\infty$ 时，这个结果就应该是圆锥体的真正体积，为

$$V=\frac{1}{3}\pi R^2 H\lim_{n\to\infty}\left(1-\frac{1}{n}\right)\left(1-\frac{1}{2n}\right)=\frac{1}{3}\pi R^2 H.$$

以上的求解过程，大概可以分为 4 个过程：分割、近似、求和与取极限. 前两个过程就是取微元，通过分析给出微元体积. 注意 $x_i-x_{i-1}=\frac{H}{n}$，在 $n\to\infty$时，即为微元 $\mathrm{d}x$，于是可记 x_{i-1} 为 x，x_i 为 $x+\mathrm{d}x$，则 V_i 就是微元体积

$$\mathrm{d}V=\pi\left(\frac{x}{H}R\right)^2\mathrm{d}x=\frac{\pi R^2}{H^2}x^2\,\mathrm{d}x.$$

那么，后两个过程就是对微元进行积分，从而得到

$$V=\frac{\pi R^2}{H^2}\int_0^H x^2\,\mathrm{d}x=\frac{\pi R^2}{H^2}\,\frac{1}{3}x^3\Big|_0^H=\frac{\pi R^2}{H^2}\,\frac{1}{3}H^3=\frac{1}{3}\pi R^2 H.$$

练　习

1. 试求出洛伦兹因子 γ 对时间的一阶导数，已知 γ 与质点速度 v 的关系为 $\gamma(v)=\frac{1}{\sqrt{1-\frac{v^2}{c^2}}}$.

2. 试根据积分的基本含义求抛物线 $y=x^2$ 在[0,1]区间中曲线与 x 轴所围的面积.

参考答案

1. $\frac{\mathrm{d}\gamma}{\mathrm{d}t}=\frac{\gamma^3}{c^2}v\frac{\mathrm{d}v}{\mathrm{d}t}=\frac{\gamma^3}{c^2}va$　2. $S=\int_0^1 x^2\,\mathrm{d}x=\frac{1}{3}$

1.2　物　理　量

一个物理系统的描述，往往涉及一些基本概念和相应的数学表示，即需要用物理量来描述这个系统. 学习一个物理量，我们可以思考以下一些问题：

1. 为什么要引进这个物理量？
2. 如何定义和测量它？
3. 它的符号表示是什么？
4. 它的单位和量纲是什么？
5. 它的数量级如何？
6. 它是标量还是矢量？
7. 它与参考系和坐标系有关吗？
8. 它与其他物理量是怎么联系的？
9. 它有什么应用？

物理学追求的是对世界的普遍描述，它自然需要用数学这个普适语言来表述. 为了表述的普适性，物理方程应该对参考系来说是协变的，即具有相同的数学形式；物理量应该与坐标系无关，因而物理量往往表示为张量，零阶张量和一阶张量就是我们熟悉的标量和矢量(数学里称为向量).

一、标量

在物理学里面，质量、温度、能量等物理量都是标量，它们与坐标系无关，但可能与参考系有关，如动能. 标量一般有单位，统一使用国际单位制，有些场合也用常用单位，如在原子物理中能量往往以电子伏特(eV)为单位；在一定单位下，它有具体的数值，一般用科学记数法表示，前面是有效数字，后面跟数量级. 不论实验还是理论，我们常要对物理量进行量纲分析和数量级估计.

1. 量纲分析

在国际单位制中，我们选择长度(L)、质量(M)、时间(T)、电流(I)、热力学温度(Θ)、发光强度(J)和物质的量(N)作为基本量，其他物理量为导出量. 具体一个物理量单位可以变，但量纲不变，一般用下式表示

$$[Q] = \mathrm{L}^{\alpha}\mathrm{M}^{\beta}\mathrm{T}^{\gamma}\mathrm{I}^{\delta}\Theta^{\varepsilon}\mathrm{J}^{\xi}\mathrm{N}^{\eta}.$$

其中，幂指数 $\alpha, \beta, \gamma, \delta, \varepsilon, \xi, \eta$ 称为量纲指数.

在开展物理研究时，我们往往先用量纲分析确定一个物理量和其他物理量的关系.

例 1　试用量纲分析确定单摆周期 τ 与线长 l、重力加速度 g 的关系.

解：周期 τ 与线长 l、重力加速度 g 的关系可假设为 $\tau \propto l^{\alpha} g^{\beta}$，写成量纲式为

$$[\tau] = [l]^{\alpha}\,[g]^{\beta}.$$

$$\mathrm{T} = \mathrm{L}^{\alpha}\,(\mathrm{LT}^{-2})^{\beta}.$$

比较两边指数，易得 $\alpha = -\beta = \dfrac{1}{2}$，故

$$\tau \propto \sqrt{\frac{l}{g}}.$$

2. 数量级估计

数量级就是以 10 为底的幂指数的大小，它反映了物质世界的数量特征，比如我们就生活在一个数量级不同的世界中，如下图所示. 在实验研究时，需要根据物理量的数量级设计实验和选用仪器；在理论计算时，也要先估计数量级，以判断模型是否正确、计算方法是否可靠. 因而，在物理里，我们需要学会数量级估计，从而做到心中有数.

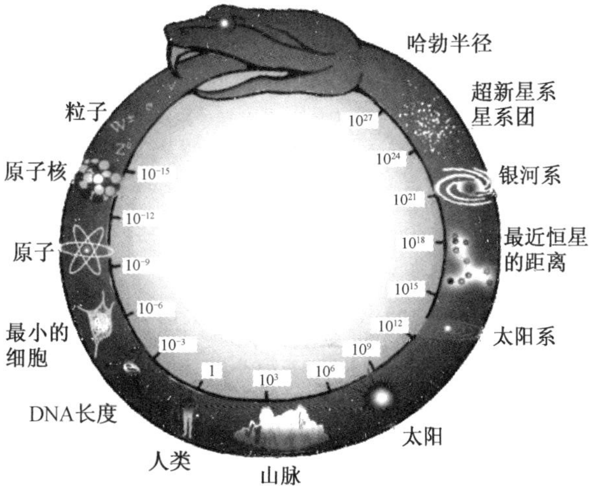

例 2 黑体辐射总辐出度(单位时间内单位面积上辐射出的电磁波能量)与温度的关系为 $M=\sigma T^4$,其中 σ 为斯特藩-玻耳兹曼常量. 由理论分析可知

$$\sigma=\frac{2\pi^5}{15}\cdot\frac{k^4}{h^3c^2}.$$

其中 h 为普朗克常量,c 为真空中的光速,k 为玻耳兹曼常量. 试估算斯特藩-玻耳兹曼常量 σ 的数量级.

解:把基本常数的数值代入公式,分开有效数字和指数部分,并进行适当近似,有

$$\begin{aligned}\sigma&=\frac{2\pi^5}{15}\cdot\frac{k^4}{h^3c^2}\\&=2\pi(\pi^2)^2\cdot\frac{1.381}{15}\cdot\left(\frac{1.381}{6.626}\right)^3\cdot\frac{1}{9}\cdot\frac{10^{-23\times4}}{10^{-34\times3+8\times2}}\ \mathrm{W\cdot m^{-2}\cdot K^{-4}}\\&\approx6\times10^2\cdot\frac{1}{10}\cdot\frac{1}{125\times8}\cdot10^{-6}=6\times10^{-8}\ \mathrm{W\cdot m^{-2}\cdot K^{-4}}.\end{aligned}$$

精确计算的结果为

$$\sigma=5.67\times10^{-8}\ \mathrm{W\cdot m^{-2}\cdot K^{-4}}.$$

例 3 (2007 年,北京大学)设想一种新的单位体系,取长度单位为 1 m,而时间单位和质量单位这样选取:使光速 c 和引力常量 G 的大小都等于 1. 在新单位体系中,1 质量单位相当于多少千克?

解:设此新单位系统中,其长度单位、质量单位、时间单位分别为 m′、kg′、s′.

为使光速 c 的大小为 1,有

$$c=1\ \mathrm{m'/s'}=3\times10^8\ \mathrm{m/s}.$$

依题意,有 1 m′=1 m,则可得

$$1\ \mathrm{s'}=\frac{1}{3}\times10^{-8}\ \mathrm{s}.$$

在新单位制中,引力常量 G 为 1,则有

$$G=1\ \mathrm{m'^3\cdot(kg')^{-1}\cdot s'^{-2}}=6.67\times10^{-11}\ \mathrm{m^3\cdot kg^{-1}\cdot s^{-2}},$$

把 1 m′=1 m 和 $1\ \mathrm{s'}=\frac{1}{3}\times10^{-8}\ \mathrm{s}$ 代入上式,即可得

$$1\ \mathrm{kg'}=1.35\times10^{27}\ \mathrm{kg}.$$

所以,在新单位制中,1 质量单位相当于 1.35×10^{27} kg.

二、矢量

矢量是有大小(数值和单位)和方向并且遵循矢量运算规则的量. 例如位移、速度、力、电场强度、磁场强度等. 有些标量,例如面积微元 dS,由于很小可当成平面,将垂直表面的一个法向单位矢量 $\boldsymbol{e}_n$ 赋予它,使它成为矢量 $\mathrm{d}\boldsymbol{S}=\mathrm{d}S\boldsymbol{e}_n$ 微元;但有限角度 $\Delta\theta$ 的转动虽然可以按右手螺旋法则赋予它一个方向,但却不能使之成为矢量,因为它不遵守矢量加法的交换律;而无穷小角位移是矢

量 $\mathrm{d}\boldsymbol{\theta}$，相应地可以定义角速度矢量 $\boldsymbol{\omega}$. 矢量按其空间平移性质可分为固定向量、滑移向量和自由向量，也可按镜像对称性分为极矢量和轴矢量. 向量在教科书中已有详细的介绍，我们这儿重点补充向量乘法、向量场和向量导数的一些基本知识，为力学和电磁学等中的矢量表述提供数学基础.

1. 标积和矢积

两个矢量 $\boldsymbol{A}$ 和 $\boldsymbol{B}$ 的乘法有两种：一种是标积，得到一个标量 C；另一种是矢积，得到另一个矢量 $\boldsymbol{C}$. 假设两个矢量 $\boldsymbol{A}$ 和 $\boldsymbol{B}$ 之间的夹角为 θ，标积定义为 $\boldsymbol{A}\cdot\boldsymbol{B}=C=AB\cos\theta$，其几何解释是一个矢量在另一个矢量方向上投影的大小与另一个矢量模的乘积；矢积的定义则为 $\boldsymbol{A}\times\boldsymbol{B}=\boldsymbol{C}$，$\boldsymbol{C}$ 的大小为 $C=AB\sin\theta$，其几何解释为两个矢量 $\boldsymbol{A}$ 和 $\boldsymbol{B}$ 所形成的平行四边形的面积，$\boldsymbol{C}$ 的方向则由右手螺旋法则决定，右手四指首先伸向矢量 $\boldsymbol{A}$ 的方向，然后以小于 π 的夹角 θ 转向矢量 $\boldsymbol{B}$，那么大拇指所指的方向就是 $\boldsymbol{C}$ 的方向.

2. 通量和环量

在讨论矢量场 $\boldsymbol{A}(x, y, z)$（即一个为空间位置函数的矢量）时，我们往往用场线来形象地表示场的空间分布特征，例如电场线和磁场线. 在用速度场描述流体运动的时候，人们注意到流体可能有源（或漏），也可能形成旋涡，这要引入通量和环量来精确描述一个矢量场是否有源和有涡，这两个方面刻画了场的基本性质.

矢量场 $\boldsymbol{A}(x, y, z)$ 通过一个矢量 $\mathrm{d}\boldsymbol{S}$ 面元的通量 $\mathrm{d}\Phi$ 的定义为

$$\mathrm{d}\Phi=\boldsymbol{A}\cdot\mathrm{d}\boldsymbol{S}.$$

其直观的解释就是通过这个面元的场线数目. 对于一个非均匀场通过一有限面积的通量则要对通量微元积分. 一个闭合面（电磁学里面称为高斯面）的面元方向取从里向外的面元法线方向，矢量场 $\boldsymbol{A}(x, y, z)$ 通过高斯面的通量是否为 0，刻画了该场是无源场还是有源场，其结果称为高斯定理. 例如：电场是有源的，由电荷产生；而磁场是无源的，没有磁单极子.

环量是描述矢量场的另一个基本物理量，其定义为矢量场 $\boldsymbol{A}(x, y, z)$ 沿一闭合曲线 l 的线积分 $\oint_l \boldsymbol{A}\cdot\mathrm{d}\boldsymbol{l}$. 环量是否为 0，说明了该场是无旋有势场还是有旋的涡场. 例如：静电场的环量为 0，说明它是保守场，可以引入电势概念，而磁场则是涡旋场，环量不为 0，其场线闭合.

3. 矢量对时间的导数和积分

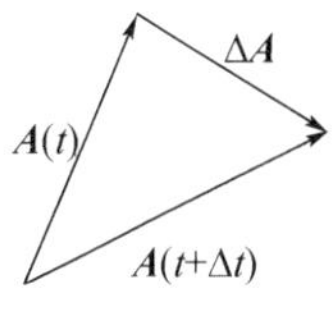

矢量对时间的导数定义如右图所示，为

$$\dot{\boldsymbol{A}}=\frac{\mathrm{d}\boldsymbol{A}}{\mathrm{d}t}\equiv\lim_{\Delta t\to 0}\frac{\boldsymbol{A}(t+\Delta t)-\boldsymbol{A}(t)}{\Delta t}=\lim_{\Delta t\to 0}\frac{\Delta\boldsymbol{A}}{\Delta t}.$$

其中
$$\Delta\boldsymbol{A}=\boldsymbol{A}(t+\Delta t)-\boldsymbol{A}(t).$$

注意到 $\boldsymbol{A}=A\boldsymbol{e}_A$，其模随时间改变，表示其方向的单位矢量也随时间改变，求导则相当于对两个变量的乘积求导，为

$$\dot{\boldsymbol{A}}=\dot{A}\boldsymbol{e}_A+A\dot{\boldsymbol{e}}_A.$$

其中第一项方向不变，求模的导数，第二项则是模不变求单位矢量的导数. 单位矢量的导数可以等价为该矢量做半径为 1 的圆周运动的速度，其方向 $\boldsymbol{e}_\theta$ 在切线方向垂直于 $\boldsymbol{e}_A$，结果可表示为

$$\dot{\boldsymbol{e}}_A=\dot{\theta}\boldsymbol{e}_\theta=\boldsymbol{\omega}\times\boldsymbol{e}_A.$$

其中 $\boldsymbol{\omega}$ 为角速度，其方向按右手螺旋法则确定，大小即为转动的角速率 $\dot{\theta}$. 3 个矢量的关系如下图所示.

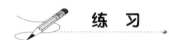

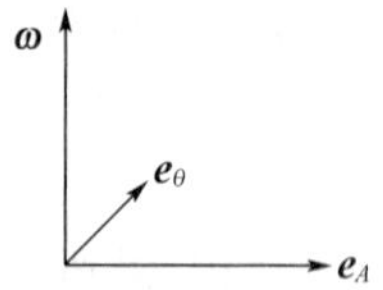

矢量对时间的积分比较简单，可以在直角坐标系中进行积分，对其各个分量积分，然后再矢量合成，为

$$\int \boldsymbol{A}\mathrm{d}t=\boldsymbol{i}\int A_x\mathrm{d}t+\boldsymbol{j}\int A_y\mathrm{d}t+\boldsymbol{k}\int A_z\mathrm{d}t.$$

对于以恒定加速度 $\boldsymbol{a}$ 运动的质点，其速度和位置矢量由矢量积分可得

$$\boldsymbol{v}=\boldsymbol{v}_0+\int_0^t\boldsymbol{a}\mathrm{d}t=\boldsymbol{v}_0+\boldsymbol{a}t,$$

$$\boldsymbol{r}=\boldsymbol{r}_0+\int_0^t\boldsymbol{v}\mathrm{d}t=\boldsymbol{r}_0+\boldsymbol{v}_0t+\frac{1}{2}\boldsymbol{a}t^2.$$

练 习

1. 有以下几个物理量：质量、动量、冲量、动能、势能、功. 其中是矢量的物理量有________，与参考系选取有关的物理量有________.

2. (2009 年，浙江大学)假定 A,B 是有不同量纲的两个物理量，经过哪种运算后仍能得到有意义的物理量？ ( )

A. 加法　　B. 减法　　C. 除法　　D. 乘法

3. 温度为 T 的黑体辐射峰值 λ_m 由维恩位移定律 $\lambda_m T=b=2.898\times10^{-3}\ \mathrm{m\cdot K}$ 决定. 试由量纲分析确定 b 与普朗克常量 h、真空中的光速 c、玻耳兹曼常量 k 之间的关系.

4. 由普朗克常量 h、真空中的光速 c、引力常量 G 构造具有时间和长度量纲的两个特征量——普朗克时间和普朗克长度，并估计其数量级.

5. 当原子弹($m=1$ kg)爆炸时，每个钚(^{242}Pu)原子辐射出一个放射性粒子. 假设风将这些粒子均匀吹散到整个大气层，地球半径为 6×10^6 m，空气的平均摩尔质量为 29×10^{-3} kg/mol，试估算落在地面附近体积 $V=1\ \mathrm{dm^3}$ 的空气中放射性粒子的数目.

6. (2012 年，清华大学保送生考试)量纲计算：表示电子精细结构常数 $\frac{e^2}{4\pi\varepsilon_0\hbar c}$ 的量纲. 因为 $\frac{e^2}{4\pi\varepsilon_0}$ 的量纲是________，$\frac{1}{\hbar c}$ 的量纲是________，所以 $\frac{e^2}{4\pi\varepsilon_0\hbar c}$________. 设 L,M,T 为长度、质量、时间的量纲.

参考答案

1. 动量、冲量　动量、动能、势能、功　2. CD　3. $b\propto\frac{hc}{k}$　4. $t_P=\left(\frac{Gh}{c^5}\right)^{\frac{1}{2}}$　10^{-43} s　$l_P=\left(\frac{Gh}{c^3}\right)^{\frac{1}{2}}$　10^{-35}m　5. $n=700\ \mathrm{dm^{-3}}$　6. $\mathrm{L^3MT^{-2}}$　$\mathrm{L^{-3}M^{-1}T^2}$　是无量纲的常数

第2章

时空运动

物质的运动曾是困扰人们的一个古老的话题，也就成了物理学的开端. 对运动的深入研究，尤其是相对论的产生，深化了我们对时空的认识.

2.1 运动学

在研究物体运动时，我们往往用不同的理想模型去描述. 例如一根木棒：如果只考虑其空间位置的平动，则可将其抽象为质点；如要考虑其转动，则可将其看成刚体；如要研究其振动，则需要把它处理为弹性体.

一、位置矢量和质心位矢

物质的运动是相对的，我们要取一个参考系建立坐标系，如直角坐标系，则物体的位置就可由坐标 (x, y, z) 确定. 在物理学中我们更希望用不依赖于坐标的矢量来描述位置，这就引入了位置矢量

$$\boldsymbol{r} = x\boldsymbol{i} + y\boldsymbol{j} + z\boldsymbol{k} = r\boldsymbol{e}_r.$$

这是个固定向量，具有相对性. 由伽利略变换有

$$\boldsymbol{r}_{PO} = \boldsymbol{r}_{PO'} + \boldsymbol{r}_{O'O}.$$

对于一个由很多质点组成的质点系，我们往往用质心位矢来代表整体位置，其定义为

$$\boldsymbol{r}_C = \frac{\sum \boldsymbol{r}_i m_i}{\sum m_i} \to \frac{\int \boldsymbol{r}\mathrm{d}m}{\int \mathrm{d}m}.$$

对于连续分布的质量体系，求和可以变成积分. 这个质心也就是通常所说的重心.

例 1 有一均匀圆板，半径为 R，在板内挖去半径为 r 的小圆，两个圆心相距 d，求剩余部分的质心.

解：设均匀圆板单位面积的质量为 σ，均匀圆板的半径为 R，质心在其圆心 O 处，其质量为 $\sigma\pi R^2$，它由挖去的圆孔和剩余部分组成.

如图所示，取圆板圆心 O 处为原点，以 O 与挖去的圆孔的圆心 O_1 的连线为 x 轴. 挖去的圆孔质心在圆心 O_1 处，坐标为 $x=d$，假想其质量为负，即为 $-\sigma\pi r^2$，则剩余部分可看成是由一个完整

的圆板加上一个负质量的圆孔构成. 这就是所谓的“补偿法”,先补完整,再扣去.

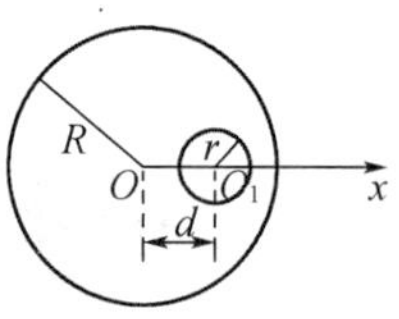

由对称性可知,剩余部分的质心一定在 O_1O 的延长线上,其坐标可由质心定义得到

$$x_C=\frac{0+d(-\sigma\pi r^2)}{\sigma\pi(R^2-r^2)}=-\frac{dr^2}{R^2-r^2}.$$

可见,质心在圆孔的另一侧,相距圆板圆心的距离为 $\frac{dr^2}{R^2-r^2}$.

例 2 有一半径为 R、顶角为 2α 的均匀圆弧,求其质心位置.

解:由对称性,分析可得其质心在对称轴上. 如图建立坐标轴.

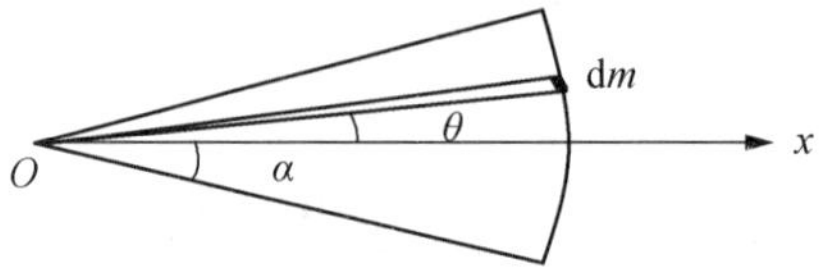

设圆弧线密度为 λ,则 $\mathrm{d}m=\lambda\mathrm{d}l$,有

$$x_C=\frac{\int x\mathrm{d}m}{\int\mathrm{d}m}=\frac{\int_{-\alpha}^{\alpha}x\lambda\,\mathrm{d}l}{\int_{-\alpha}^{\alpha}\lambda\,\mathrm{d}l}=\frac{\int_{-\alpha}^{\alpha}\lambda R\cos\theta R\,\mathrm{d}\theta}{\int_{-\alpha}^{\alpha}\lambda R\,\mathrm{d}\theta}=\frac{R\sin\alpha}{\alpha}.$$

质心位置并不在圆弧上!

注:质心位置还可以运用古尔丁-帕普斯定理来求. 该定理指出:“平面闭合曲线图形绕曲线外同一平面内不与之相交的轴旋转,所产生的立体体积等于闭合曲线图形面积乘以图形重心所描画出的圆周长.”这个定理进一步可推广为:“一段平面曲线,绕该平面内不与之相交的转轴转动,回转所产生的曲面面积等于曲线的长乘以其重心所画过的圆周的长.”有兴趣的读者可以自己去尝试推导与应用.

二、速度和加速度

有了位置矢量,速度和加速度就可以定义为位置矢量的一阶和二阶导数. 对于速度,有

$$\boldsymbol{v}=\dot{\boldsymbol{r}}=\dot{r}\boldsymbol{e}_r+r\dot{\boldsymbol{e}}_r=\dot{r}\boldsymbol{e}_r+\omega r\boldsymbol{e}_\theta.$$

其中第一项是径向速度,第二项是横向速度.

质点速度的方向是其运动轨迹的切线方向,可记为 $\boldsymbol{v}=v\boldsymbol{e}_\mathrm{t}$. 速度再对时间求导,就得加速度

$$\boldsymbol{a}=\dot{\boldsymbol{v}}=\dot{v}\boldsymbol{e}_\mathrm{t}+v\dot{\boldsymbol{e}}_\mathrm{t}=\dot{v}\boldsymbol{e}_\mathrm{t}+\omega v\boldsymbol{e}_\mathrm{n}.$$

加速度可分为切向加速度和法向加速度,可分别记为

$$a_\mathrm{t}=\dot{v},a_\mathrm{n}=\frac{v^2}{\rho}.$$

其中 ρ 为轨迹的曲率半径,即轨道密切圆的半径.

根据速度和加速度的定义可以求解一些运动学问题. 运动往往是相关的,这时我们需要几何约束条件. 运动又是相对的,在经典低速情形,速度和加速度遵循与位置矢量类似的变换,即伽利

略变换：

$$\boldsymbol{v}_{PO}=\boldsymbol{v}_{PO'}+\boldsymbol{v}_{O'O},$$

$$\boldsymbol{a}_{PO}=\boldsymbol{a}_{PO'}+\boldsymbol{a}_{O'O}.$$

例3 (2005年，同济大学；2016年，东南大学)老鼠离开洞穴沿直线前进，它的速度与洞穴的距离成反比，当它行进到离洞穴距离为 d_1 的甲处时速度为 v_1，问：

(1) 老鼠行进到离洞穴距离为 d_2 的乙处时速度 v_2 为多大？

(2) 老鼠从甲处到乙处要用多少时间？

解：(1) 因老鼠行进速度与它到洞穴的距离成反比，设 $v=k/x$，k 为比例常数.

依题意有 $v_1d_1=v_2d_2=k$，所以 $v_2=\dfrac{d_1}{d_2}\cdot v_1$.

(2) 老鼠运动速度 $v=k/x$，前进微元距离 $\mathrm{d}x$ 所需的时间为

$$\mathrm{d}t=\frac{\mathrm{d}x}{v}=\frac{x\mathrm{d}x}{k}.$$

故老鼠从离洞穴距离为 d_1 的甲处行进到离洞穴距离为 d_2 的乙处所需的时间为

$$t=\int_{d_1}^{d_2}\frac{x\mathrm{d}x}{k}=\frac{d_2^2-d_1^2}{2k}=\frac{d_2^2-d_1^2}{2d_1v_1}.$$

若对积分不熟悉，可以从图像上考察积分微元的基本含义，微元 $\mathrm{d}t=\dfrac{\mathrm{d}x}{v}$ 可以解释为 $\dfrac{1}{v}$-x 图像上一个面积微元. 由题意可知，$\dfrac{1}{v}$-x 是一条过坐标原点的直线，如下图所示，将 d_1 到 d_2 的线段分割成 n 等份，n 很大时每一小段可看成匀速运动. 第一小段的时间 $t_1=\dfrac{\Delta x}{v_1}$，其数值近似等于 $\dfrac{1}{v}$-x 图像中最左边的第一个矩形面积. 以此类推，从 d_1 到 d_2 的总时间近似等于 n 个矩形面积之和，当 $n\to\infty$ 时，矩形面积之和等于梯形面积之和，即

$$t=\frac{\left(\dfrac{1}{v_1}+\dfrac{1}{v_2}\right)(d_2-d_1)}{2},$$

将 $v_2=d_1v_1/d_2$ 代入上式，得

$$t=\frac{d_2^2-d_1^2}{2d_1v_1}.$$

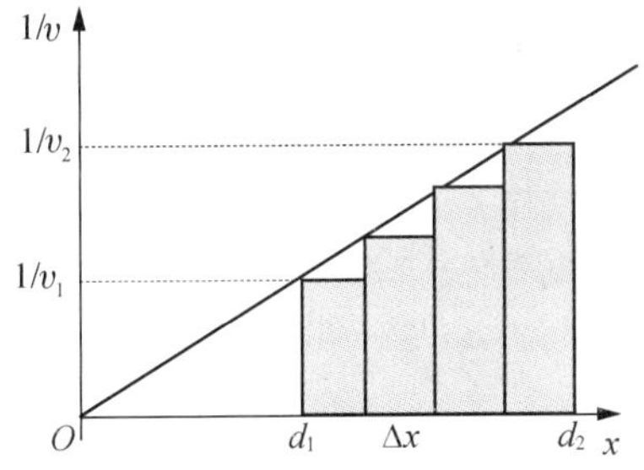

例 4 一质点以匀速率做平面运动，从右图所示的轨迹可知，质点加速度最大的点是 ( )

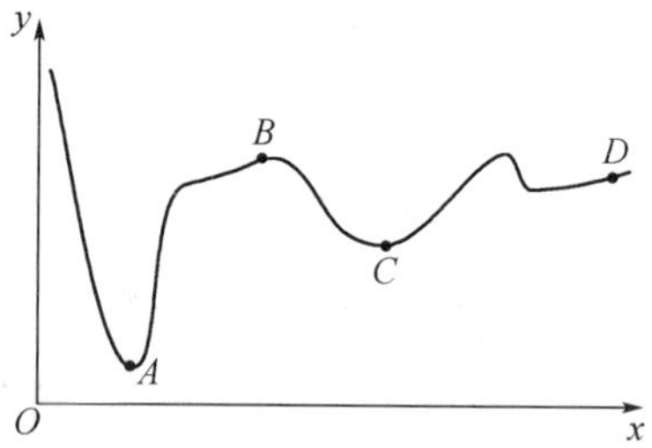

A. A 点

B. B 点

C. C 点

D. D 点

解：在速率不变的情况下，加速度只有法向加速度 $a_n=\frac{v^2}{\rho}$. 从图中看出 A 点曲率半径 ρ 最小，故 A 点加速度最大，答案为 A.

例 5 试用物理方法求出轨迹方程为 $\frac{x^2}{a^2}+\frac{y^2}{b^2}=1$ 的椭圆轨道在 $(a,0)$ 和 $(0,b)$ 两点的曲率半径.

解：椭圆轨迹的参数方程可表示为

$$x=a\cos\theta,\quad y=b\sin\theta.$$

若令 $\theta=\omega t$，即把椭圆轨迹看成是两个相同频率的相互垂直的简谐振动的叠加，这样可求出速度为

$$\dot{x}=-\omega a\sin\theta,\quad \dot{y}=\omega b\cos\theta.$$

进一步对时间求导，可得加速度为

$$\ddot{x}=-\omega^2 a\cos\theta,\quad \ddot{y}=-\omega^2 b\sin\theta.$$

注意在 $(a,0)$ 点，可令 $\theta=0$，这时速度在 y 轴正方向，其大小为 $v=\omega b$，而加速度在 x 轴负方向，即法向，这时法向的加速度为 $a_n=\omega^2 a$，根据法向加速度和曲率半径的关系，可得 $(a,0)$ 点处椭圆轨迹的曲率半径为

$$\rho=\frac{v^2}{a_n}=\frac{(\omega b)^2}{\omega^2 a}=\frac{b^2}{a}.$$

同理，或者根据对称性交换 a 和 b，得 $(0,b)$ 点处椭圆轨迹的曲率半径为

$$\rho'=\frac{a^2}{b}.$$

例 6 如右图所示，湖中有一小船. 岸上有人用绳跨过定滑轮拉船靠岸. 设滑轮距水面的高度为 h，滑轮到原船位置的绳长为 l_0，当人以匀速 v_0 拉绳时，船运动的速度 $\boldsymbol{v}$ 为多少？

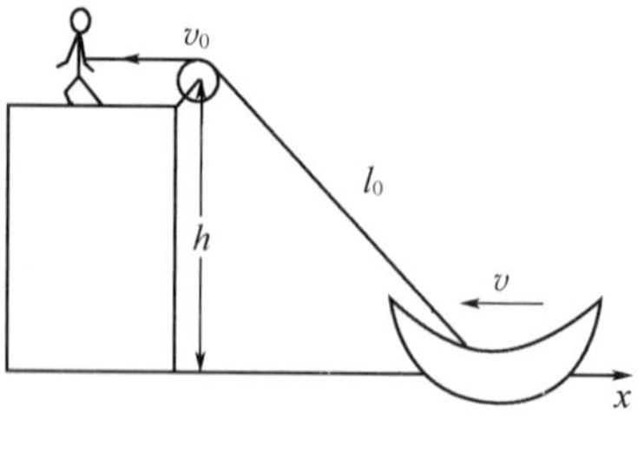

解法 1：如图所示建立直角坐标系，在任一时刻，设定滑轮与船之间的距离为 l，根据几何关系，有

$$x^2+h^2=l^2.$$

两边对 t 求导，得

$$2x\frac{\mathrm{d}x}{\mathrm{d}t}=2l\frac{\mathrm{d}l}{\mathrm{d}t},$$

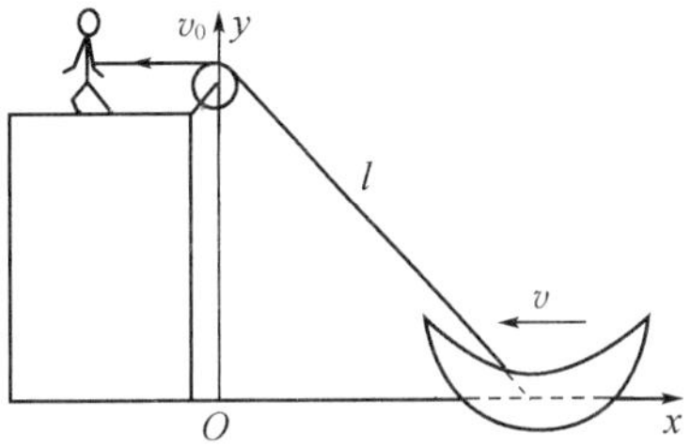

又
$$\frac{dl}{dt}=-v_0,$$

则小船的速度为

$$\boldsymbol{v}=\frac{dx}{dt}\boldsymbol{i}=\frac{l}{x}\cdot\frac{dl}{dt}\boldsymbol{i}=-\frac{\sqrt{x^2+h^2}}{x}\cdot v_0\boldsymbol{i}.$$

进一步可求出小船的加速度

$$\boldsymbol{a}=\frac{d\boldsymbol{v}}{dt}=\frac{d}{dl}\left(-\frac{l}{\sqrt{l^2-h^2}}v_0\right)\cdot\frac{dl}{dt}\boldsymbol{i}=-\frac{h^2}{x^3}v_0^2\boldsymbol{i}.$$

解法2：在解法1中我们依靠求导法求解，略显高等，也可用微元法简化考虑.

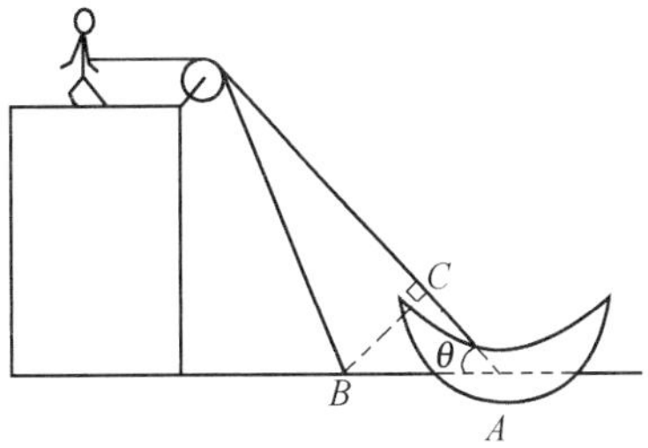

如右图所示，设绳子与水平面间的角度为 θ，在微元时间 dt 内，船移动的距离 $AB=v dt$，而绳长的改变量 $AC=v_0 dt$. 注意到微元 AB 和 AC 满足几何关系 $AC=AB\cos\theta$，从而可得

$$v=\frac{v_0}{\cos\theta}.$$

解法3：取定滑轮处为原点，在极坐标系中讨论船的速度，更为直观简明.

船的位置矢量为 $\boldsymbol{r}=r\boldsymbol{e}_r$，其速度为

$$\boldsymbol{v}=\frac{d\boldsymbol{r}}{dt}=\dot{r}\boldsymbol{e}_r+r\dot{\theta}\boldsymbol{e}_\theta.$$

则容易看出人拉绳的速度 v_0 实际是径向速度，是船速度 $\boldsymbol{v}$ 在径向的分量，从而

$$v=\frac{v_0}{\cos\theta}.$$

解法4：设人的拉力为 F，人对绳做功的功率应该等于绳对船做功的功率，即

$$Fv_0=Fv\cos\theta,$$

从而也有

$$v=\frac{v_0}{\cos\theta}.$$

注：本题是个经典题目，在《大学物理》杂志上有过讨论. 样卷中的题目实际是船为拖车，人为物体，拖车匀速运动时，求物体的运动状况.

三、常见的运动与运动合成

最简单的运动是直线运动，两个方向垂直的匀速直线运动和匀加速直线运动的合成就是抛体运动，也就是匀加速曲线运动，其基本公式为

$$\boldsymbol{v}=\boldsymbol{v}_0+\int_0^t\boldsymbol{a}dt=\boldsymbol{v}_0+\boldsymbol{a}t,$$

$$\boldsymbol{r}=\boldsymbol{r}_0+\int_0^t\boldsymbol{v}dt=\boldsymbol{r}_0+\boldsymbol{v}_0t+\frac{1}{2}\boldsymbol{a}t^2.$$

最简单的曲线运动是匀速率圆周运动，但更常见的是变速率圆周运动，如图所示，其基本公式为

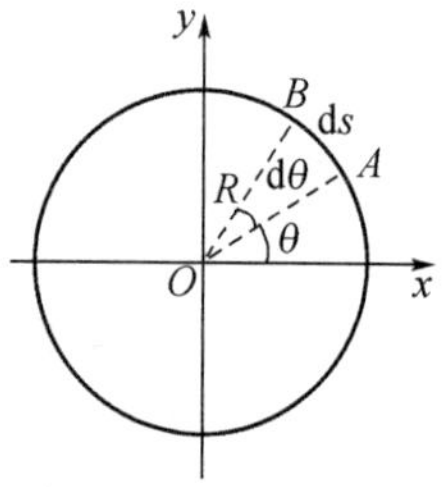

$$v=\frac{\mathrm{d}s}{\mathrm{d}t}=R\frac{\mathrm{d}\theta}{\mathrm{d}t}=R\omega,$$

$$a_{\mathrm{t}}=\frac{\mathrm{d}v}{\mathrm{d}t}=R\frac{\mathrm{d}\omega}{\mathrm{d}t},a_{\mathrm{n}}=\frac{v^2}{R}=R\omega^2.$$

写成矢量式为

$$\boldsymbol{v}=v\boldsymbol{e}_{\mathrm{t}},\boldsymbol{a}=a_{\mathrm{t}}\boldsymbol{e}_{\mathrm{t}}+a_{\mathrm{n}}\boldsymbol{e}_{\mathrm{n}}.$$

例 7 一个学生掷铅球，出手高度为 h，出手速度为 v_0，试确定铅球可掷的最远距离 $L_{\max}$ 和这时的抛射角 θ.

解法 1：如图所示，以学生脚底为原点、水平方向为 x 轴、竖直方向为 y 轴建立直角坐标系，当抛射角为 θ 时，易得铅球的坐标为

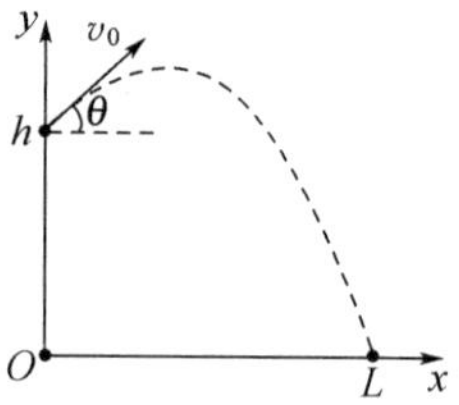

$$\begin{cases}x=v_0\cos\theta\cdot t,\\y=h+v_0\sin\theta\cdot t-\dfrac{1}{2}gt^2.\end{cases}$$

消去时间 t，得轨迹方程

$$y=h+x\tan\theta-\frac{1}{2}\frac{gx^2}{v_0^2}(1+\tan^2\theta).$$

铅球落地时 $y=0,x=L$，代入上式后，可写成以 $\tan\theta$ 为变量的二次方程

$$\frac{gL^2}{2v_0^2}\cdot\tan^2\theta-L\cdot\tan\theta+\left(\frac{gL^2}{2v_0^2}-h\right)=0.$$

要使方程有解，必须

$$L^2-4\frac{gL^2}{2v_0^2}\left(\frac{gL^2}{2v_0^2}-h\right)\geqslant 0,$$

可得

$$L\leqslant\frac{v_0}{g}\sqrt{v_0^2+2gh}.$$

可知最远距离

$$L_{\max}=\frac{v_0}{g}\sqrt{v_0^2+2gh}.$$

此时对应的抛射角

$$\theta=\arctan\frac{v_0}{\sqrt{v_0^2+2gh}}.$$

解法 2: 抛体运动是恒加速度运动,因而有

$$\boldsymbol{r}=\boldsymbol{r}_0+\boldsymbol{v}_0 t+\frac{1}{2}\boldsymbol{g}t^2.$$

根据矢量关系,可以画出这几个矢量的几何关系图,从右图中易得

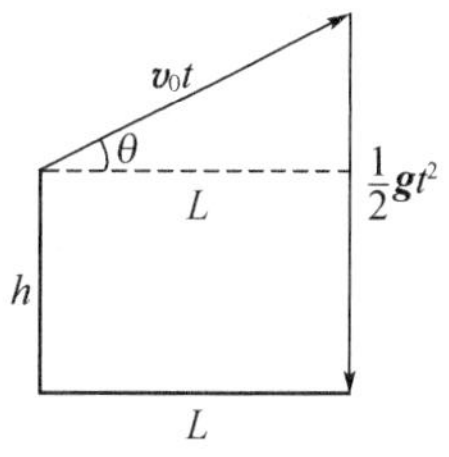

$$\begin{cases} v_0 t=\dfrac{L}{\cos\theta}, \\ \dfrac{1}{2}gt^2=h+L\tan\theta. \end{cases}$$

消去 t,则直接可得 L 与 $\tan\theta$ 的关系式

$$\frac{1}{2}\frac{gL^2}{v_0^2}\frac{1}{\cos^2\theta}=\frac{1}{2}\frac{gL^2}{v_0^2}(1+\tan^2\theta)=h+L\tan\theta.$$

接下来可用求导的方法或解法 1 的方法求得极值.

解法 3: 求出的两个表达式

$$\theta=\arctan\frac{v_0}{\sqrt{v_0^2+2gh}},L_{\max}=\frac{v_0}{g}\sqrt{v_0^2+2gh}$$

都含有铅球落地时的速度

$$v_t=\sqrt{v_0^2+2gh},$$

该速度与抛射角无关,容易由能量守恒得到

$$\frac{1}{2}mv_t^2=\frac{1}{2}mv_0^2+mgh.$$

这启发我们可以从速度的矢量关系图(如右图所示)来考虑问题. 由图可以看出,速度三角形的面积

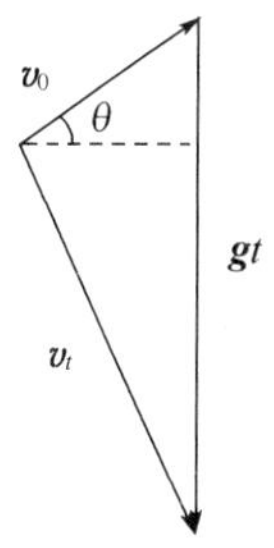

$$S=\frac{1}{2}gt\cdot v_0\cos\theta=\frac{1}{2}gL,$$

可见,面积 S 最大时,L 最大. 因为末速度和初速度的大小确定,当它们互相垂直时,S 和 L 最大,从图中几何关系可得

$$\tan\theta=\frac{v_0}{v_t},L_{\max}=\frac{2S_{\max}}{g}=\frac{v_0 v_t}{g},$$

代入 $v_t=\sqrt{v_0^2+2gh}$ 后,得到跟前面一致的结果.

例 8 (2011 年,华约)如图所示,纸面内两根足够长的细杆 ab,cd 都穿过小环 M,杆 ab 两端固定,杆 cd 可以在纸面内绕过 d 点并与纸面垂直的定轴转动. 若杆 cd 从图示位置开始,按照图中箭头所示的方向以匀角速度转动,则小环 M 的加速度 (　　)

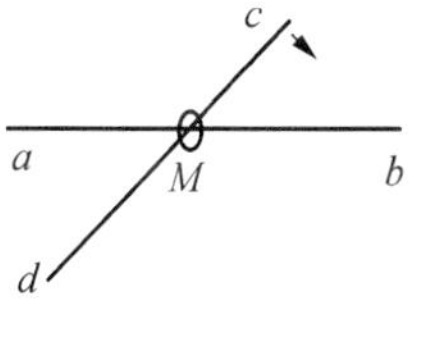

A. 逐渐增大　　　　B. 逐渐减小

C. 先增加后减小　　D. 先减小后增加

解:设 d 距离 ab 杆为 h,初始时刻 M 所在的位置为 O,刚好使得 dO 垂直于杆 ab. 经时间 t,杆 cd 转过 ωt 角,M 相对 O 点的位置为

$$x = h\tan(\omega t).$$

对 x 求导,可得杆 cd 上 M 的速度

$$v_M = \frac{\omega h}{\cos^2(\omega t)}.$$

进一步求导可得小环的加速度

$$a_M = \frac{2\omega^2 h\tan(\omega t)}{\cos^2(\omega t)}.$$

显然,t 增大时小环的加速度会不断变大,选 A.

练　习

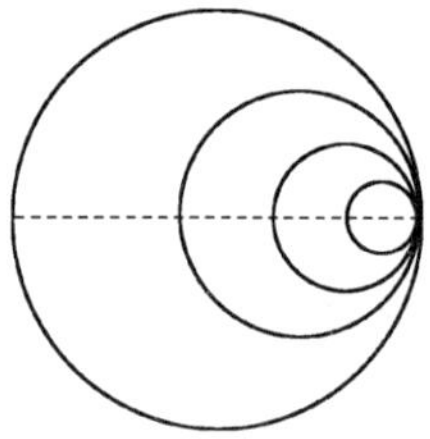

1. 如图所示,无穷多个质量分布均匀的圆环的半径依次为 R,$\frac{R}{2}$,$\frac{R}{4}$,$\frac{R}{8}$,…. 它们相切于一公共点,求该系统质心与最大圆的圆心之间的距离.

2. 原地起跳时,先屈腿下蹲,然后突然蹬地. 从开始蹬地到离地可视为匀加速过程,加速过程中重心上升的距离称为"加速距离". 离地后重心继续上升,在此过程中重心上升的最大距离称为"竖直高度". 现有下列数据:人原地上跳的"加速距离"$d_1=0.50$ m,"竖直高度"$h_1=1.0$ m;跳蚤原地上跳的"加速距离"$d_2=0.000\,80$ m,"竖直高度"$h_2=0.10$ m. 人若具有与跳蚤相等的起跳加速度,而"加速距离"仍为 0.50 m,则人跳起的"竖直高度"是多少?

3. 大炮在山脚直接对着倾角为 α 的山坡发射炮弹,炮弹的初速度为 v_0,要在山坡上达到最远射程,则大炮的瞄准角 θ 为多大?最远射程是多大?

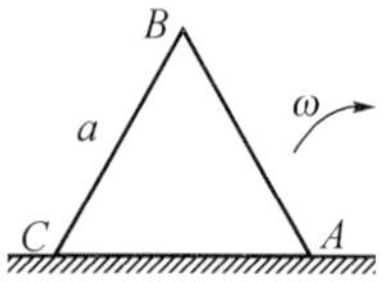

4. 边长为 a 的正三角形板在竖直平面内朝一个方向不停地做无滑动的翻滚,每次翻滚都是绕着一个顶点(例如图中的 A 点)转动,转动角速度 ω 为常量. 当一条边(例如 AB 边)触地时,又会立即绕着另一顶点(如 B 点)继续做上述转动.

(1) 写出三角板每一顶点的平均速率.

(2) 指出三角板中哪些点做匀速率运动,并给出它们的速率.

5. 已知 O,A,B,C 为同一直线上的四点,A,B 间距离为 l_1,B,C 间距离为 l_2. 一物体自 O 点由静止出发,沿此直线做匀加速运动,依次经过 A,B,C 三点,已知物体通过 AB 段与 BC 段所用时间相等,求 O 与 A 的距离.

6. (**2008 年,北京大学**)在水平轨道上有两辆长均为 L 的汽车,两车中心相距为 s. 开始时 A 车在后面以初速度 v_0、加速度 $2a$ 正对着 B 车做匀减速运动,而 B 车同时以初速度 0、加速度 a 做匀加速运动,两车运动方向相同. 要使两车不相撞,则 v_0 应满足的关系式为________.

7. 一半径为 R 的轮子在水平面上以角速度 ω 做纯滚动(无滑动的滚动),求轮子边缘上一点 P 的运动轨迹(称为旋轮线)的参数方程(设 $t=0$ 时,P 点刚好在最低点,并定为 xOy 坐标系原点 O)和轨迹最高点处的曲率半径.

8. (**2002 年,复旦大学**)A,B,C 三质点同时从边长为 l 的等边三角形的三顶点 A',B',C' 出

发，以相同的不变速率 v 运动，运动中始终保持 A 朝着 B'，B 朝着 C'，C 朝着 A'，则经时间 $t=$ ________后三质点相遇. 它们刚开始运动时，加速度大小为 $a=$ ________.

参考答案

1. $\frac{R}{3}$ 2. 62.5 m 3. $\frac{\pi}{4}-\frac{\alpha}{2}$ $\frac{v_0^2}{g}\cdot\frac{1-\sin\alpha}{\cos^2\alpha}$ 4. (1) $\frac{2}{3}\omega a$ (2) 中点 $v=\frac{\sqrt{3}}{3}\omega a$
5. $\frac{(3l_1-l_2)^2}{8(l_2-l_1)}$ 6. $v_0<\sqrt{6a(s-L)}$ 7. $x=R[\omega t-\sin(\omega t)]$，$y=R[1-\cos(\omega t)]$ $\rho=4R$
8. $\frac{2l}{3v}$ $\frac{\sqrt{3}v^2}{2l}$

2.2 时 空 观

相对论是关于空间、时间和物质运动之间相互联系的现代物理理论. 爱因斯坦在1905年创立了狭义相对论（惯性系），1915年创立了广义相对论（非惯性系）. 这儿只介绍狭义相对论的一些基本内容.

一、基本假设

爱因斯坦在1905年发表的划时代论文《论动体的电动力学》中，提出了狭义相对论的两个基本假设.

1. 相对性原理：在所有惯性参考系中，物理定律都有相同的形式. 这说明没有绝对参考系，所有惯性系是等价的. 物理定律对惯性系的变换是协变的，这成了寻找新的物理定律的重要指针.

2. 光速不变原理：在所有惯性参考系中，光在真空中向各个方向传播的速率恒为普适常量 c，并与光源的运动无关. 这是把相对性原理应用于电磁理论的必然推论，而且表明光速是一个普适常量，对所有惯性系都一样，它的具体数值则由实验来确定.

在这两个基本假设的基础上，爱因斯坦导出了洛伦兹变换，提出了新的时空理论，改造了牛顿力学，揭开了质能关系，从而奠定了狭义相对论的理论基础，开创了一个新的时代.

二、洛伦兹变换

为简单明确起见，把惯性系 S 和 S' 安排成标准位形（如图所示）：相应的坐标轴彼此平行，0时刻（$t=t'=0$）时原点 O 与 O' 重合，S' 相对于 S 在 x 或 x' 轴正方向以相对速度 v 运动. 在标准位形下，从 S 到 S' 的洛伦兹变换为

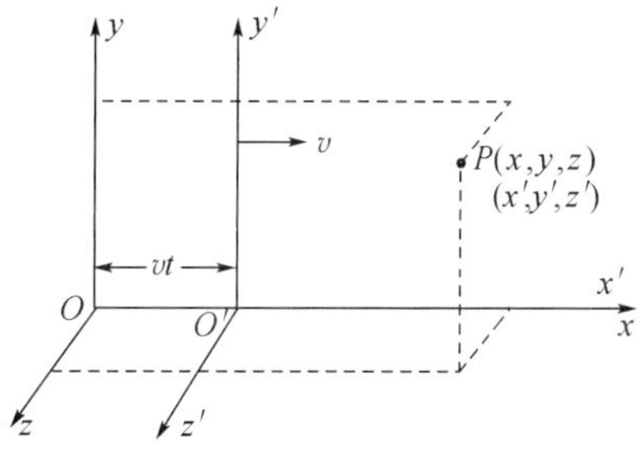

$$\begin{cases} x'=\dfrac{x-vt}{\sqrt{1-\beta^2}}=\gamma(x-vt), \\ y'=y, \\ z'=z, \\ t'=\dfrac{t-\dfrac{v}{c^2}x}{\sqrt{1-\beta^2}}=\gamma\left(t-\dfrac{v}{c^2}x\right). \end{cases}$$

其中$\beta=\frac{v}{c}$，洛伦兹因子$\gamma=\frac{1}{\sqrt{1-\beta^2}}$.

这是相对论的数学核心.

在标准位形下的洛伦兹变换，可以这样导出：

1. 时空的均匀性要求变换是线性的. 注意到O'在S'中有$x'=0$，而在S中观察O'，始终有$x-vt=0$，这说明它们只差一个系数，因而可以假设

$$x' = \gamma(v)(x-vt). \quad ①$$

2. 相对性原理要求S和S'是对称的. 交换S和S'，并注意S相对于S'的速度为$-v$，有

$$x = \gamma(-v)(x'+vt'). \quad ②$$

空间的各向同性保证$\gamma(-v)=\gamma(v)=\gamma(v^2)=\gamma(v^2/c^2)$，并且$v=0$时$\gamma=1$. 把式①代入式②，解出

$$t' = \gamma\left[t-\left(1-\frac{1}{\gamma^2}\right)\cdot\frac{x}{v}\right]. \quad ③$$

3. 由于光速v是不变的，假设从0时刻$(t=t'=0)$起，光从原点沿x轴或x'轴正方向传播，则有$x=ct$，$x'=ct'$，代入①②两式，可得

$$ct' = \gamma(c-v)t,$$

$$ct = \gamma(c+v)t'.$$

两式相乘后，可求得

$$\gamma = \frac{1}{\sqrt{1-\frac{v^2}{c^2}}} = \frac{1}{\sqrt{1-\beta^2}}. \quad ④$$

其中$\beta=\frac{v}{c}$. 把式④代入式①和式③，就得到

$$x' = \gamma(x-vt),$$

$$t' = \gamma(t-\beta x/c).$$

注意到对称性要求$y'=y$，$z'=z$. 这样，就得到标准位形下的洛伦兹变换，为

$$\begin{cases} x' = \gamma(x-vt), \\ y' = y, \\ z' = z, \\ t' = \gamma\left(t-\frac{v}{c^2}x\right) = \gamma\left(t-\beta\cdot\frac{x}{c}\right). \end{cases}$$

三、时空相对性

由洛伦兹变换容易得到间隔不变性，即

$$s'^2 = x'^2 + y'^2 + z'^2 + (ict')^2 = x^2 + y^2 + z^2 + (ict)^2 = s^2.$$

这意味着时间和空间各具有相对性.

运动的钟变慢，即时间有膨胀效应

$$\Delta t=\gamma\Delta t_0.$$

其中，Δt_0 为固有时，即发生在同一地点的两个事件的时间间隔.

运动的尺子在相对运动方向会收缩，即长度收缩效应

$$l=\frac{l_0}{\gamma}<l_0.$$

这在经典物理学里面是不可理解的，问题出在同时性这个概念上，我们日常生活的世界是低速世界，没有高速运动的经验，就会觉得难以理解，只有依靠逻辑思维才能把握相对论.

四、相对论速度合成公式

经典的速度合成公式不符合光速不变原理，需要寻求新的相对论速度合成公式. 洛伦兹变换的微分形式为

$$\mathrm{d}x'=\gamma(\mathrm{d}x-v\mathrm{d}t),$$
$$\mathrm{d}t'=\gamma(\mathrm{d}t-\beta\mathrm{d}x/c).$$

可得

$$u'_x=\frac{\mathrm{d}x'}{\mathrm{d}t'}=\frac{\gamma(\mathrm{d}x-v\mathrm{d}t)}{\gamma(\mathrm{d}t-\beta\mathrm{d}x/c)}=\frac{\frac{\mathrm{d}x}{\mathrm{d}t}-v}{1-\frac{\beta}{c}\cdot\frac{\mathrm{d}x}{\mathrm{d}t}}=\frac{u_x-v}{1-\frac{u_xv}{c^2}}.$$

类似地可以得到 u'_y 和 u'_z. 这样，从洛伦兹变换就得到了速度变换公式

$$\begin{cases}u'_x=\dfrac{u_x-v}{1-\frac{u_xv}{c^2}},\\[2ex] u'_y=\dfrac{u_y}{\gamma\left(1-\frac{u_xv}{c^2}\right)},\\[2ex] u'_z=\dfrac{u_z}{\gamma\left(1-\frac{u_xv}{c^2}\right)}.\end{cases}$$

根据对称性，容易得到其逆变换为

$$\begin{cases}u_x=\dfrac{u'_x+v}{1+\frac{u'_xv}{c^2}},\\[2ex] u_y=\dfrac{u'_y}{\gamma\left(1+\frac{u'_xv}{c^2}\right)},\\[2ex] u_z=\dfrac{u'_z}{\gamma\left(1+\frac{u'_xv}{c^2}\right)}.\end{cases}$$

值得注意的是，与洛伦兹变换不同，相对论速度变换不是线性变换，习惯上称其为相对论速度合成公式或相对论速度变换公式. 根据这个公式可以证明 $u^2=c^2$ 时，$u'^2=c^2$，这就保证了光速不变性. 在 $\beta=\frac{v}{c}\ll 1$ 时，相对论速度合成公式中分母都变为 1，相对论速度变换公式就回到经典

的伽利略速度变换公式，这正符合对应的原理.

例 1 （2014 年，北约）相距 l 的光源和光屏组成一个系统，并整体浸没在均匀的液体当中，液体折射率 $n=2$. 在实验室参照系下观察此系统，问：

（1）当液体介质速度为 0 的时候，光源发出的光射到光屏所需的时间是多少？

（2）当液体介质沿光源射向光屏的方向匀速运动，且速度为 v 时，光从光源射到光屏所需的时间为多少？

（3）当液体介质沿垂直于光源与光屏连线的方向匀速运动，且速度为 v 时，光从光源射到光屏所需的时间是多少？

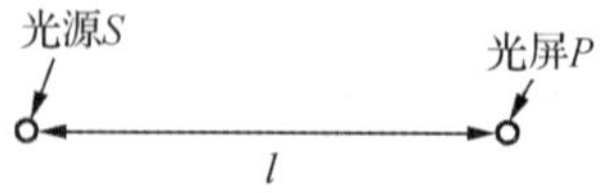

解：（1）当液体介质的速度为 0 的时候，实验室参照系 S 也就是液体参照系 S'. 液体折射率为 $n=2$，光在介质中的速度 $u=\frac{c}{n}$. 光从光源发出为事件 1，光到达光屏为事件 2，这两个事件的时间间隔即为光源发出的光射到光屏所需的时间，为

$$\Delta t = \Delta t' = \frac{l}{u} = \frac{l}{c/n} = \frac{2l}{c}.$$

（2）当液体介质沿光源射向光屏的方向匀速运动，且速度为 v 时，这时候可取液体参照系 S' 和实验室参照系 S 为标准位形。在 S 系中，源和屏静止，源屏距离为原长 l。在液体参照系 S' 中，源屏距离收缩为 $l'=\frac{l}{\gamma}$。注意到源屏相对于 S' 以 $-v$ 在运动，则光从光源发出与光到达光屏这两个事件的时间间隔和空间间隔在 S' 中分别为

$$\Delta t' = \frac{l'}{u+v},\ \Delta x' = \frac{u}{u+v}l'$$

由洛伦兹变换可得

$$\Delta t = \gamma\left(\Delta t' + \frac{v\Delta x'}{c^2}\right) = l\,\frac{1+\frac{uv}{c^2}}{u+v} = \frac{\left(2+\frac{v}{c}\right)l}{c+2v}$$

注：此结果可在 S 系中，由 $\Delta t = \frac{l}{u_x}$ 直接得到，其中速度由相对论速度变换公式得到

$$u_x = \frac{u+v}{1+\frac{uv}{c^2}} = \frac{\frac{c}{2}+v}{1+\frac{cv}{2c^2}}$$

（3）当液体介质沿垂直于光源与光屏连线的方向匀速运动，且速度为 v 时，这时候仍可取液体参照系 S' 和实验室参照系 S 为标准位形. 不过，这时候在液体参照系 S' 中，光从光源发出与光到达光屏这两个事件的空间间隔和时间间隔分别为

$$\Delta x' = 0, \Delta y' = l, \Delta t' = \frac{\Delta y'}{u} = \frac{2l}{c}.$$

于是，由洛伦兹变换可得

$$\Delta t = \gamma\left(\Delta t' + \frac{v\Delta x'}{c^2}\right) = \frac{1}{\sqrt{1-\frac{v^2}{c^2}}}\left(\frac{nl}{c} + \frac{v\cdot 0}{c^2}\right) = \frac{1}{\sqrt{1-\frac{v^2}{c^2}}}\,\frac{2l}{c} = \frac{2l}{\sqrt{c^2-v^2}}.$$

例 2 一艘飞船和一颗彗星分别相对地面以 $0.6\,c$ 和 $0.8\,c$ 的速率相向而行. 在地面观测，再有 5 s 二者要相撞. 问：

(1) 在飞船上看彗星的速度为多少?

(2) 以飞船上的钟计时，经多少时间二者相撞?

解：(1) 设地球为 S 系，飞船为 S' 系，则 $v=0.6\,c$，$\gamma=\frac{5}{4}$.

$$u_x=-0.8\,c.$$

$$u'_x=\frac{u_x-v}{1-\frac{v}{c^2}u_x}=\frac{-0.8\,c-0.6\,c}{1-\frac{0.6\,c}{c^2}(-0.8\,c)}\approx-0.946\,c.$$

(2) 在 S 系看，碰撞事件发生的时空位置为

$$t=5\text{ s},x=0.6c\times5=3c.$$

那么，在 S' 系看，碰撞事件发生的时间为

$$t'=\gamma\left(t-\frac{v}{c^2}x\right)=\frac{5}{4}\left(5-\frac{0.6\,c}{c^2}3\,c\right)=4\text{ s}.$$

注：在 S' 系中，飞船在原点作为出发事件，与碰撞事件一样，发生在同一地点，其时间则为原时，从而由时间膨胀公式，可得

$$t'=\frac{t}{\gamma}=t\sqrt{1-0.6^2}=5\times0.8\text{ s}=4\text{ s}.$$

例 3 一位宇航员乘一艘飞船以 $0.6c$ 的速度飞过地球，同时校准他的时钟与地球时钟，均指正午 12 点. 按照宇航员的测定，飞船在午后 12 点 30 分通过一个相对地球静止不动的空间站，并用无线电向地球报告. 问：

(1) 此时，空间站的时钟指的是什么时间?

(2) 宇航员测定地球到空间站的距离是多少?

(3) 地球上的观测者测定地球到空间站的距离是多少?

(4) 地球上收到无线电讯号时，地球上是什么时间?

(5) 地球上收到无线电讯号时，飞船上是什么时间?

解：(1) 飞船测得为原时，则

$$\Delta t_{\text{空间站}}=\frac{\Delta t_{\text{飞船}}}{\sqrt{1-\frac{v^2}{c^2}}}=\frac{30}{\sqrt{1-0.6^2}}\text{ min}=37.5\text{ min}.$$

空间站上时间为午后 12 点 37 分 30 秒.

(2) 宇航员测得距离

$$s=v\times\Delta t_{\text{飞船}}=0.6\times3\times10^8\times30\times60\text{ m}=3.24\times10^{11}\text{ m}.$$

(3) 地球上的观测者测得距离

$$s'=v\times\Delta t_{\text{空间站}}=0.6\times3\times10^8\times37.5\times60\text{ m}=4.05\times10^{11}\text{ m}.$$

(4) 地球上收到讯号需时

$$\frac{4.05\times10^{11}}{3\times10^{8}\times60}\ \text{min}=22.5\ \text{min}.$$

地球上收到讯号的时间为:午后 12 点 37.5 分+22.5 分=午后 1 点.

(5) 对宇航员,有

$$\frac{3.24\times10^{11}}{3\times10^{8}\times60}\ \text{min}=18\ \text{min}.$$

地球收到讯号时,飞船上的时间为:午后 12 点 30 分+18 分=午后 12 点 48 分.

例 4 在惯性系 K 中,测得某两个事件发生在同一个地点,时间间隔为 4 s. 在另一个惯性系 K' 中,测得这两个事件发生的时间间隔为 6 s. 试问:在 K' 系中,这两个事件的空间间隔是多少?

解:因为

$$\Delta t'=\frac{\Delta t}{\sqrt{1-\frac{v^2}{c^2}}},\ \frac{\Delta t'}{\Delta t}=\frac{6}{4}=\frac{3}{2},$$

所以

$$v=\frac{\sqrt{5}}{3}c=\sqrt{5}\times10^{8}\ \text{m/s}.$$

因为

$$x_1'=\frac{x_1-vt_1}{\sqrt{1-\frac{v^2}{c^2}}},\ x_2'=\frac{x_2-vt_2}{\sqrt{1-\frac{v^2}{c^2}}},\ \Delta x=x_2-x_1=0,$$

所以

$$\Delta x'=x_2'-x_1'=\frac{v\Delta t}{\sqrt{1-\frac{v^2}{c^2}}}=\frac{3}{2}\times\sqrt{5}\times10^{8}\times4\ \text{m}=6\sqrt{5}\times10^{8}\ \text{m}.$$

注:本题也可直接由间隔不变求解.

例 5 (2012 年,北约)如图所示,一个长木板向右以 $0.6c$ 的速度运动,有两个相距 l_0 的激光器,在地面上同时各将木板烧了一个洞.

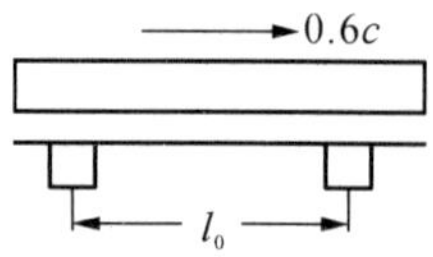

(1) 若木板停下来,求两个洞的间距 l.

(2) 在板上的人看来,两束激光打在木板上的时间差 $\Delta t'$ 为多少?

解:取地面为 S 系,运动木板为 S' 系,S' 系相对 S 系运动的速度为 $v=0.6c$,可得洛伦兹因子

$$\gamma=\frac{1}{\sqrt{1-\left(\frac{v}{c}\right)^2}}=\frac{5}{4}.$$

(1) 根据长度收缩效应,并注意题目中的符号,有 $l_0=\frac{l}{\gamma}$,从而得到 $l=\frac{5}{4}l_0$.

(2) 由洛伦兹变换可得

$$\Delta t'=\gamma\left(\Delta t-\frac{v\Delta x}{c^2}\right)=\frac{5}{4}\left(0-\frac{0.6c}{c^2}l_0\right)=-\frac{3}{4}\frac{l_0}{c}.$$

练 习

1. (2010年，复旦大学)由狭义相对论可知 ( )

A. 每个物理定律的形式在一切惯性系中均相同

B. 钟的快慢与其运动速度无关

C. 真空中的光速与光源的运动速度有关

D. 所有粒子的质量与其运动速度无关

2. (2014年，北约)有两个惯性参考系1和2，彼此相对做匀速直线运动，下列叙述中正确的是 ( )

A. 在参考系1中看所有物理过程都变快了；在参考系2中看所有物理过程都变慢了

B. 在参考系1中看所有物理过程都变快了；在参考系2中看所有物理过程也变快了

C. 在参考系1中看所有物理过程都变慢了；在参考系2中看所有物理过程都变快了

D. 在参考系1中看所有物理过程都变慢了；在参考系2中看所有物理过程也变慢了

3. 一静止棒的长为l，质量为m，其质量的线密度$\rho=\frac{m}{l}$. 问：

(1) 假定此棒以速度v沿棒长方向运动，棒的线密度应为多少？

(2) 若棒沿垂直其长度方向向上运动，它的线密度又为多少？

4. 宇宙飞船相对地球以$0.8c$飞行，一光脉冲从船尾传到船头，飞船上的观察者测得飞船长90 m，地球上的观察者测得光脉冲从船尾传到船头两事件的空间间隔是 ( )

A. 90 m　　B. 54 m　　C. 270 m　　D. 150 m

5. 宇宙飞船以$0.8c$的速度离开地球，并先后向地球发出两个无线电脉冲信号，若地球上接收到这两个信号的时间间隔为10 s，求宇航员以自己的时钟计时，发出这两个信号的时间间隔.

6. 宇宙飞船以$v=3c/5$的速度离开地球. 在某时刻，宇航员向地球发出一个无线电脉冲信号，40 s后宇航员收到经地球反射回来的返回信号. 试求：

(1) 在飞船上和在地球上观测到的信号发射和接收这两个事件的时间间隔.

(2) 信号在地球反射时，在飞船上和在地球上观测到的飞船与地球之间的空间距离.

参考答案

1. A　2. D　3. (1) $\frac{\rho}{1-\left(\frac{v}{c}\right)^2}$　(2) $\frac{\rho}{\sqrt{1-\left(\frac{v}{c}\right)^2}}$　4. C　5. $\Delta t'=\frac{10}{3}$ s

6. (1) $\Delta t'=40$ s，$\Delta t=50$ s　(2) $d'=6\times10^9$ m，$d=4.8\times10^9$ m

第3章

质点力学

质点力学是力学的理论基础，进一步可研究质点系、刚体和流体等力学体系. 在低速世界里，牛顿力学是很好的近似，直至今日仍是航空、航天科技的重要理论基础. 但在高速世界里，我们必须运用相对论力学来研究物质运动.

3.1 牛顿力学

1686年，牛顿在其名著《自然哲学的数学原理》中，总结和发展了已有的物理学研究，提出了牛顿三大定律，奠定了经典力学的科学基础.

一、牛顿运动定律

牛顿运动三定律的基本表述如下.

1. 牛顿第一定律：任何物体将保持静止或匀速直线运动状态，直到其他物体对它的作用力迫使其改变这种状态为止.

2. 牛顿第二定律：物体受到外力作用时将产生一个加速度，加速度的大小与合外力的大小成正比，与物体自身的质量成反比，加速度的方向与合外力的方向相同. 在国际单位制中，牛顿第二定律可以用公式表示为

$$\boldsymbol{F}=m\boldsymbol{a}.$$

3. 牛顿第三定律：物体之间的作用力与反作用力（作用在不同的物体上）大小相等，方向相反，并且在同一条直线上. 牛顿第三定律可以用公式表示为

$$\boldsymbol{F}_{ij}=-\boldsymbol{F}_{ji}.$$

关于牛顿运动三定律的理解，有几点说明：

1. 牛顿定律中"物体"一般指单个质点，对于多体问题可以利用隔离法分别讨论各个单体，而对于连续体则往往用微元法取微元作为质点进行讨论，这是运用牛顿定律处理力学体系的基本思想和方法. 如果考察质点系统的整体平动，则质点系的质心运动可代表其整体平动，容易证明质心运动的牛顿第二定律可以表示为

$$\boldsymbol{F}^{\text{ext}}=m\boldsymbol{a}_{\text{C}}.$$

2. 牛顿定律适用的参照系为惯性参照系. 第一定律不能看成是第二定律的推论，它说明物

体都存在惯性,并定义了惯性系.在讨论力学问题时,很多情况下我们默认地球或实验室参照系为很好的惯性系,但这只是近似.如果要讨论地球运动或星际航行时,我们可能要取太阳或遥远的恒星为惯性系.在解决具体问题时,明确哪个物体为参照系是关键.

3. 牛顿定律中所说的力是指作用于物体上所有外力的合力,这从代表质点系整体平动的质心运动定理就可以看出来.区别外力和内力更多是从系统线动量或角动量的角度来考虑的,而区分保守力和非保守力则是从力的做功特点来讨论的.我们一般所说的力是"真实力",指物体与物体之间的相互作用,一般满足牛顿第三定律,这是动量守恒这个基本原理所要求的.在力学中,常见的力有重力、弹力和摩擦力等,这是万有引力和电磁作用这两种长程基本作用的体现.在微观领域,还有短程的两种基本相互作用:强相互作用和弱相互作用.

4. 在非惯性系中处理力学问题时,我们可以引进惯性力作为"虚拟力",但其力学效果与"真实力"是一样的,也就是在非惯性系中,我们只要增加惯性力,就可以像惯性系一样讨论问题.在匀加速的平动非惯性系中,按照惯性原理,可以引进一个等效引力场来等效惯性力对物体的作用.在匀角速度的转动非惯性系中:如果物体静止,虚拟力只有惯性离心力;如果物体运动,虚拟力还要考虑科里奥利力.

在运用牛顿三定律求解动力学问题时,我们一般遵循以下步骤:

1. 隔离物体,受力分析.
2. 对研究对象的运动状况进行定性的分析.
3. 明确参照系,建立恰当的坐标.
4. 列出基本方程和约束条件.
5. 求解方程,讨论结果.

例1 质量为 m 的小环穿在通过坐标原点并绕 y 轴以角速度 ω 转动、形状为 $y=f(x)$ 的光滑钢丝上,如果要使小环在钢丝上任何位置都能相对钢丝静止不动,试求钢丝的形状曲线及平衡时钢丝对小环的作用力 F_N.

解:取小环为研究对象,它在重力 F_G 和钢丝对它的支持力 F_N 作用下做大小为 ω 的匀角速度圆周运动.

建立如图所示的直角坐标系,则根据牛顿第二定律,在水平方向和竖直方向分别有

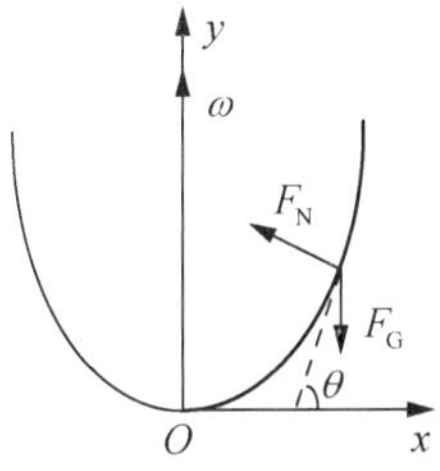

$$F_N\sin\theta = m\omega^2 x,$$

$$F_N\cos\theta - mg = 0.$$

由这两个方程,可以得到函数 $y=f(x)$ 满足的微分方程为

$$\frac{dy}{dx} = \tan\theta = \frac{\omega^2}{g}x.$$

满足题设条件的解为

$$y = \frac{\omega^2}{2g}x^2,$$

进一步可求得平衡时钢丝对小环的作用力为

$$F_N = \frac{mg}{\cos\theta} = mg\sqrt{1+\tan^2\theta} = mg\sqrt{1+\frac{\omega^4}{g^2}x^2}.$$

注:如取钢丝作为转动非惯性系,小环不动,惯性离心力与 F_N 的水平分量平衡,即 $F_N \sin\theta - m\omega^2 x = 0$,这样也可以得到相同的结果.这个结果也适用于旋转的液面,可知其表面为旋转抛物面.

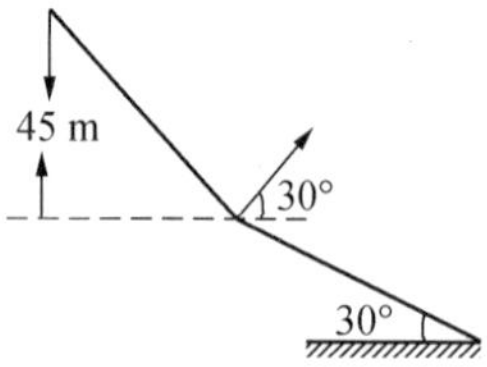

例 2 (2014 年,卓越联盟)如图,滑雪运动员从初始滑道(光滑)上下降 45 m 后起跳,起跳角度与水平面的夹角为 30°,且起跳不损失动能.降落滑道可看成一个倾斜角为 30°的斜面,求运动员在空中飞行的时间,以及落到斜面时的速度与斜面的夹角.(本题中重力加速度 g 取 10 m/s²)

解:滑雪运动员从初始滑道下降后的末速度为

$$v = \sqrt{2gh} = \sqrt{2\times 10\times 45} = 30\ \text{m/s}.$$

把 v 分解到 x,y(沿斜面向下及垂直斜面向上)两个方向,则

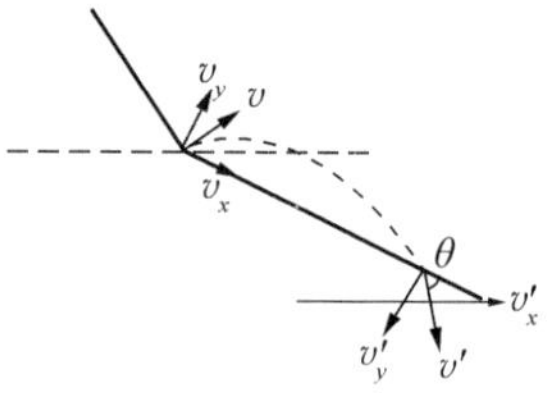

$$\begin{cases} v_x = v\cdot\cos 60° = \dfrac{1}{2}v, \\ v_y = v\cdot\sin 60° = \dfrac{\sqrt{3}}{2}v. \end{cases}$$

加速度也进行同样的分解

$$\begin{cases} g_x = g\cdot\sin 30° = \dfrac{1}{2}g, \\ g_y = g\cdot\cos 30° = \dfrac{\sqrt{3}}{2}g. \end{cases}$$

y 方向相当于竖直上抛运动,则

$$t = \frac{2v_y}{g_y} = \frac{\sqrt{3}v}{\frac{\sqrt{3}}{2}g} = \frac{2v}{g} = 6\ \text{s}.$$

滑雪运动员落到斜面上时速度的 x 分量和 y 分量分别为

$$\begin{cases} v'_x = v_x + g_x t = \dfrac{1}{2}v + \dfrac{1}{2}gt = 45\ \text{m/s}, \\ v'_y = -v_y = -15\sqrt{3}\ \text{m/s}(\text{负号表示方向与 } v_y \text{ 相反}). \end{cases}$$

如图,θ 为落到斜面上时的速度方向与斜面的夹角,则

$$\tan\theta = \frac{|v'_y|}{v'_x} = \frac{15\sqrt{3}}{45} = \frac{\sqrt{3}}{3},$$

即滑雪运动员落到斜面上时,速度方向与斜面的夹角为 30°.

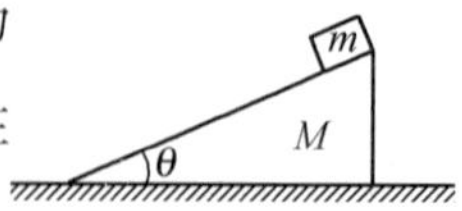

例 3 (2010 年,清华大学等 5 校联考)在光滑的水平面上有一质量为 M、倾角为 θ 的光滑斜面,其上有一质量为 m 的物块,如右图所示.求物块在沿斜面下滑的过程中对斜面的压力.

解:如图所示建立坐标系,由伽利略变换,可得各加速度间的关系为

$$\boldsymbol{a}_{m\text{地}} = \boldsymbol{a}_{mM} + \boldsymbol{a}_{M\text{地}},$$

$$\boldsymbol{a}_m = \boldsymbol{a}' + \boldsymbol{a}_M.$$

$$a_{mx} = a' - a_M\cos\theta,$$

$$a_{my} = -a_M\sin\theta.$$

以地面为参考系，对 m 进行分析，由牛顿第二定律，可得

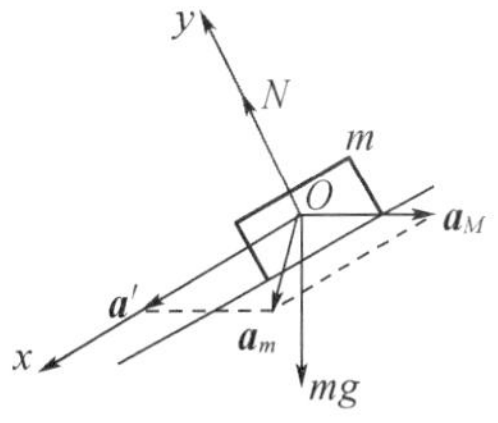

$$F_x = mg\sin\theta = ma_{mx} = m(a' - a_M\cos\theta),$$

$$F_y = N - mg\cos\theta = ma_{my} = -ma_M\sin\theta.$$

对 M 进行分析有

$$N\sin\theta = Ma_M.$$

解得

$$N = \frac{Mmg\cos\theta}{M + m\sin^2\theta},$$

$$a_M = \frac{mg\cos\theta\sin\theta}{M + m\sin^2\theta},$$

$$a' = \frac{(M+m)g\sin\theta}{M + m\sin^2\theta}.$$

可用极限法检验，请自行考察 $\theta=0$，$\theta=\frac{\pi}{2}$ 以及 $M\to\infty$ 的情形.

例 4 一根质量为 M 的长度为 L 的均匀绳子，在光滑桌面上绕转轴 O 以匀角速度 ω 旋转，试确定绳子根部的张力.

解：如图建立坐标系.

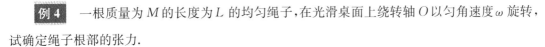

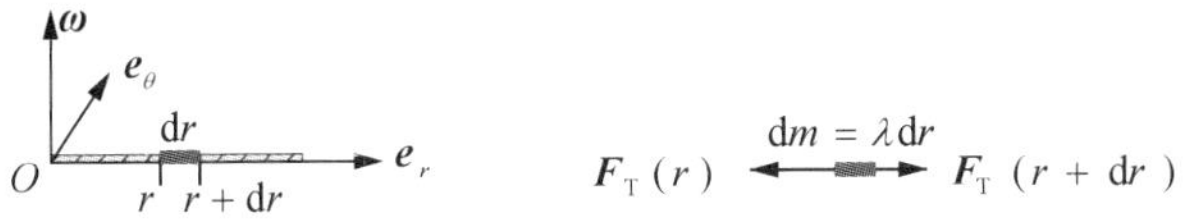

绳子是连续体，质量线密度为 $\lambda=\frac{M}{L}$. 取微元 dr，其两侧张力的合力为

$$\boldsymbol{F}_T(r) + \boldsymbol{F}_T(r+\mathrm{d}r) = -F_T(r)\boldsymbol{e}_r + F_T(r+\mathrm{d}r)\boldsymbol{e}_r = [F_T(r+\mathrm{d}r) - F_T(r)]\boldsymbol{e}_r = \mathrm{d}F_T\boldsymbol{e}_r.$$

这个合力提供向心力，由牛顿第二定律，有

$$\mathrm{d}F_T\boldsymbol{e}_r = (\lambda\mathrm{d}r)\omega^2 r(-\boldsymbol{e}_r),\ -\mathrm{d}F_T = \lambda\omega^2 r\mathrm{d}r.$$

由积分 $-\int_{F_{T(0)}}^{0}\mathrm{d}F_T = \lambda\omega^2\int_0^L r\mathrm{d}r$，可得绳子根部的张力为

$$F_{T(0)} = \frac{1}{2}\lambda\omega^2 L^2 = M\omega^2\frac{L}{2}.$$

注：从结果容易看出，这就是质心运动定理的结果. 应用这个定理也可以得到绳子中任意处的张力. 不过，微元法是处理连续体的一般方法，读者可以细心体会.

二、质点运动定理

从牛顿三定律可以推出三个质点运动的基本定理：动量定理、角动量定理和动能定理. 从这些定理出发处理问题，很多时候比用牛顿定律更方便.

1. 动量定理

质点的动量定义为 $\boldsymbol{p}=m\boldsymbol{v}$，对时间求导后可得

$$\frac{\mathrm{d}\boldsymbol{p}}{\mathrm{d}t}=m\frac{\mathrm{d}\boldsymbol{v}}{\mathrm{d}t}=m\boldsymbol{a}=\boldsymbol{F}.$$

这正是牛顿第二定律最初的动量形式. 把这个微商形式改成微分形式，即有

$$\mathrm{d}\boldsymbol{p}=\boldsymbol{F}\mathrm{d}t\equiv\mathrm{d}\boldsymbol{I}.$$

这是动量定理的微分形式，积分即得

$$\Delta\boldsymbol{p}=\boldsymbol{p}_f-\boldsymbol{p}_i=\int_{t_i}^{t_f}\boldsymbol{F}\mathrm{d}t=\Delta\boldsymbol{I}.$$

这就是动量定理：在给定的时间间隔内，外力作用在质点上的冲量，等于质点在此时间内动量的增量.

2. 角动量定理

角动量的定义为 $\boldsymbol{L}=\boldsymbol{r}\times\boldsymbol{p}$，对时间求导后可得

$$\frac{\mathrm{d}\boldsymbol{L}}{\mathrm{d}t}=\frac{\mathrm{d}}{\mathrm{d}t}(\boldsymbol{r}\times\boldsymbol{p})=\boldsymbol{r}\times\frac{\mathrm{d}\boldsymbol{p}}{\mathrm{d}t}+\frac{\mathrm{d}\boldsymbol{r}}{\mathrm{d}t}\times\boldsymbol{p}=\boldsymbol{r}\times\boldsymbol{F}.$$

定义力矩 $\boldsymbol{M}=\boldsymbol{r}\times\boldsymbol{F}$，则有

$$\frac{\mathrm{d}\boldsymbol{L}}{\mathrm{d}t}=\boldsymbol{M}.$$

于是可得到微分形式的角动量定理

$$\mathrm{d}\boldsymbol{L}=\boldsymbol{M}\mathrm{d}t.$$

3. 动能定理

质点的动能定义为 $E_\mathrm{k}=\frac{1}{2}mv^2$，对时间求导后可得

$$\frac{\mathrm{d}E_\mathrm{k}}{\mathrm{d}t}=m\frac{\mathrm{d}\boldsymbol{v}}{\mathrm{d}t}\cdot\boldsymbol{v}=\boldsymbol{F}\cdot\boldsymbol{v}=P.$$

把这个微商形式改成微分形式，即有

$$\mathrm{d}E_\mathrm{k}=\boldsymbol{F}\cdot\boldsymbol{v}\mathrm{d}t=\boldsymbol{F}\cdot\mathrm{d}\boldsymbol{r}=\mathrm{d}W.$$

这是动能定理的微分形式：质点动能的微元增量等于合外力对质点所做的微元功.

例 5 （2007 年，北京大学）如图所示，质量为 m、电荷量为 $q>0$ 的小物体静止在水平地面上，它与桌面间的动摩擦因数为 μ. 地面上方有图示的水平方向的匀强电场 E 和方向垂直纸面朝里的匀

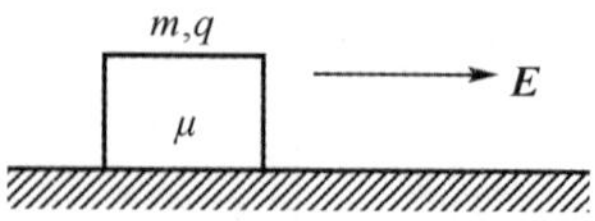

强磁场 B. 设 $\mu<\frac{qE}{mg}$,已知小物体自由释放后经过时间 t_0 升离地面. 试求此过程中小物体通过的路程 s.

解:小物体自由释放后,受电场力的作用向右加速,获得向右的速度,并受到竖直向上的洛伦兹力的作用. 因此,滑块所受滑动的摩擦力将变小,其加速度相应变大. 在 t 到 $t+\Delta t$ 时间内利用动量定理得

$$Eq\Delta t-\mu(mg-qBv)\Delta t=m\Delta v.$$

可变为

$$(Eq-\mu mg)\Delta t+\mu qB(v\Delta t)=m\Delta v,$$

或

$$(Eq-\mu mg)\Delta t+\mu qB\Delta s=m\Delta v,$$

其中 $\Delta s=v\Delta t$ 表示小物体在 Δt 时间内滑动的距离. 在 $t=0$ 到 t_0 时间内,对上式求和,得

$$\sum(Eq-\mu mg)\Delta t+\sum\mu qB\Delta s=\sum m\Delta v,$$

即

$$(Eq-\mu mg)t_0+\mu qBs=mv,$$

其中 v 是 t_0 时刻小物体的速率,满足 $qvB=mg$,则 $v=\frac{mg}{qB}$,代入上式得

$$(Eq-\mu mg)t_0+\mu qBs=\frac{m^2g}{qB}.$$

则在此过程中,小物体通过的路程为

$$s=\frac{m^2g}{\mu q^2B^2}-\frac{(Eq-\mu mg)t_0}{\mu qB}.$$

例6 质量为 m 的子弹以速度 v_0 水平射入沙土中,设子弹所受阻力与速度反向,大小与速度成正比,比例系数为 b,忽略子弹的重力,求:

(1) 子弹射入沙土后,速度与时间的函数式.

(2) 子弹进入沙土的最大深度.

解:子弹所受阻力 $\boldsymbol{F}=-b\boldsymbol{v}$ 为变力. 由动量定理,有

$$\mathrm{d}\boldsymbol{p}=\boldsymbol{F}\mathrm{d}t=-b\boldsymbol{v}\mathrm{d}t=-b\mathrm{d}\boldsymbol{r}.$$

(1) 由动量定理式,可得

$$m\mathrm{d}v=-bv\mathrm{d}t.$$

积分可得

$$\int_{v_0}^{v}\frac{\mathrm{d}v}{v}=-\frac{b}{m}\int_0^t\mathrm{d}t,$$

$$v=v_0\mathrm{e}^{-(b/m)t}.$$

(2) 由动量定理式,亦可得

$$\mathrm{d}p = -b\mathrm{d}z.$$

积分可得

$$\int_{mv_0}^{0}\mathrm{d}p = -b\int_{0}^{z_{\max}}\mathrm{d}z,$$

$$z_{\max} = \frac{mv_0}{b}.$$

例 7 如图，有一摆长为 l 的圆锥摆，细绳一端固定在天花板上，另一端悬挂质量为 m 的小球，小球经推动后，在水平面内绕通过圆心 O 的竖直轴做角速度为 ω 的匀速率圆周运动. 细绳和竖直方向所成的角度 θ 为多少？空气阻力不计.

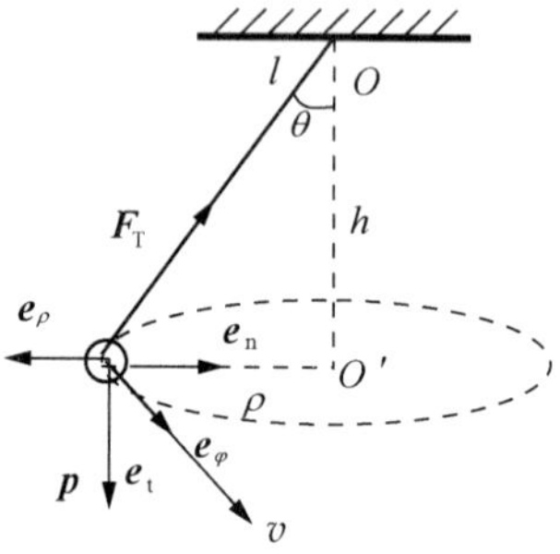

解：这个圆锥摆问题，当然可用牛顿第二定律来解决，这里作为一个例子，我们用角动量定理来解决. 取悬挂点 O 为参考点，建立向上为 z 轴正向的柱坐标系，有

$$\boldsymbol{r}_{PO} = \rho\boldsymbol{e}_\rho - h\boldsymbol{k}.$$

质点做圆周运动，其动量为

$$\boldsymbol{p} = m\boldsymbol{\omega}\times\boldsymbol{r} = m\omega\rho\boldsymbol{e}_\varphi.$$

其相对于 O 的角动量为

$$\boldsymbol{L} = \boldsymbol{r}_{PO}\times\boldsymbol{p} = m\rho^2\boldsymbol{\omega} + m\rho h\omega\boldsymbol{e}_\rho.$$

对之求导，可得

$$\dot{\boldsymbol{L}} = m\rho h\omega\boldsymbol{\omega}\times\boldsymbol{e}_\rho = \rho mh\omega^2\boldsymbol{e}_\varphi.$$

而合外力相对于 O 点的力矩为

$$\boldsymbol{M} = \boldsymbol{r}\times(\boldsymbol{F}_\mathrm{T} - mg\boldsymbol{k}) = \rho\boldsymbol{e}_\rho\times(-mg\boldsymbol{k}) = \rho mg\boldsymbol{e}_\varphi.$$

根据角动量定理

$$\boldsymbol{M} = \dot{\boldsymbol{L}},$$

可得

$$g = h\omega^2 = l\cos\theta\omega^2.$$

从而可得细绳和竖直方向所成的角度 θ 为

$$\theta = \arccos\frac{g}{\omega^2 l}.$$

例 8 （2014 年，华约）如图所示的传送带装置与水平面的夹角为 θ，且 $\tan\theta=3/4$，传送带的速度为 $v=4\ \mathrm{m/s}$，动摩擦因数为 $\mu=5/4$，将一个质量 $m=4\ \mathrm{kg}$ 的小物块轻轻地放置在装置的底部，已知传送带装置的底部到顶部之间的距离 $L=20\ \mathrm{m}$. 重力加速度 g 取 $10\ \mathrm{m/s^2}$，求：

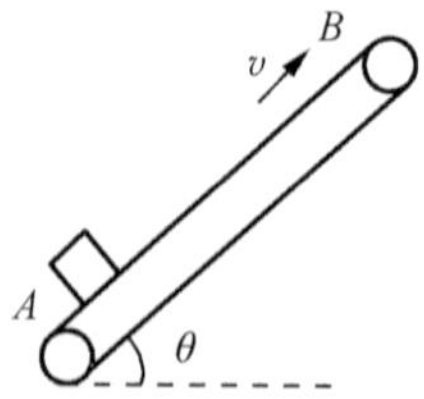

(1) 求物块从传送带底部运动到顶部的时间 t；

(2) 此过程中传送带对小物块所做的功.

解:(1) 如图进行受力分析.根据垂直斜面方向受力平衡,有

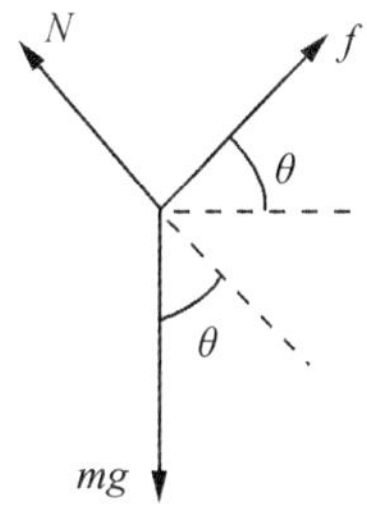

$$N = mg\cos\theta = \frac{4}{5}mg,$$

则摩擦力

$$f_1 = \mu N = \frac{5}{4}\cdot\frac{4}{5}mg = mg.$$

小物块在平行斜面方向做匀加速运动,有

$$ma = f_1 - mg\sin\theta = mg - \frac{3}{5}mg = \frac{2}{5}mg,$$

则 $a=\frac{2}{5}g=4\ \mathrm{m/s^2}$,且方向沿传送带向上.

小物块运动到速度与传送带速度相同时经过的时间为

$$t_1 = \frac{v}{a} = 1\ \mathrm{s},$$

运动的距离为

$$s_1 = \frac{1}{2}at_1^2 = 2\ \mathrm{m},$$

剩下的距离为

$$s_2 = L - s_1 = 18\ \mathrm{m}.$$

之后小物块与传送带一起做匀速运动,则

$$t_2 = \frac{s_2}{v} = 4.5\ \mathrm{s}.$$

故
$$t = t_1 + t_2 = 5.5\ \mathrm{s}.$$

(2) 解法1:由第一问可知,在小物块加速过程中摩擦力为

$$f_1 = mg = 40\ \mathrm{N},$$

此时摩擦力对小物块做功

$$W_1 = \frac{1}{2}f_1 a_1 t_1^2 = 80\ \mathrm{J}.$$

匀速运动过程中摩擦力满足

$$f_2 = mg\sin\theta = \frac{3}{5}mg = 24\ \mathrm{N},$$

则传送带做功

$$W_2 = f_2 s_2 = 432\ \mathrm{J}.$$

总功为

$$W = W_1 + W_2 = 512\ \text{J}.$$

注:若是求传送带做功,则需考虑内能的变化,此时

$$W'_1 = f_1 v_1 t_1 = 160\ \text{J},$$

W_2 不变,总功为

$$W = W'_1 + W_2 = 592\ \text{J}.$$

解法 2:用功能原理,传送带对物块所做的功为物块获得的机械能(动能与重力势能),则

$$W = \frac{1}{2}mv^2 + mgL\sin\theta = 512\ \text{J}.$$

例 9 一质量为 10 kg 的物体,沿 x 轴无摩擦地滑动,$t=0$ 时刻,静止于原点,求:

(1) 物体在力 $F=3+4x$ N 的作用下运动了 3 m,求物体的动能.

(2) 物体在力 $F=3+4t$ N 的作用下运动了 3 s,求物体的动能.

解:(1) 由动能定理得

$$E_k = W = \int F \cdot dx = \int_0^3 (3+4x)\cdot dx\ \text{J} = 27\ \text{J}$$

(2) 由冲量定理得 3 s 后物体的速度为

$$p = \Delta p = \int F \cdot dt = \int_0^3 (3+4t)\cdot dt\ \text{N}\cdot\text{s} = 27\ \text{N}\cdot\text{s},$$

$$v = p/m = 2.7\ \text{m/s}.$$

所以物体的动能为

$$E_k = \frac{1}{2}mv^2 = 36.45\ \text{J}.$$

注:本题变力与变量的关系为线性关系,对积分不熟悉的读者也可以由图像法得到结果.

练 习

1. (2014 年,北约)今有一个相对地面静止、悬浮在赤道上空的气球.对于一个站在宇宙背景惯性系的观察者,仅考虑地球相对其的自转运动,则以下对气球受力的描述正确的是 ( )

A. 该气球受地球引力、空气浮力和空气阻力

B. 该气球受力平衡

C. 地球引力大于空气阻力

D. 地球引力小于空气浮力

2. 质量分别为 m_1 和 m_2 的两滑块 A 和 B 通过一轻弹簧水平连接后置于水平桌面上,滑块与桌面间的动摩擦因数均为 μ,系统在水平拉力 F 作用下匀速运动,如图所示.如突然撤销拉力,则刚撤销后瞬间,二者的加速度 a_A 和 a_B 分别为 ( )

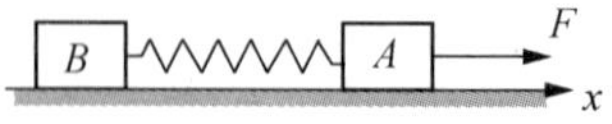

A. $a_A=0, a_B=0$　　B. $a_A>0, a_B<0$

C. $a_A<0, a_B>0$　　D. $a_A<0, a_B=0$

3. 水平地面上放一物体 A，它与地面间的动摩擦因数为 μ. 现加一恒力 F 如图所示. 欲使物体 A 有最大加速度，则恒力 F 与水平方向夹角 θ 应满足 (　　)

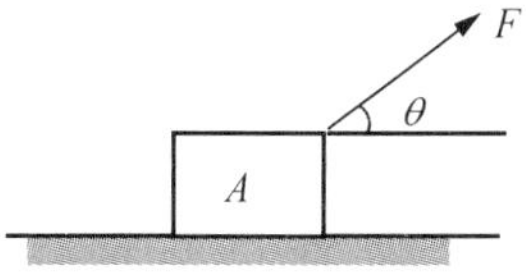

A. $\sin\theta=\mu$　　B. $\cos\theta=\mu$

C. $\tan\theta=\mu$　　D. $\cot\theta=\mu$

4. 如图所示，一杂技演员在圆筒形建筑物内表演飞车走壁. 设演员和摩托车的总质量为 m，圆筒半径为 R，演员骑摩托车在直壁上以速率 v 做匀速圆周螺旋运动，每绕一周上升的距离为 h. 若令 $\alpha=1+\left(\frac{h}{2\pi R}\right)^2$，则壁对演员和摩托车的作用力 F 大小为________，杂技演员螺旋运动轨迹的曲率半径为________.

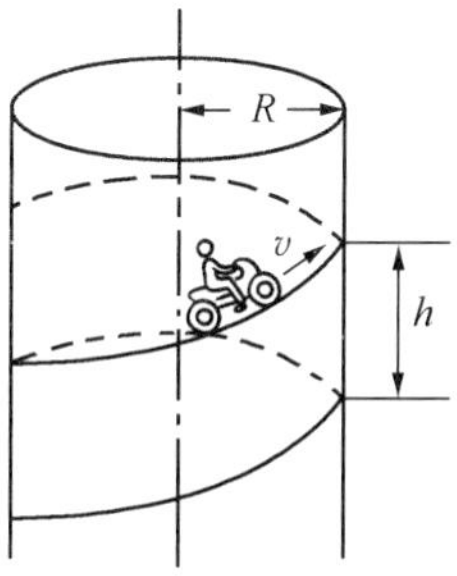

5. (**2006 年，上海交通大学**) 两个优质小球穿在一光滑圆环上，并由一不可伸长的轻绳相连，圆环竖直放置，在如图所示位置由静止释放. 释放瞬间绳上的张力为多少？

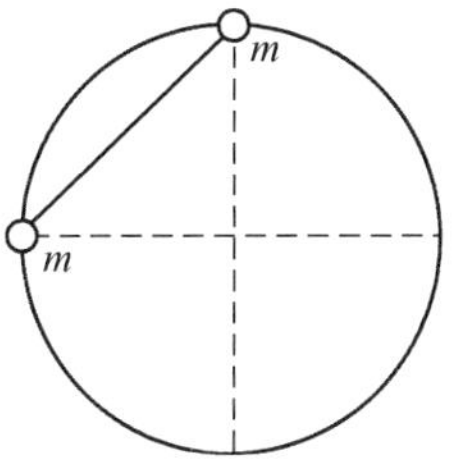

第 5 题图

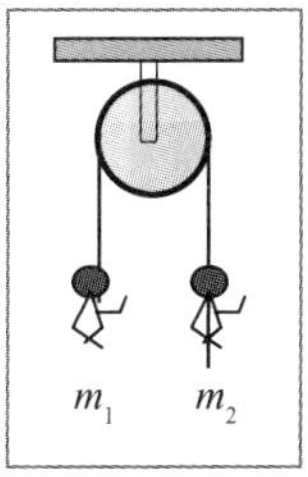

第 6 题图

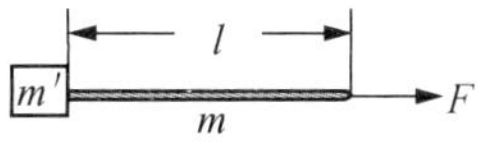

第 7 题图

6. 如图所示，若质量为 m_1，m_2 的两只小虫，分别粘在跨过无摩擦轻滑轮的绳子的两端，质量为 m_1 的小虫不动，当质量为 m_2 的小虫相对绳子以恒定的加速度 a_2 沿绳向下滑动时，两只小虫相对地面的加速度各为多少？质量为 m_2 的小虫与绳子之间的摩擦力为多大？

7. 如图所示，质量为 m、长为 l 的柔软细绳，一端系着放在光滑桌面上质量为 m' 的物体，另一端施加力 F. 设绳的长度不变，质量分布是均匀的. 求：

(1) 绳作用在物体上的力.

(2) 绳上任意点的张力.

8. 一质量为 1 kg 的物体，静止在水平地面上. 从 $t=0$ 开始，对物体施一与时间 t 有关的推力 $F=10t$(式中各物理量单位均为 SI 单位，此式只代入数值)，方向保持一定，如图所示. 若物体与地面之间的动摩擦因数 $\mu\approx\mu_0=0.20$，则 $t=3$ s 时物体的速度大小 $v=$________.

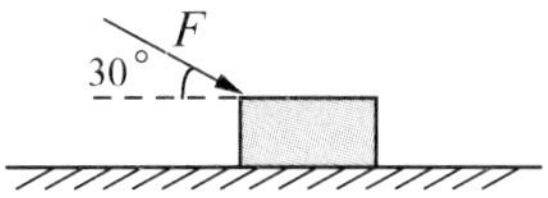

第 8 题图

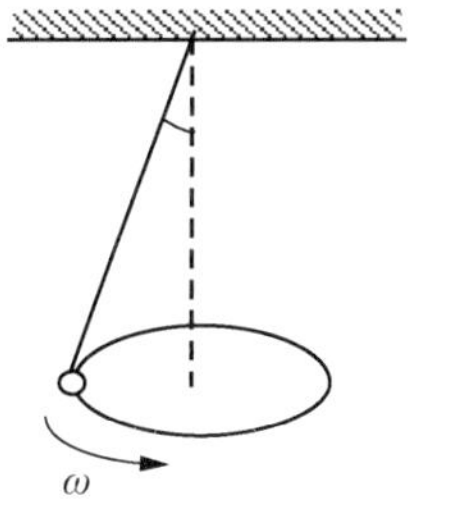

第 9 题图

9. 图示为一圆锥摆，质量为 m 的小球在水平面内以角速度 ω 匀速转动. 在小球转动一周的过程中：

(1) 小球动量增量的大小等于________.

(2) 小球所受重力的冲量的大小等于________.

(3) 小球所受绳子拉力的冲量大小等于________.

10. 有一质量为 $m=5$ kg 的物体，在 0 到 10 s 内，受到如图所示的变力 F 的作用. 物体由静止开始沿 x 轴正向运动，力的方向始终为 x 轴的正方向，则 10 m 内变力 F 所做的功为________.

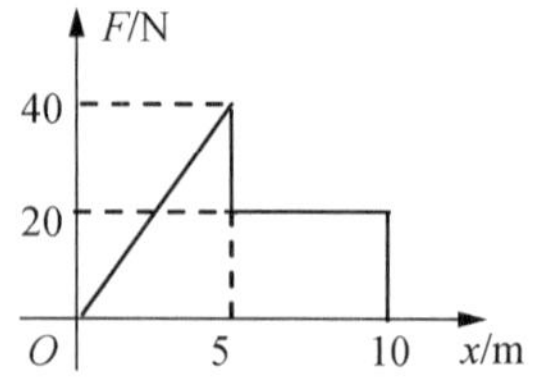

参考答案

1. C 2. D 3. C

4. $F=mg\sqrt{1+\left(\frac{v^2}{\alpha gR}\right)^2}$ $\rho=R\left[1+\left(\frac{h}{2\pi R}\right)^2\right]=\alpha R$ 5. $T=\frac{\sqrt{2}}{2}mg$

6. $a_1=\frac{(m_1-m_2)g+m_2a_2}{m_1+m_2}$，$a'_2=\frac{(m_1-m_2)g-m_1a_2}{m_1+m_2}$，$F=\frac{(2g-a_2)m_1m_2}{m_1+m_2}$

7. (1) $F_{T0}=\frac{m'}{m'+m}F$ (2) $F_T=\left(m'+m\frac{x}{l}\right)\frac{F}{m'+m}$ 8. 28.8 m/s

9. (1) 0 (2) $2\pi mg/\omega$ (3) $2\pi mg/\omega$ 10. 200 J(功为折线下方的面积)

3.2 相对论力学

牛顿力学在宏观低速的情况下足够精确有效，至今仍在天体力学和航天技术中发挥着重要的作用. 但从理论上说，它只具有经典的伽利略协变性，而在洛伦兹变换之下不能对所有惯性系保持相同形式. 为了满足相对性原理，我们需要发展新的动力学形式——相对论动力学. 这种新力学也应满足对应原理：在低速近似下应该回到牛顿力学. 这样，一些基本的动力学概念如动量和能量需要重新定义，使基本的动量和能量守恒定律得以继续成立并得到统一.

一、相对论性动量 动力学方程

在经典力学里，一个质点的动量 $\boldsymbol{p}$ 被定义为 $\boldsymbol{p}=m\boldsymbol{v}$. 它刻画了质点作为一个系统的力学状态，包含了系统的内在性质 m 和外在参量 $\boldsymbol{v}$. 牛顿第一定律表明，无外力作用的自由粒子将保持其固有状态，或动量不变. 牛顿第二定律 $\boldsymbol{F}=\mathrm{d}\boldsymbol{p}/\mathrm{d}t$ 既是力的定义，又是一个物理定律，表明力是系统状态改变的原因. 牛顿第三定律实际上是动量守恒的结果. 可见动量是一个核心的动力学物理量.

为了保证动量守恒原理对各个惯性系都适用，动量必须重新定义. 这个新定义，按照对应原理，在 $v\ll c$ 时应该回到经典的 $m\boldsymbol{v}$. 基于量纲分析，可以期待相对论性动量形式为 $\boldsymbol{p}=f(v)m\boldsymbol{v}$，其中 $f(v)$ 为无量纲数，在 $v\ll c$ 时，$f(v)=1$. $f(v)$ 应该与 $\boldsymbol{v}$ 的方向无关，因而是 v^2 的函数，即 $f(v^2)$；同时 $f(v)$ 是无量纲数，$\beta=\frac{v}{c}$ 也是一个无量纲数，故 $f(v)$ 应是 $\frac{v^2}{c^2}$ 的函数或者是 $\gamma=\frac{1}{\sqrt{1-\frac{v^2}{c^2}}}$ 的函数，记为 $f(\gamma)$. 对等质量粒子碰撞过程的详细分析，可以得到 $f(\gamma)=\gamma$. 于是，相对论性动量被定义为

$$\boldsymbol{p}=\gamma m\boldsymbol{v}\text{，其中 }\gamma=\frac{1}{\sqrt{1-\frac{v^2}{c^2}}}.$$

这个新定义保证了动量守恒定律在相对论中仍然成立. 在 $v\ll c$ 时，$\gamma\to 1$，$\boldsymbol{p}=\gamma m\boldsymbol{v}\to m\boldsymbol{v}$，这个方程就回到牛顿力学，这正是我们期待的.

在相对论中，力仍被定义为 $\boldsymbol{F}=\frac{\mathrm{d}\boldsymbol{p}}{\mathrm{d}t}$，则可得

$$\boldsymbol{F}=\frac{\mathrm{d}(\gamma m\boldsymbol{v})}{\mathrm{d}t}=\frac{\mathrm{d}\gamma}{\mathrm{d}t}m\boldsymbol{v}+\gamma m\frac{\mathrm{d}\boldsymbol{v}}{\mathrm{d}t}.$$

注意到 $\gamma=\frac{1}{\sqrt{1-\frac{v^2}{c^2}}}$，可得

$$\frac{\mathrm{d}\gamma}{\mathrm{d}t}=\frac{\gamma^3}{c^2}\cdot v\frac{\mathrm{d}v}{\mathrm{d}t}=\frac{\gamma^3}{c^2}\boldsymbol{v}\cdot\boldsymbol{a}.$$

于是

$$\boldsymbol{F}=\frac{\gamma^3}{c^2}m(\boldsymbol{v}\cdot\boldsymbol{a})\boldsymbol{v}+\gamma m\boldsymbol{a}.$$

把式中的矢量分解为切线方向和法线方向，有

$$\boldsymbol{F}=\boldsymbol{F}_{\mathrm{t}}+\boldsymbol{F}_{\mathrm{n}},\boldsymbol{v}=v\boldsymbol{e}_{\mathrm{t}},\boldsymbol{a}=a_{\mathrm{t}}\boldsymbol{e}_{\mathrm{t}}+a_{\mathrm{n}}\boldsymbol{e}_{\mathrm{n}}.$$

代入原式后经过适当的代数运算，相对论动力学方程可以表示为

$$\boldsymbol{F}=\gamma^3 ma_{\mathrm{t}}\boldsymbol{e}_{\mathrm{t}}+\gamma ma_{\mathrm{n}}\boldsymbol{e}_{\mathrm{n}}.$$

写成分量式，为

$$F_{\mathrm{t}}=\gamma^3 ma_{\mathrm{t}},$$

$$F_{\mathrm{n}}=\gamma ma_{\mathrm{n}}.$$

从相对论动力学方程可见，一般而言力 F 与加速度的方向不再相同，与牛顿力学不同. 在切向和法向上，与经典力学相差不同的因子：γ^3 和 γ. 历史上，曾经定义 $\gamma^3 m$，γm 分别为纵向质量和横向质量，现在也有很多书定义 γm 为动质量，但它包含了动力学因子和运动学因子，不能算是基本物理量. 为了保持概念的简单性和明确性，我们采用近代物理的说法：始终只有一个质量 m，它与物体的电荷量一样，是物体本质属性，与参考系无关.

例 1　电子以速度 $\boldsymbol{v}$ 进入一个磁感应强度为 $\boldsymbol{B}$ 的均匀磁场区域. 在 $\boldsymbol{v}$ 与 $\boldsymbol{B}$ 相互垂直的情况下，电子将绕半径为 R 的圆周运动. 试求电子回旋半径 R 和洛伦兹因子 γ.

解：电子在磁场中所受磁场力 $\boldsymbol{F}=\boldsymbol{v}\times\boldsymbol{B}$ 始终垂直于速度 $\boldsymbol{v}$，为法向力. 因为 $\boldsymbol{v}$ 与 $\boldsymbol{B}$ 垂直，磁场力大小为

$$F=evB.$$

根据相对论动力学方程 $F_{\mathrm{n}}=\gamma ma_{\mathrm{n}}$，有

$$evB=\gamma ma_{\mathrm{n}}=\gamma m\frac{v^2}{R},$$

由此得到电子回旋半径为

$$R=\gamma\frac{mv}{eB}.$$

可见,由相对论得到的半径是经典力学结果的 γ 倍. 在 v 较大时,γ 会变得很大,在现代回旋加速器中,必须考虑相对论效应.

二、相对论性能量　质能关系

在相对论中,外力所做的功仍然被定义为

$$\mathrm{d}W=\boldsymbol{F}\cdot\mathrm{d}\boldsymbol{r}.$$

代入 $\boldsymbol{F}=\frac{\mathrm{d}\boldsymbol{p}}{\mathrm{d}t}$,有

$$\mathrm{d}W=\frac{\mathrm{d}\boldsymbol{p}}{\mathrm{d}t}\cdot\mathrm{d}\boldsymbol{r}=\mathrm{d}\boldsymbol{p}\cdot\frac{\mathrm{d}\boldsymbol{r}}{\mathrm{d}t}=v\,\mathrm{d}p.$$

一个质点在力的作用下从静止开始到获得速度 $\boldsymbol{v}$,其动能增量为

$$E_{\mathrm{k}}-0=\int\mathrm{d}W=\int_0^v v\mathrm{d}p=pv-\int_0^v p\mathrm{d}v=pv-\int_0^v\gamma mv\mathrm{d}v.$$

积分并化简后,可得质点的相对论性动能为

$$E_{\mathrm{k}}=(\gamma-1)mc^2=\gamma mc^2-mc^2.$$

在远低于光速,即 $\frac{v}{c}\ll 1$ 时,有

$$\gamma=\frac{1}{\sqrt{1-\frac{v^2}{c^2}}}=\left(1-\frac{v^2}{c^2}\right)^{-1/2}=1+\frac{1}{2}\frac{v^2}{c^2}+\cdots$$

因此有

$$E_{\mathrm{k}}\approx\frac{1}{2}\cdot\frac{v^2}{c^2}\cdot mc^2=\frac{1}{2}mv^2.$$

可见,经典力学的动能表达式是相对论性动能的低速近似.

但是,相对性动能表达式中出现了一个常数项 mc^2,这是牛顿力学中所没有的,爱因斯坦对此给出了深入的解释. 他认为 mc^2 是质点的静止能量,记为

$$E_0=mc^2.$$

这就是著名的质能关系式. γmc^2 则被解释为系统的总的相对论性能量,记为

$$E=\gamma mc^2.$$

这样总能量 E 和静止能量 E_0 之差即为外力对系统所做的功,也就是质点动能,即

$$E_{\mathrm{k}}=E-E_0.$$

爱因斯坦的质能关系式 $E_0=mc^2$ 揭示了粒子质量与能量之间的关系,为人类开发了新的能源——核能,也为人类带来了恐怖——原子弹和氢弹. 实验证明,一个原子核的质量 m 小于组成

它的所有核子(质子和中子)的质量之和 $\sum m_i$，其差值称为质量亏损，即

$$\Delta m = \sum m_i - m.$$

与此相对应的能量 Δmc^2 称为原子核的结合能 E_B，为

$$E_B = \Delta mc^2 = (\sum m_i - m)c^2.$$

平均每个核子的结合能为 $\varepsilon = \frac{E_B}{A}$，被称为平均结合能. 轻核和较重原子核的结合能都比较小，而中等原子序数的原子核结合能比较大. 这样，当重核发生核裂变或轻核发生核聚变时，就会释放出核能来. 这里，简单地讨论一下这两种典型的核反应过程.

1. 重核裂变

典型的重核裂变是铀原子核在热中子轰击下的裂变，其反应方程式为

$$^{235}_{92}U + ^{1}_{0}n \longrightarrow ^{139}_{54}Xe + ^{95}_{38}Sr + 2^{1}_{0}n + 200\ \text{MeV}.$$

这个反应的特点是反应中产生新的中子，这些中子又会去轰击其他铀核，产生新的裂变，这样就形成了链式反应. 在条件适当时，就会产生爆炸，这就是原子弹的基本原理.

在这个反应中，一个铀核放出的能量约为 200 MeV；1 g 铀放出的能量约为 8.2×10^{10} J，可以使 $2.6\times10^{2}\ \text{m}^3$ 的处于室温的水沸腾. 现在利用核能发电是人类利用清洁能源的一个重要方面.

2. 轻核聚变

轻核聚变是指由较轻的原子核聚合成较大的核，在这个过程中伴有能量的释放. 例如，两个氘核($^{2}_{1}H$)可以聚变成氦核($^{3}_{2}He$)，也可以聚变为氚核($^{3}_{1}H$)，其反应式如下：

$$^{2}_{1}H + ^{2}_{1}H \longrightarrow ^{3}_{2}He + ^{1}_{0}n + 3.27\ \text{MeV}.$$

$$^{2}_{1}H + ^{2}_{1}H \longrightarrow ^{3}_{1}H + ^{1}_{1}p + 4.04\ \text{MeV}.$$

在太阳里还会进一步反应生成$^{4}_{2}He$. 看起来聚变释放的能量较少，但其核比较轻. 同等质量的核原料，聚变比裂变放出的能量要多得多. 但是，要实现核聚变，必须加热到 10^8 K 的高温，使轻核具有足够的动能去克服轻核之间的库仑作用，这样才能让轻核靠得比较近，而发生聚变反应. 这个条件是比较苛刻的，人类现在还在努力探索受控核聚变的方法，以获得新的能源.

例 2 有两个核聚变反应：

(a) $^{2}_{1}H + ^{3}_{1}H \longrightarrow ^{4}_{2}He + ^{1}_{0}n.$

(b) $^{3}_{2}He + ^{2}_{1}H \longrightarrow ^{4}_{2}He + ^{1}_{1}p + 18.34\ \text{MeV}.$

如果已知$^{2}_{1}H$，$^{3}_{1}H$，$^{4}_{2}He$，$^{1}_{0}n$ 和$^{1}_{1}p$ 的静止能量分别为 1 875.628 MeV，2 808.944 MeV，3 727.409 MeV，939.573 MeV 和 938.280 MeV，试求：

(1) 反应(a)中释放的能量.

(2) $^{3}_{2}He$ 的静止能量和静止质量.

解：(1) 反应(a)前后的静止能量之差即为反应中释放的能量：

$$\begin{aligned} Q &= [E_0(^{2}_{1}H) + E_0(^{3}_{1}H)] - [E_0(^{4}_{2}He) + E_0(^{1}_{0}n)] \\ &= [(1\,875.628 + 2\,808.944) - (3\,727.409 + 939.573)]\text{MeV} \\ &= 17.59\ \text{MeV}. \end{aligned}$$

(2) 类似反应(1)，有

$$Q=[E_0({}_2^3\text{He})+E_0({}_1^2\text{H})]-[E_0({}_2^4\text{He})+E_0({}_1^1\text{p})].$$

从而${}_2^3\text{He}$的静止能量为

$$\begin{aligned}E_0({}_2^3\text{He})&=Q+[E_0({}_2^4\text{He})+E_0({}_1^1\text{p})]-E_0({}_1^2\text{H})\\&=(18.34+3\,727.409+938.280-1\,875.628)\text{MeV}\\&=2\,808.401\text{ MeV}.\end{aligned}$$

其静止质量 m 为

$$m=E_0/c^2=\frac{2\,808.401\times10^6\times1.602\times10^{-19}}{(3\times10^8)^2}\text{kg}=4.999\times10^{-27}\text{ kg}.$$

如果采用常用单位,静止质量 m 为

$$m=E_0/c^2=2\,808.401\text{ MeV}/c^2.$$

三、相对论性动量和能量的关系

相对论性动量 $p=\gamma mv$ 和能量 $E=\gamma mc^2$ 实际上就是质量 m 和速度 v 的函数.反过来,由动量 p 和能量 E 可以确定质点的质量 m 和速度 v.

观察 p 和 E 的定义式,容易得到

$$\beta=\frac{v}{c}=\frac{pc}{E}. \qquad ①$$

由能量 E 的定义式 $E=\gamma mc^2=\gamma E_0$,容易得到

$$E_0^2=\frac{1}{\gamma^2}E^2=(1-\beta^2)E^2=E^2-(\beta E)^2.$$

从 $\beta=\dfrac{pc}{E}$可得 $\beta E=pc$,代入上式,移项后可得

$$E^2=(pc)^2+E_0^2. \qquad ②$$

式①和式②是有关动量 p 和能量 E 的两个重要关系式.

对于以光速运动的粒子,如光子,$\gamma=\infty$.从动量和能量的定义式看,它们要得到有限的 p 和 E,要求 $m=0$,这样 $\infty\cdot0$ 才可能为有限值.而由关系式①容易得到,在 $v=c$ 时,$\beta=1$,即对于光子,有

$$E=pc.$$

代入关系式②,有 $E_0=0$,即

$$m=0.$$

这说明光子是 0 质量的粒子,可见关系式①和②的重要性,可以看作相对论性动量和能量更一般的定义.

按照量子论,光子能量为

$$E=h\nu.$$

其中 h 为普朗克常量,ν 为光子频率.由 $E=pc$,可知光子动量为

$$p=\frac{h\nu}{c}=\frac{h}{c/\nu}=\frac{h}{\lambda}.$$

定义圆频率 $\omega=2\pi\nu$,圆波数 $k=\frac{2\pi}{\lambda}$,则可得光子的能量和动量为

$$E=h\nu=\hbar\omega,\boldsymbol{p}=\frac{h}{\lambda}\boldsymbol{e}_{\mathrm{k}}=\hbar\boldsymbol{k}.$$

其中$\hbar=\frac{h}{2\pi}$为约化普朗克常数.

例3 一个静止质量为 m_0 的粒子,以 $v=0.8c$ 的速率运动,并与静止质量为 $3m_0$ 的静止粒子发生对心碰撞以后粘在一起,求合成粒子的静止质量.

解:设合成粒子的静止质量为 M_0,速率为 V,由动量守恒和能量守恒,有

$$\gamma(v)m_0v=\gamma(V)M_0V,$$

$$3m_0c^2+\gamma(v)m_0c^2=\gamma(V)M_0c^2.$$

由已知条件,易得

$$\gamma(v)m_0=\frac{m_0}{\sqrt{1-\frac{v^2}{c^2}}}=\frac{m_0}{\sqrt{1-0.8^2}}=\frac{5m_0}{3}.$$

代入能量守恒式,可得

$$\gamma(V)M_0=\frac{14m_0}{3}.$$

再代入动量守恒式,即可得

$$V=\frac{5}{14}\times0.8c=\frac{2}{7}c.$$

于是

$$M_0=\frac{14}{3}m_0\sqrt{1-\left(\frac{2}{7}\right)^2}\approx4.47m_0.$$

练 习

1. 一个电子的运动速度为 $0.99c$,它的动能是(电子的静止能量为 0.511 MeV) ( )

A. 3.5 MeV B. 4.0 MeV C. 3.1 MeV D. 2.5 MeV

2. 在参照系 S 中,有两个静止质量都是 m_0 的粒子 A 和 B,分别以速度 v 沿同一直线相向运动,相碰撞后合在一起成为一个粒子,则其静止质量 M_0 的值为 ( )

A. $2m_0$ B. $2m_0\sqrt{1-\frac{v^2}{c^2}}$ C. $\frac{m_0}{2}\sqrt{1-\frac{v^2}{c^2}}$ D. $\frac{2m_0}{\sqrt{1-\frac{v^2}{c^2}}}$

3. 一电子以 $v=0.99c$ 的速率运动.试求:(电子静止质量 $m_e=9.11\times10^{-31}\,\mathrm{kg}$)

(1) 电子的总能量是多少?

(2) 电子的经典力学的动能与相对论的动能之比是多少?

4. 静止质量为 m_0 的粒子,在静止时衰变为静止质量为 m_{10} 和 m_{20} 的两个粒子,求静止质量为 m_{10} 的粒子的能量 E_1 和速度 v_1.

5. 一个静止能量为 E_0 的静止粒子,在 $t=0$ 时受到一恒力 F 作用由静止开始沿直线运动.取出发点为坐标原点 O,运动所在直线为 x 轴,则由相对论力学可知:粒子在时刻 t 的位置坐标 x 为________,速度大小为________.

参考答案

1. C 2. D 3. (1) 5.8×10^{-13}J (2) 8.04×10^{-2}

4. $E_1=\dfrac{(m_0^2+m_{10}^2-m_{20}^2)}{2m_0}c^2$, $v_1=\dfrac{\sqrt{m_0^4+m_{10}^4+m_{20}^4-2m_0^2m_{10}^2-2m_{10}^2m_{20}^2-2m_0^2m_{20}^2}}{m_0^2+m_{10}^2-m_{20}^2}c$

5. $\dfrac{E_0}{F}\left[\sqrt{1+\left(\dfrac{Fct}{E_0}\right)^2}-1\right]$ $\dfrac{c}{\sqrt{1+\left(\dfrac{E_0}{Fct}\right)^2}}$

第4章 守恒量

4.1 线动量和角动量

现代物理学从对称和守恒的角度来研究物质世界，力学里的基本守恒量有动量、能量和角动量，对它们的研究现在已超出力学范围，具有普遍意义.

一、线动量

动量守恒是自然界最普遍的规律，牛顿第三定律其实就是动量守恒定律的结论，动量恰当地描述了牛顿第一定律所说的惯性运动的状态，而牛顿描述其第二定律就是使用了动量形式

$$\boldsymbol{F}=\frac{\mathrm{d}\boldsymbol{p}}{\mathrm{d}t}.$$

这种形式也适用于相对论，符合相对论变换而又使动量守恒成立的动量的定义为

$$\boldsymbol{p}_{\mathrm{rel}}=\gamma m_0\boldsymbol{v}=\frac{m_0\boldsymbol{v}}{\sqrt{1-\beta^2}}.$$

于是动力学方程变为

$$\boldsymbol{F}=\frac{\mathrm{d}\boldsymbol{p}}{\mathrm{d}t}=\gamma^3 m_0 a_{\mathrm{t}}\boldsymbol{e}_{\mathrm{t}}+\gamma m_0 a_{\mathrm{n}}\boldsymbol{e}_{\mathrm{n}}.$$

在低速近似下，就回到经典的形式

$$\boldsymbol{F}=m\boldsymbol{a}=m\frac{\mathrm{d}\boldsymbol{v}}{\mathrm{d}t}.$$

对于质点系，由牛顿第三定律知，内力互相抵消，故整个系统所受外力的合力等于整个系统总动量的改变率，写成微分形式即为

$$\boldsymbol{F}_{\mathrm{ext}}\mathrm{d}t=\mathrm{d}\boldsymbol{p}.$$

此即质点系动量定理. 在合外力为 0 时，动量守恒.

整个系统的动量可以由质心动量来表示，质心具有整个系统的质量，这个质量乘上质心速度就是总动量，于是，质点系动量定理转变为质心运动定理

$$\boldsymbol{F}_{\mathrm{ext}}\mathrm{d}t=\mathrm{d}\boldsymbol{p}_{\mathrm{C}}.$$

因而也有关于质心运动的牛顿第二定律，这表明理论是自洽的.

例 1 (2009 年，清华大学)一柔软链条长 l，单位长度的质量为 λ. 若手握链条悬挂着，下端刚好触到一台秤，某时刻将手松开任链条自由下落，求台秤的最大读数.

解：如右图所示，以整个链条为质点系，其所受外力只有自身重力和台秤支持力 N. 设某时刻，链条下落的长度为 y，由质点系动量定理得

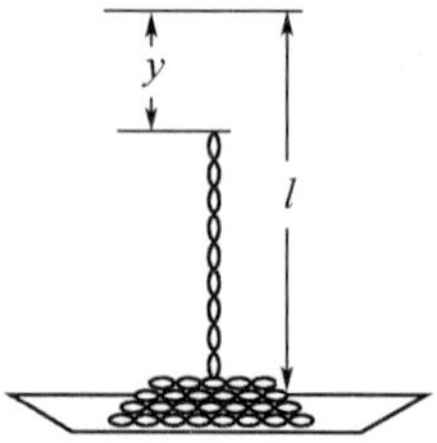

$$l\lambda g-N=\frac{\mathrm{d}p}{\mathrm{d}t}=\frac{\mathrm{d}[(l-y)\lambda v]}{\mathrm{d}t}=-\lambda v^2+(l-y)\lambda a.$$

链条自由下落，故有

$$v^2=2ay, a=g.$$

代入前式，即得

$$N=3\lambda yg.$$

也就是说，作用于台秤上的压力等于已落到台秤上链条重量的 3 倍. 可见，链条刚好全部落下时，台秤读数最大，为

$$N_{\max}=3\lambda lg.$$

例 2 (2010 年，清华大学等 5 校联考)在参考系 S 中有 3 个力 F_1, F_2, F_3 作用于系统，在此参考系中动量守恒，那么在另一个相对 S 以速度 v 做匀速直线运动的参考系 S' 中，动量是否守恒？试证之.

证明：在参考系 S 中有 3 个力 F_1, F_2, F_3 作用在系统上时，系统的动量守恒，这表明 3 个力满足动量守恒的条件，则

$$F_1+F_2+F_3=0.$$

在另一个相对 S 以速度 v 做匀速直线运动的参考系 S' 中，按照牛顿力学假设，作用力与参考系无关，即 $F_1'=F_1, F_2'=F_2, F_3'=F_3$. 因此，参考系 S' 中有

$$F_1'+F_2'+F_3'=0,$$

则在参考系 S' 中系统的动量仍然守恒.

注：这个证明是经典的，不过在相对论中最终结论也成立.

二、角动量

在描述匀速圆周运动时，动量不守恒，我们引入一个新的守恒量——角动量，其定义为

$$\boldsymbol{L}=\boldsymbol{r}\times\boldsymbol{p}.$$

对时间求导后可得

$$\frac{\mathrm{d}\boldsymbol{L}}{\mathrm{d}t}=\frac{\mathrm{d}}{\mathrm{d}t}(\boldsymbol{r}\times\boldsymbol{p})=\boldsymbol{r}\times\frac{\mathrm{d}\boldsymbol{p}}{\mathrm{d}t}+\frac{\mathrm{d}\boldsymbol{r}}{\mathrm{d}t}\times\boldsymbol{p}=\boldsymbol{r}\times\boldsymbol{F}.$$

定义力矩 $\boldsymbol{M}=\boldsymbol{r}\times\boldsymbol{F}$，则有

$$\frac{\mathrm{d}\boldsymbol{L}}{\mathrm{d}t}=\boldsymbol{M},$$

得到类似动量的形式，故亦有角动量定理和守恒定律.

对于受万有引力作用的行星，力沿径向，力矩为 0，故角动量守恒. 由角动量定义可以看出，开普勒第二定律的实质就是角动量守恒. 更一般地说，只要是中心力，就有角动量守恒. 类似动量守恒，角动量守恒可以推广到质点系，只要质点系的合外力矩为 0.

质点系的角动量可以分解为质心运动的角动量和相对质心的角动量，即

$$\boldsymbol{L}=\boldsymbol{L}_{\mathrm{C}}+\boldsymbol{L}_{\mathrm{rC}}.$$

而外力矩也可以进行同样的分解，即

$$\boldsymbol{M}=\boldsymbol{M}_{\mathrm{C}}+\boldsymbol{M}_{\mathrm{rC}}.$$

因而质点系的角动量定理可以分解为质心运动的角动量定理和相对质心运动的角动量定理.

质心运动的角动量定理为

$$\boldsymbol{M}_{\mathrm{C}}=\frac{\mathrm{d}\boldsymbol{L}_{\mathrm{C}}}{\mathrm{d}t}.$$

其中 $\boldsymbol{M}_{\mathrm{C}}\equiv\boldsymbol{r}_{\mathrm{C}}\times\boldsymbol{F}^{\mathrm{ext}}$，$\boldsymbol{L}_{\mathrm{C}}=\boldsymbol{r}_{\mathrm{C}}\times\boldsymbol{p}_{\mathrm{C}}$.

相对质心运动的角动量定理也就是质心参照系的角动量定理，为

$$\boldsymbol{M}_{\mathrm{rC}}=\frac{\mathrm{d}\boldsymbol{L}_{\mathrm{rC}}}{\mathrm{d}t}.$$

这表明质心参照系有特殊性，虽然质心参考系一般是非惯性系（质心有加速度），但在这个参考系里，角动量定理仍成立，不需要考虑惯性力（惯性力的总力矩为 0）.

例 3　沿地球表面与竖直方向成 α 角的方向，发射一质量为 m 的导弹. 其初速度 $v=\sqrt{\frac{GM}{R}}$，M 为地球质量，R 为地球半径，忽略空气阻力和地球自转的影响. 求导弹上升的最大高度.

解：设导弹到达最高点时的速度为 v，此时运动方向一定和半径的延长线垂直. 根据机械能守恒定律，有

$$-G\frac{Mm}{R}+\frac{1}{2}mv_0^2=-G\frac{Mm}{R+h}+\frac{1}{2}mv^2.$$

根据角动量守恒定律，有

$$Rmv_0\sin\alpha=(R+h)mv\sin 90^{\circ}.$$

联立以上各式解得　$h=R\cos\alpha.$

例 4　如右图所示，一条绳子跨过一个定滑轮，一端系一重物 m_1，另一端被一质量为 m_2 的人抓住. 假设人和物一开始在同一水平面上，人从静止开始沿着绳子向上爬，问：物和人哪个先到顶？

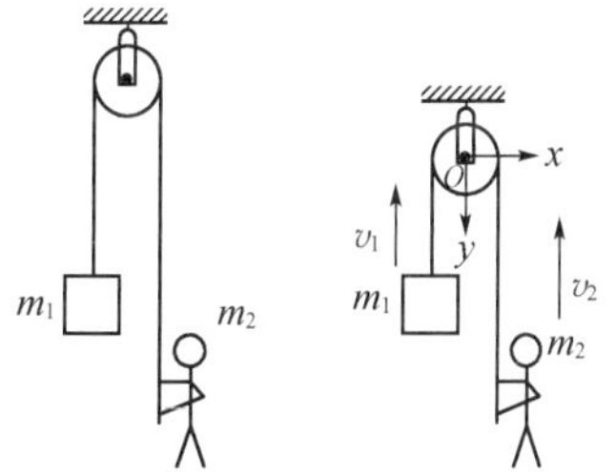

解：建立如右图所示的坐标系，设滑轮半径为 R，则相对于滑轮中心的角动量和力矩分别为

$$\boldsymbol{L}=R\boldsymbol{i}\times m_2v_2(-\boldsymbol{j})+(-R\boldsymbol{i})\times m_1v_1(-\boldsymbol{j})=R(m_1v_1-m_2v_2)\boldsymbol{k},$$

$$\boldsymbol{M}=R\boldsymbol{i}\times m_2g\boldsymbol{j}+(-R\boldsymbol{i})\times m_1g\boldsymbol{j}=R(m_2-m_1)g\boldsymbol{k}.$$

由角动量定理 $\mathrm{d}\boldsymbol{L}=\boldsymbol{M}\mathrm{d}t$,并注意到开始时初速为 0,可得

$$m_1v_1-m_2v_2=(m_2-m_1)gt.$$

不妨假设 $m_1<m_2$,则有 $m_1v_1>m_2v_2$,于是得

$$v_1>\frac{m_2}{m_1}v_2>v_2.$$

这说明轻者先到达.若质量相等,则同时到达.

例 5 4 个质量为 m 的相同小球,用柔软轻质的细绳连接成一边长为 a 的正方形. 4 个小球在正方形顶点上,构成一个质点系.该系统放置在光滑的水平面上,初始静止,绳为原长(如图所示).现以冲量 $\boldsymbol{I}$ 突然而短暂地作用于 1 号小球上,方向如图所示,试求作用结束时:

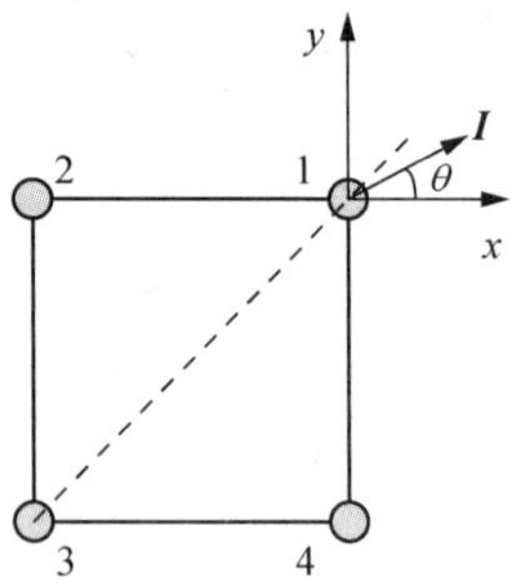

(1) 各小球的速度.

(2) 质点系的质心速度.

(3) 质点系相对于质心的角动量.

(提示:考虑绳子的特点)

解:(1) 考虑绳子的特点,瞬间冲量作用于 1 号小球,则 3 号不动,即

$$v_3=0.$$

另外,绳子不可伸长,2,4 号球获得的速度等于 1 号球在相应方向上的分量,即有

$$v_{1,x}=v_2,v_{1,y}=v_4.$$

由质点系动量定理,可得

$$mv_{1,x}+mv_2=I\cos\theta,$$

$$mv_{1,y}+mv_4=I\sin\theta.$$

于是可得

$$\boldsymbol{v}_2=\frac{I\cos\theta}{2m}\boldsymbol{i},\boldsymbol{v}_4=\frac{I\sin\theta}{2m}\boldsymbol{j},\boldsymbol{v}_1=\frac{\boldsymbol{I}}{2m}.$$

(2) 由质点系动量定理有

$$\Delta\boldsymbol{p}=\boldsymbol{p}_{\mathrm{C}}-0=\boldsymbol{I}.$$

可得

$$\boldsymbol{v}_{\mathrm{C}}=\frac{\boldsymbol{p}_{\mathrm{C}}}{4m}=\frac{\boldsymbol{I}}{4m}.$$

(3) 在质心参考系里,由质点系角动量定理可得

$$\mathrm{d}\boldsymbol{L}_{r\mathrm{C}}=\boldsymbol{M}_{r\mathrm{C}}\mathrm{d}t=\boldsymbol{r}_{1\mathrm{C}}\times\boldsymbol{F}\mathrm{d}t=\boldsymbol{r}_{1\mathrm{C}}\times\mathrm{d}\boldsymbol{I}.$$

于是

$$\boldsymbol{L}_{rC} = \boldsymbol{r}_{1C} \times \boldsymbol{I} = \frac{a}{2}(\boldsymbol{i}+\boldsymbol{j}) \times I(\cos\theta\boldsymbol{i} + \sin\theta\boldsymbol{j}) = \frac{1}{2}aI(\sin\theta - \cos\theta)\boldsymbol{k}.$$

练　习

1. 一船浮于静水中，船长 5 m，质量为 m，一个质量亦为 m 的人从船尾走到船头，不计水和空气的阻力，则在此过程中船将　　(　　)

A. 静止不动　　B. 后退 5 m

C. 后退 2.5 m　　D. 后退 3 m

2. (2006 年，清华大学)将质量为 m、长为 l 的柔绳对折，两端 A, B 并在一起. A 端悬挂在支点上，B 端由静止自由下落. 当 B 端下落的距离为 y 时，支点所受的力是多少？

3. (2011 年，复旦大学)一根光滑水平杆子上串了 5 颗完全相同的钢珠子，它们相隔一定距离放置. 现假想这些钢珠子可以任意速度移动，则最多能撞上的次数是　　(　　)

A. 6 次　　B. 8 次

C. 10 次　　D. 12 次

4. 将质量为 0.05 kg 的小物块置于一光滑水平桌面上. 有一绳一端连接此物块，另一端穿过桌面中心的小孔. 该物块原以 3 rad/s 的角速度在距孔 0.2 m 的圆周上转动，现将绳从小孔缓慢往下拉，使此物块的转动半径减为 0.1 m，则物块的角速度 $\omega=$ ________.

参考答案

1. C　2. $\frac{1}{2}mg\left(1+\frac{3y}{l}\right)$　3. C　4. 12 rad/s

4.2 动能和势能

力对时间的累积效应导致动量变化，对空间的累积效应就是做功，引起动能变化，这就是动能定理，在相对论下也成立. 由相对论形式的动力学方程可得

$$dE_k = dW = \boldsymbol{F} \cdot d\boldsymbol{r} = d(\gamma m_0 c^2).$$

从静止开始积分，得到质点的相对论性动能为

$$E_k = E - E_0 = (\gamma - 1)\, m_0 c^2.$$

爱因斯坦对式子中的各项给出了物理解释，其中 $E=\gamma m_0 c^2$ 为总能量，而 $E_0=m_0 c^2$ 为静止能量，此即著名的爱因斯坦质能关系式，已普遍为实验证实. 在低速近似下，相对论性动能回到经典动能形式

$$E_k = (\gamma - 1)\, m_0 c^2 \approx \left[\left(1 + \frac{1}{2}\frac{v^2}{c^2}\right) - 1\right] m_0 c^2 = \frac{1}{2} m_0 v^2.$$

在经典形式下，可以证明质点系的总动能为质心运动动能与相对质心运动动能之和，此为柯尼希定理. 对于刚体，相对质心的运动就是转动，因而刚体总动能就是质心平动动能加相对质心的转动动能.

对于保守力 $\boldsymbol{F}_c$，如重力、万有引力和弹性力，它们所做的功与路径无关，可以引入势能 E_p，使得

$$\boldsymbol{F}_c \cdot d\boldsymbol{r} = -dE_p.$$

对于保守力之外的非保守力 $\boldsymbol{F}_{nc}$，则有

$$\boldsymbol{F}_{nc} \cdot d\boldsymbol{r} = d(E_k + E_p) = dE.$$

此即功能原理. 常见的重力、万有引力、库仑力和弹性力的势能分别为

$$E_{p1} = mgh, E_{p2} = -G\frac{m'm}{r},\ E_{p3} = k\frac{q_1 q_2}{r},\ E_{p4} = \frac{1}{2}kx^2.$$

在没有内部非保守力和外力做功时，系统机械能守恒. 如果纳入其他形式的能量，能量守恒就是自然界的一个普遍定律.

例 1 (2005 年，上海交通大学)如图，在一截面积变化的弯曲管中，稳定流动着不可压缩的黏滞性可忽略不计的密度为 ρ 的理想流体. 在图中 a 点处的截面积为 A_1、压强为 p_1、速度为 v_1，而在 b 点处的截面积为 A_2、压强为 p_2、速度为 v_2. 由于点 a 和点 b 之间存在压强差，流体将在管中流动，求流体的压强 p 和速率 v 之间的关系.

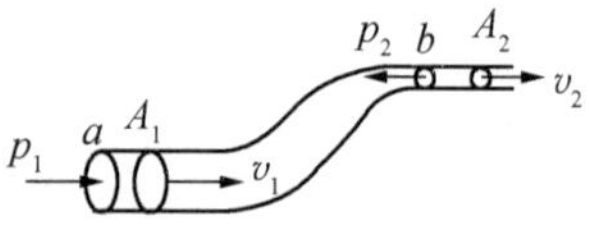

解：取如图所示坐标系，在 dt 时间内点 a 和 b 处流体分别移动 dx_1 和 dx_2，流体不可压缩，则有 $A_1 dx_1 = A_2 dx_2 = dV$，取该体积元的流体为研究对象.

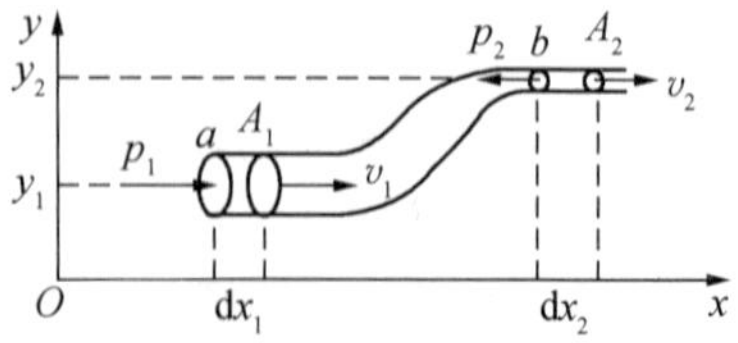

在流体流动过程中，压强差做的功为

$$dW_p = p_1 A_1 dx_1 - p_2 A_2 dx_2 = (p_1 - p_2)dV.$$

重力所做的功为

$$dW_G = -dm \cdot g(y_2 - y_1) = -\rho \cdot g(y_2 - y_1)dV.$$

由动能定理可得

$$(p_1 - p_2)\mathrm{d}V - \rho \cdot g(y_2 - y_1)\mathrm{d}V = \frac{1}{2}\rho \mathrm{d}V v_2^2 - \frac{1}{2}\rho \mathrm{d}V v_1^2.$$

两边消去 $\mathrm{d}V$,即有

$$p_1 + \rho g y_1 + \frac{1}{2}\rho v_1^2 = p_2 + \rho g y_2 + \frac{1}{2}\rho v_2^2 = C.$$

这说明在管中任意点都满足

$$p + \rho g y + \frac{1}{2}\rho v^2 = C.$$

此即伯努利方程,它是能量守恒在流体力学中的应用. 这表明:对于不可压缩的理想流体,在高度差别不大时,流速如果变大,则压强变小,这可以说明飞机升力的来源,也可解释足球中的香蕉球或者乒乓球中的弧线球等现象.

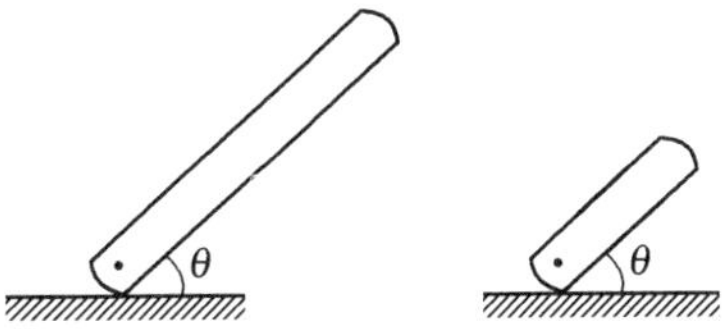

例 2　一根质量为 m、长度为 l 的细而均匀的棒,其下端铰接在水平面上,并且竖直地立起,如果让它自由落下,则棒将以角速度 ω 撞击地面,如图所示. 如果将棒截去一半,初始条件不变,则棒撞击地面的角速度为　　(　　)

A. 2ω　　　B. $\sqrt{2}\omega$　　　C. ω　　　D. $\frac{\omega}{\sqrt{2}}$

解:由于棒下端铰接在水平面上,没有位移,地面作用力对下端不做功,只有重力做功,从而根据动能定理有

$$mg\,\frac{l}{2}\sin\theta = E_k \propto m(\omega l)^2.$$

式中动能与角速度的关系由量纲确定,亦可推导证之. 截去一半后,应有

$$\frac{m}{2}g\,\frac{l}{4}\sin\theta = E_k \propto \frac{m}{2}\left(\omega'\,\frac{l}{2}\right)^2.$$

比较后即得 $\omega' = \sqrt{2}\omega$, 选 B.

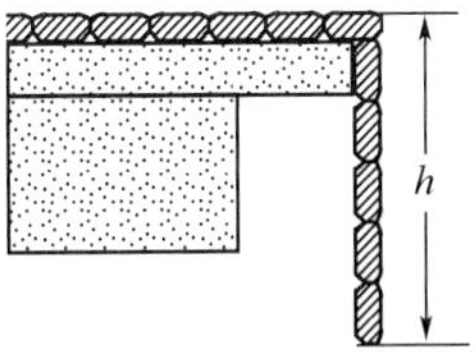

例 3　一粗细均匀的不可伸长的柔软绳子,一部分置于水平桌面上,另一部分自桌边下垂,如图所示. 已知绳子的全长为 L,开始时下垂部分长为 h,绳子的初速度为 0. 试求整根绳子全部离开桌面瞬间的速率. (设绳子与桌面之间的动摩擦因数为 μ)

解:以桌面为重力零势能面,则初状态和末状态的机械能分别为

$$E_0 = -\frac{h}{L}mg \times \frac{h}{2},$$

$$E = \frac{1}{2}mv^2 - mg\,\frac{L}{2}.$$

机械能的改变是由于摩擦力做功

$$W_f = -\int f\mathrm{d}s = \int_0^{L-h} -\mu\frac{mg}{L}(L-s-h)\mathrm{d}s = -\frac{\mu mg}{2L}(L-h)^2.$$

由 $W_f=E-E_0$ 得

$$v=\sqrt{\frac{g}{L}[L^2-h^2-\mu(L-h)^2]}.$$

练 习

1. 有一人造地球卫星，质量为 m，在地球表面上空 2 倍于地球半径 R 的高度沿圆轨道运行，卫星的机械能为________.（用 m,R,引力常量 G 和地球的质量 M 表示）

2. 如图所示，质量为 m 的小球系在劲度系数为 k 的轻弹簧一端，弹簧的另一端固定在 O 点. 开始时弹簧在水平位置 A，处于自然状态，原长为 l_0. 将小球由位置 A 释放，下落到 O 点正下方位置 B 时，弹簧的长度为 l，则小球在 B 点的速率为________.

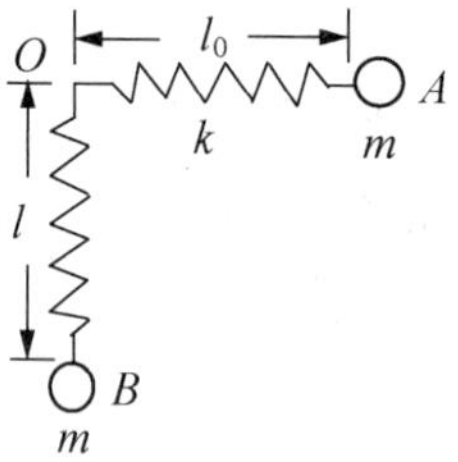

第 2 题图

第 3 题图

3. 如图，劲度系数为 k 的弹簧下竖直悬挂着两个物体，质量分别为 m_1 和 m_2，达到平衡后，突然撤掉 m_2，试求 m_1 运动的最大速度.

4. 一根质量 $m=2$ kg 的均匀链条长 $L=2$ m，自然地堆放在光滑的水平桌面上，现用力 F 竖直向上以速度 $v=6$ m/s 匀速提起此链条的一端，求链条全部提起时，拉力做的功.

参考答案

1. $-\frac{GMm}{6R}$　2. $\sqrt{2gl-\frac{k(l-l_0)^2}{m}}$（提示：机械能守恒）

3. $v_{\max}=\frac{m_2 g}{\sqrt{m_1 k}}$　4. $W=\frac{1}{2}\left(mg+\frac{2mv^2}{L}\right)L=mv^2+mg\frac{L}{2}=92$ J

4.3　守恒量的综合应用

例 1　（2009 年，清华大学）如图所示，光滑的水平桌面上放有两根由铰链在 B 点连接起来的轻杆，两杆的长度均为 l. 质量均为 m 的小球 1,2 和 3 分别固定在杆的 A,B 和 C 这 3 个端点上，小球 1 和 3 分别带有电荷量 $-q$ 和 $+q$，小球 2 不带电. 整个装置处于场强为 E、方向平行于桌面向右的匀强电场中. 用外力使该装置处于静止状态，且 AC 平行于电场，$\angle ABC=120°$. 突然撤去外力，小球开始运动. 不计小球 1,3 之间的静电引力，小球 2 的最大速度为　（　）

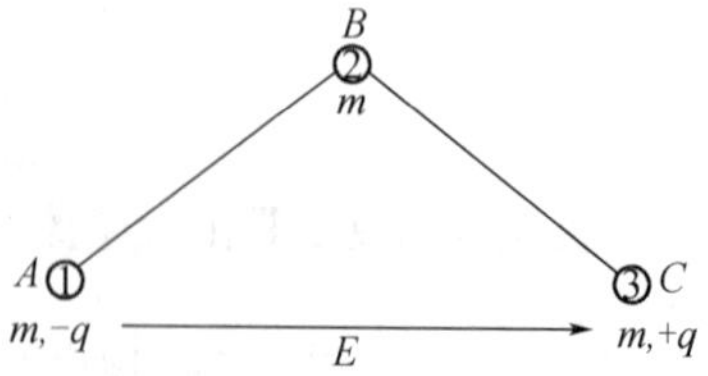

A. $\sqrt{\frac{(2-\sqrt{2})\,qEl}{3m}}$　　　　B. $2\sqrt{\frac{(2-\sqrt{3})qEl}{3m}}$

C. $\sqrt{\frac{(2-\sqrt{2})\,qEl}{5m}}$　　　　D. $2\sqrt{\frac{(2-\sqrt{3})qEl}{5m}}$

解:撤去外力前,系统所受合外力为0,总动量守恒,始终为0.开始运动后,1和3斜向上运动,2向下运动,若要2的速度最大,由垂直电场方向上的动量守恒,推知1和3在这个方向上速度也最大;另一方面,由能量守恒,可知1和3的电势能越小,1,2,3的动能就越大.综合起来,当1,2,3在与电场平行的直线上时,2的速度最大.2的速度最大时,1,3的速度也恰好与电场(杆)方向垂直,没有平行电场方向的分量.

设2的最大速度为v,1,3的速度为v_{13},据动量和能量守恒,有

$$0=mv-2mv_{13},$$

$$\frac{1}{2}mv^2+\frac{1}{2}\times 2mv_{13}^2=2Eq\left(1-\frac{\sqrt{3}}{2}\right)l.$$

解得$v=2\sqrt{\frac{(2-\sqrt{3})qEl}{3m}}$,所以本题答案为B.

例2　在原子核物理中,研究核子与核子关联的最有效的途径是"双电荷交换反应",这类反应的前半部分过程和下述力学模型类似:两个小球A和B用轻质弹簧相连,在光滑的水平直轨道上处于静止状态.在它们左边有一垂直于轨道的固定挡板P,右边有一小球C沿轨道以速度v_0射向B球,如图所示.C与B发生碰撞并立即粘连成一个整体D.在它们继续向左运动的过程中,当弹簧长度变到最短时,突然被锁定,长度不再改变.然后,A球与挡板P发生碰撞,碰后A,D都静止不动,A与P接触但不粘连.过一段时间,弹簧突然解除锁定.已知A,B,C球的质量均为m.求:(弹簧锁定及解除锁定均无机械能损失)

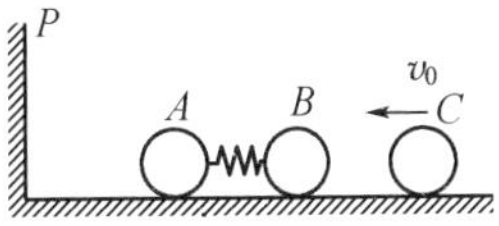

(1) 弹簧刚被锁定时A球的速度.

(2) 在A球离开挡板P之后的运动过程中,弹簧的最大弹性势能.

解:(1) 设C球与B球粘连成D时,D的速度为v_1,由动量守恒有$mv_0=(m+m)v_1$.当弹簧压至最短时,D与A的速度相等,设此速度为v_2,由动量守恒有$2mv_1=3mv_2$.由以上两式得A的速度$v_2=\frac{1}{3}v_0$.

(2) 设弹簧被锁定后,贮存在弹簧中的势能为E_p,由能量守恒有$\frac{1}{2}\cdot 2mv_1^2=\frac{1}{2}\cdot 3mv_2^2+E_p$.撞击$P$后,$A$与$D$的动能都为0.解除锁定后,当弹簧刚恢复到自然长度时,势能全部转变成D的动能,设D的速度为v_3,则有$E_p=\frac{1}{2}(2m)\cdot v_3^2$.以后弹簧伸长,$A$球离开挡板$P$,并获得速度.当$A$,$D$的速度相等时,弹簧伸至最长,设此时的速度为$v_4$,由动量守恒有$2mv_3=3mv_4$,弹簧伸到最长时的势能最大,设此势能为$E'_p$,由能量守恒有$\frac{1}{2}\cdot 2mv_3^2=\frac{1}{2}\cdot 3mv_4^2+E'_p$.联立以上各式解得$E'_p=\frac{1}{36}mv_0^2$.

例3　(2011年,华约)如图所示,水流和水平面成α角冲入到水平放置的水槽中,则从左面流出的水量和从右面流出的水量的比值可能为　(　　)

A. $1+2\sin^2\alpha$　　　　B. $1+2\cos^2\alpha$

C. $1+2\tan^2\alpha$　　　　D. $1+2\cot^2\alpha$

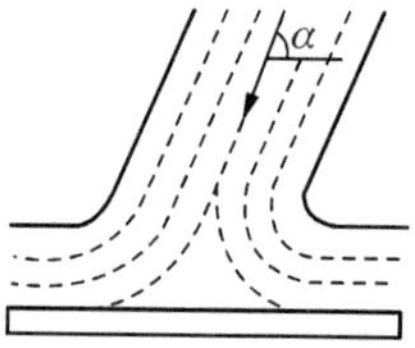

解:本题涉及流体力学里的伯努利方程,显然不是一般高中生能够解决的问题.但作为选择题,我们可以从对称性和极限情况来考虑可能的选项.

取 $\alpha=90^\circ$,由对称性易知比值应为1.对照4个选项,只有B和D正确.

再取 $\alpha=0^\circ$,显然只有向左流出的水而没有向右流出的水,即比值应为∞.所以本题答案为D.

例4 如右图所示,质量为 M、半径为 R 的光滑半球,放在光滑水平面上.质量为 m 的小球沿半球表面下滑,小球初位置与铅垂线成 α 角,求该角度变为 $\theta\left(\alpha<\theta<\frac{\pi}{2}\right)$ 时,小球绕球心的角速度 ω.

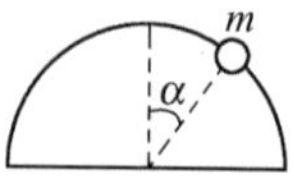

解:设小球滑至与铅垂线成 θ 角的位置时,小球相对于地面的速度为 v_1,相对于半球的速度为 v_1',半球相对于地面的速度为 v_2.如右图所示.

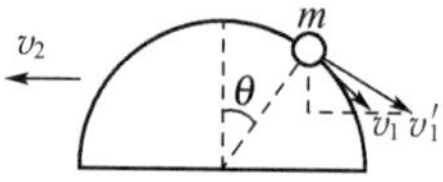

将 v_1 和 v_1' 沿水平方向和竖直方向分解,由矢量合成法则,有

$$v_{1水平}=v_1'\cos\theta-v_2,$$

$$v_{1竖直}=v_1'\sin\theta.$$

因此

$$v_1^2=(v_1'\cos\theta-v_2)^2+(v_1'\sin\theta)^2.$$

小球沿半球表面下滑的过程中,系统水平方向动量守恒,有

$$mv_{1水平}=Mv_2.$$

由机械能守恒,有

$$mgR\cos\alpha-mgR\cos\theta=\frac{1}{2}Mv_2^2+\frac{1}{2}mv_1^2.$$

由以上各式解得

$$v_1'=\sqrt{\frac{2(M+m)g\cdot R(\cos\alpha-\cos\theta)}{M+m\sin^2\theta}}.$$

因为

$$\omega=v_1'/R,$$

所以

$$\omega=\sqrt{\frac{2(M+m)g(\cos\alpha-\cos\theta)}{R(M+m\sin^2\theta)}}.$$

例5 (2014年,卓越联盟)质量分别为 m_1、m_2,半径相等的两个球发生弹性斜碰,已知碰撞前,m_2 静止,m_1 的速度水平向右,大小为 v.碰撞瞬间,球心连线与 m_1 速度方向的夹角为30°,求碰撞之后两球的速度.

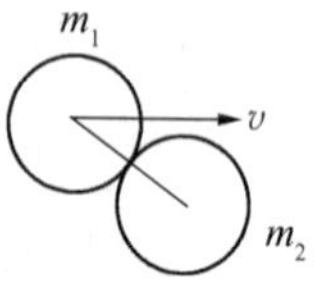

解:初始时刻如图所示,m_1 以速度 v 水平向右运动,与 m_2 相碰,与球心连线垂直的速度分量不变,为

$$v\sin 30^\circ=\frac{1}{2}v.$$

与球心连线平行的方向为对心碰撞,设 u_1 和 u_2 为在球心连线方向上的碰后速度,则由动量守恒

和动能守恒分别有

$$m_1 v\cos 30^\circ = m_1 u_1 + m_2 u_2,$$

$$\frac{1}{2}m_1(v\cos 30^\circ)^2 = \frac{1}{2}m_1 u_1^2 + \frac{1}{2}m_2 u_2^2.$$

（或者可以把动能守恒方程换为恢复系数 $e=1$，即 $e=\frac{u_2-u_1}{v\cos 30^\circ}=1$.）

整理，可得

$$\begin{cases} u_1 = \dfrac{\sqrt{3}(m_1-m_2)}{2(m_1+m_2)}v, \\ u_2 = \dfrac{\sqrt{3}m_1}{m_1+m_2}v. \end{cases}$$

对于第一个小球还有垂直于球心连线的速度，则总的速度为

$$v_1 = \sqrt{(v\sin 30^\circ)^2 + u_1^2} = \sqrt{\frac{1}{4}v^2 + \frac{3(m_1-m_2)^2}{4(m_1+m_2)^2}v^2} = \frac{\sqrt{m_1^2+m_2^2-m_1 m_2}}{m_1+m_2}v.$$

$$v_2 = u_2 = \frac{\sqrt{3}m_1}{m_1+m_2}v.$$

碰后 v_1 与球心连线之间的夹角 α 满足

$$\tan\alpha = \frac{\frac{1}{2}v}{u_1} = \frac{v}{2u_1} = \frac{\sqrt{3}(m_1+m_2)}{3(m_1-m_2)}.$$

例 6　如图所示，一小球用长 l 的轻绳系于 O 点，然后将小球移开使绳与竖直方向成 θ 角，并给小球一个水平初速度 v_0，方向垂直于绳子所在竖直面. 如希望在运动过程中绳偏离竖直线最大的角度为 $\pi/2$，试计算：

（1）小球初速度 v_0 的大小.

（2）小球到达偏角 $\pi/2$ 时的速率 v.

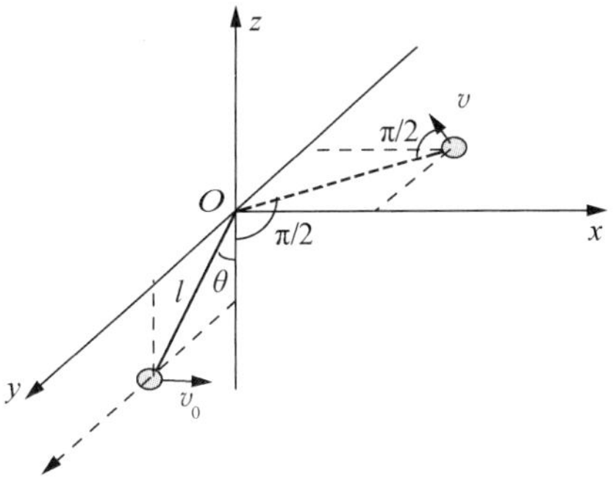

解：在小球运动过程中，绳中张力不做功，只有重力做功，机械能守恒. 取初始位置为重力势能零点，则有

$$\frac{1}{2}mv_0^2 = \frac{1}{2}mv^2 + mgl\cos\theta.$$

另外，相对于 O 点，绳中张力无力矩，而重力力矩始终垂直于竖直方向，即在竖直方向总力矩分量为 0，因而相对于 O 点的角动量在竖直方向的分量守恒，也就是

$$l\sin\theta m v_0 = lmv.$$

联立以上两式，可得：

（1）小球初速度 v_0 的大小为

$$v_0 = \sqrt{\frac{2gl}{\cos\theta}}.$$

(2) 小球到达偏角 π/2 时的速率为

$$v=\sqrt{2gl\tan\theta\sin\theta}.$$

例 7 三个质量都为 m 的小球,A 和 B 小球分别固定于一刚性轻质(其质量可忽略不计)细杆两端,并置于光滑水平面上,D 小球以速度 v_0 与 B 小球对心弹性碰撞,AB 与 v_0 方向的夹角为 45°. 碰撞后,求:

(1) 杆的角速度.

(2) 小球损失的动能.

分析:取 A 球与细杆相连的 B 为系统,碰撞前后系统动量守恒,对 AB 质心角动量守恒,同时动能守恒,由三守恒定律即可求杆绕质心转动的角速度,而小球碰撞前后速度也可求出,从而求出 D 损失的动能.

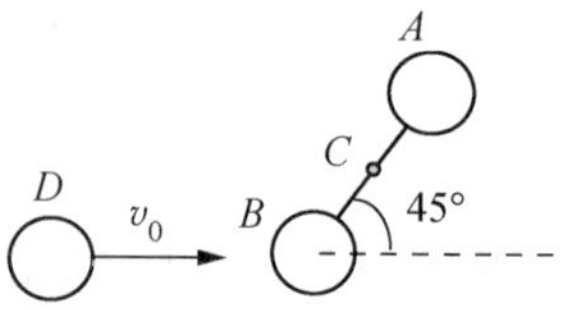

解:(1) 由 A,B,D 这 3 个小球组成的系统,在碰撞过程中系统的动量、角动量和能量都守恒. D 和 B 对心碰撞,设其碰后速度为 v,显然 v 和 v_0 在同一直线上,同时设碰后,AB 质心速度为 v_C,转动角速度为 ω,杆长为 l,则由角动量守恒(对 AB 质心 C),有

$$mv_0\frac{l}{2}\sin 45^\circ=mv\frac{l}{2}\sin 45^\circ+2m\left(\frac{l}{2}\right)^2\omega. \qquad ①$$

由能量守恒有

$$\frac{1}{2}mv_0^2=\frac{1}{2}mv^2+\frac{1}{2}\times 2m\left(\frac{l}{2}\right)^2\omega^2+\frac{1}{2}(2m)v_C^2. \qquad ②$$

由动量守恒,有

$$mv_0=mv+2mv_C. \qquad ③$$

化简以上三式得

$$v_0-v=\sqrt{2}\omega l, \qquad ④$$

$$v_0^2-v^2=\frac{1}{2}l^2\omega^2+2v_C^2. \qquad ⑤$$

$$v_0-v=2v_C. \qquad ⑥$$

由④⑥两式得

$$v_C=\frac{\sqrt{2}}{2}l\omega. \qquad ⑦$$

联立⑤⑥两式,并考虑到⑦式得

$$v=\frac{3\sqrt{2}}{4}l\omega-v_0. \qquad ⑧$$

将⑧式代入④式即得棒的角速度为

$$\omega=\frac{4\sqrt{2}}{7}\frac{v_0}{l}.$$

(2) 小球 D 损失的动能为 $\Delta E=\frac{1}{2}mv_0^2-\frac{1}{2}mv^2$，而

$$v=\frac{3\sqrt{2}}{4}l\omega-v_0=\frac{3\sqrt{2}}{4}l\frac{4\sqrt{2}}{7}\frac{v_0}{l}-v_0=-\frac{1}{7}v_0,$$

则

$$\Delta E=\frac{24}{49}mv_0^2.$$

而 $E_0=\frac{1}{2}mv_0^2$ 为小球 D 原有的动能，因而 $\Delta E=\frac{48}{49}E_0$. 可见小球 D 损失的动能为原有动能的 $\frac{48}{49}$.

练 习

1. (2011年，北京大学保送生考试) 3个小球 A,B,C 静止放在光滑水平面的一条直线上，B 在 A,C 之间，A,C 两球质量确定，分别为 m_A 和 m_C. 现使 A 球以速度 v_0 撞击 B 球，B 球又撞击 C 球，如果各球之间的碰撞均为完全弹性正碰，则 B 球质量 m_B 为多少时可使 C 球获得的速度最大？

2. 如图所示，水平桌面上固定着一个半径为 R 的光滑环形轨道，在轨道内放入两质量分别是 M 和 m 的小球(可看成质点)，两球间夹着一短弹簧，其长度与圆周长相比可忽略不计. 开始时两球将弹簧压缩，松手后，弹簧不动，两球沿轨道反向运动一段时间后又相遇，在此过程中，M 转过的角度 θ 是多少？如果压缩弹簧的弹性势能是 E，则从松手到两球相遇所用的时间是多少？

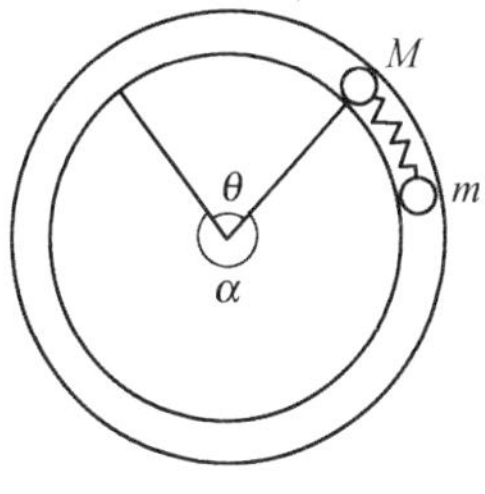

3. (2004年，南京大学) 质量为 m、速度为 v_0 的粒子 A 与原来静止且质量为 M 的粒子 B 发生弹性碰撞.

(1) 求碰撞后粒子 B 的速度 v 与 v_0 的夹角 β 的最大可能值.

(2) 若 $m=M$，求证 A,B 发生非对心碰撞后的运动方向必互相垂直.

4. (2008年，浙江大学) 质量为 1 kg 的箱子静止在光滑水平面上，箱子内侧的两壁间距为 $l=1$ m，另一质量也为 1 kg 且可视为质点的物体从箱子中央以 $v_0=5$ m/s 的速度开始运动，如图所示. 已知物体与箱底的动摩擦因数为 0.05，物体与箱壁间发生的是完全弹性碰撞. 试问：

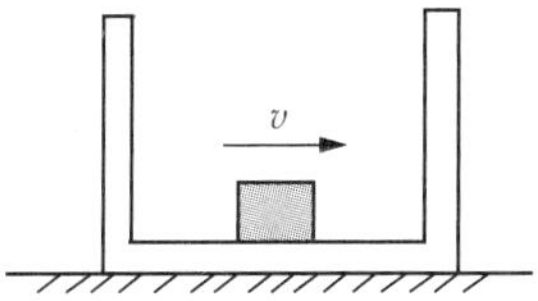

(1) 物体可与箱壁发生多少次碰撞？

(2) 物体从开始运动到与箱子相对静止的这段时间内，箱子在水平面上的位移是多少？

参考答案

1. $m_B=\sqrt{m_Am_C}$ 2. $\frac{2\pi m}{M+m}$ $\pi R\sqrt{\frac{2Mm}{(M+m)E}}$ 3. (1) $\beta_{max}=\frac{\pi}{2}$ (2) 略

4. (1) 12 次 (2) 12.25 m

第5章 力学问题

力学的基本问题就是力与运动的关系,分为动力学和静力学.静力学在工程上非常重要,但静是动的特例,因此到大学后静力学不再是一个理论重点,但有些动力学问题也可用静力学方法解决.

5.1 动力学

解决动力学问题,一般要遵循以下程序:

1. 确定研究对象,进行受力和过程分析(隔离物体,画受力图).
2. 明确物理原理和依据,列出矢量方程.
3. 灵活选择坐标系,写出分量式方程.
4. 利用其他的约束条件列出补充方程.
5. 先推演求代数解,后计算数值结果.
6. 讨论结果和变化,总结出物理模型.

解题的基本思路是根据力的特点和运动方式,灵活运用整体法和隔离法,先考虑守恒定律,后运动定理,最后是牛顿定律.特别需要提醒的是,在非惯性系中,要考虑惯性力.

例1 (2013年,卓越联盟)如图所示,固定在地面的斜劈上设置了一轻滑轮.一根不可伸长的轻绳跨过该滑轮,两端分别系着物体 A 和 B,A 置于斜面之上,B 垂直悬空于距地面 h 的高处,两物体从静止开始运动.

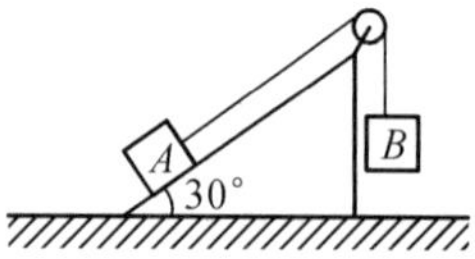

已知物体 A 和 B 的质量分别为 $m_A=m$ 和 $m_B=2m$,重力加速度为 g,不考虑一切摩擦,试求:

(1) 绳子中的张力 T.

(2) 物体 A 沿斜面向上的最大位移 Δs_{max}.

解:(1) 两物体开始运动后具有相同大小的加速度 a.采用隔离法,对物体 A 和 B 分别列动力学方程:

$$T-m_Ag\sin 30^\circ=m_Aa,$$

$$m_Bg-T=m_Ba.$$

两式相加后,易得

$$a=\frac{m_B-m_A\sin 30^\circ}{m_A+m_B}g=\frac{2m-0.5m}{m+2m}g=0.5g.$$

代回动力学方程，可得

$$T = m_A \times 0.5g + m_A g \times \sin 30^\circ = mg.$$

(2) 由于绳子是不可伸长的，B 下落 h 时，A 将沿斜面上移 h；而当 B 触及地面停止运动后，A 由于其获得的动能将会继续上移.

设 B 刚触及地面时速度为 v，则据能量守恒，有

$$m_B gh = m_A gh \sin 30^\circ + \frac{1}{2}(m_A + m_B)v^2.$$

由此可得 A 这时获得的动能为

$$E_{k,A} = \frac{1}{2}mv^2 = mg\frac{h}{2}.$$

根据能量守恒，该式表明：A 由于其获得的动能将会继续升高 $\frac{h}{2}$，即在斜面上上移 h.

综合以上两点，可知物体 A 沿斜面向上的最大位移为

$$\Delta s_{max} = h + h = 2h.$$

例 2　(2010，南京大学)如图所示，一个小球以速度 v_0 从一半径为 R 的竖直圆轨道最低点 A 处水平射出，沿光滑圆轨道运动到 B 点脱离轨道飞出，然后经过圆心 O，求小球的初始速度 v_0.

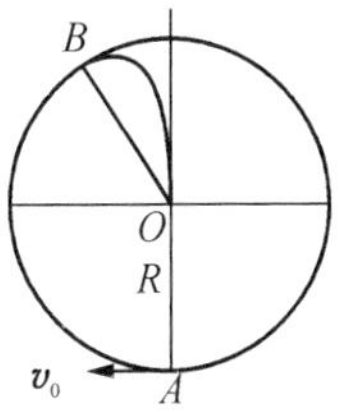

解：小球运动到 B 点时刚好飞出，这时轨道正好没有支持力，向心力由重力在 BO 方向上的分量提供. 设小球运动到 B 点时的速度为 v，速度方向与水平方向的夹角为 θ，则由牛顿第二定律，有

$$mg\cos\theta = m\frac{v^2}{R},$$

可得

$$v^2 = gR\cos\theta.$$

小球从 B 点飞出后，做抛体运动. 经过时间 t，到达 O 点，则由抛体运动规律，可知

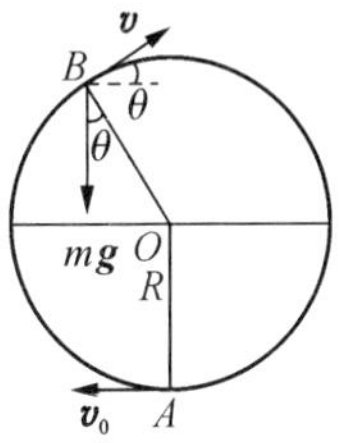

$$\boldsymbol{r}_{OB} = \boldsymbol{v}t + \frac{1}{2}\boldsymbol{g}t^2.$$

由向量几何关系，易得

$$vt = R\tan\theta = \frac{1}{2}gt^2\cos\theta.$$

解之，得

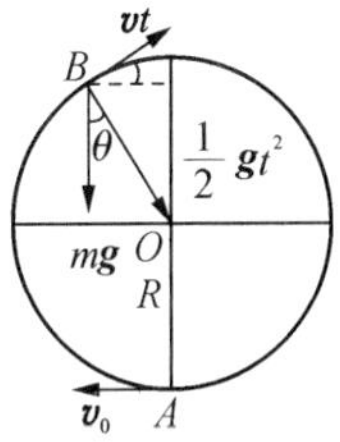

$$v^2 = \frac{1}{2}gR\frac{\sin^2\theta}{\cos\theta}.$$

比较动力学和运动学得到的结果，可知

$$gR\cos\theta = v^2 = \frac{1}{2}gR\frac{\sin^2\theta}{\cos\theta}.$$

于是,可得

$$\cos\theta=\frac{\sqrt{3}}{3},v^2=\frac{\sqrt{3}}{3}gR.$$

从 A 到 B 的过程中,没有非保守力做功,小球的机械能守恒,即

$$\frac{1}{2}mv_0^2=\frac{1}{2}mv^2+mgR(1+\cos\theta),$$

由此即得

$$v_0=\sqrt{gR(2+\sqrt{3})}.$$

例 3 如左下图所示,半径为 R、质量为 m 的匀质细圆环均匀带电,总电荷量为 Q,$Q>0$. 此环放置在光滑水平面上,并以匀角速度 ω 绕着过圆心 O 的竖直轴沿逆时针方向转动. 周围空间存在着竖直向上的匀强磁场,磁感应强度为 B. 求圆环内因转动而造成的附加张力.

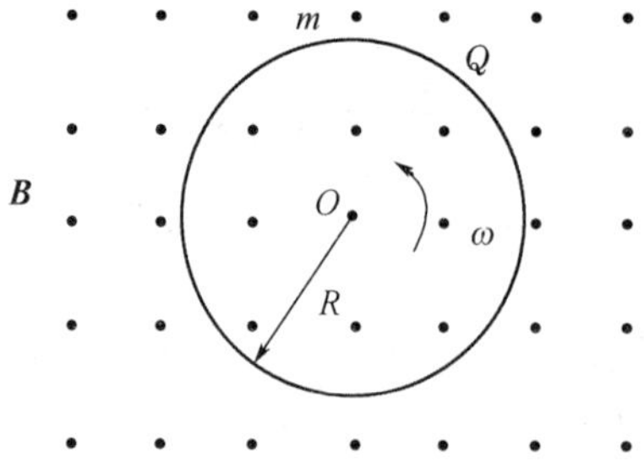

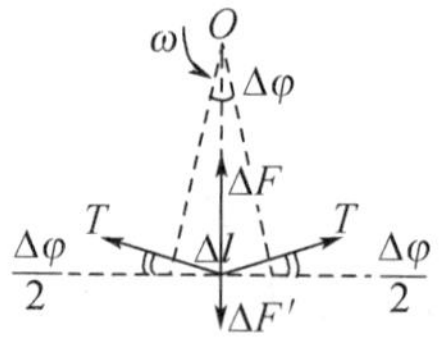

解:圆环如果不动,因其上均匀带电,本来已有张力存在,本题求的是因转动而造成的附加张力. 如右上图所示,在圆环上取一小段圆弧 Δl,因其旋转,故等效于电流元. 电流为

$$I=\frac{Q}{2\pi/\omega}=\frac{Q\omega}{2\pi}.$$

设 Δl 所对的圆心角为 $\Delta\varphi$, 电流元 $I\Delta l$ 在磁场 B 中所受安培力的方向如图所示,大小为

$$\Delta F'=I\Delta lB=\frac{Q\omega}{2\pi}\cdot R\Delta\varphi\cdot B=\frac{1}{2\pi}R\omega QB\Delta\varphi.$$

Δl 两端张力 T 的法向合力为

$$\Delta F=2T\sin\frac{\Delta\varphi}{2}\approx 2T\cdot\frac{\Delta\varphi}{2}=T\Delta\varphi.$$

Δl 的质量为 $\Delta m=m\cdot\frac{\Delta\varphi}{2\pi}$,它做圆周运动的向心力为

$$\Delta F''=\Delta m\omega^2R=m\frac{\Delta\varphi}{2\pi}\omega^2R=\frac{1}{2\pi}m\omega^2R\Delta\varphi.$$

质元 Δm 做匀速圆周运动的动力学方程为

$$\Delta F-\Delta F'=\Delta F'',$$

亦即

$$T\Delta\varphi-\frac{1}{2\pi}R\omega QB\Delta\varphi=\frac{1}{2\pi}m\omega^2R\Delta\varphi.$$

由此解得

$$T=\frac{R\omega}{2\pi}(QB+m\omega).$$

例4　(2014年,北约)如图,有半径为 R 的光滑细圆环轨道,其外壁被固定在竖直平面上.轨道正上方和正下方分别有质量为 $2m$ 和 m 的静止小球,它们由长为 $2R$ 的轻杆固连.已知圆环轨道内壁开有环形小槽,可使轻杆无摩擦、无障碍地绕其中心点转动.今对上方小球施加小扰动,则此后过程中该小球的速度最大值为________;当其达到速度最大值时,两小球对轨道作用力的合力大小为________.

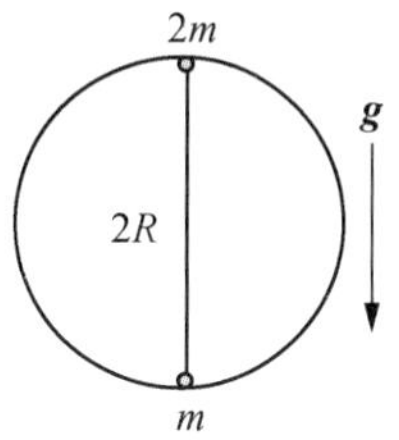

解: 当轻杆转动半周后,小球达到最大速度 v_{max}.由机械能守恒,有

$$2m\cdot g\cdot 2R-mg\cdot 2R=\frac{1}{2}\cdot 2m\cdot v_{max}^2+\frac{1}{2}mv_{max}^2.$$

可得最大速度 v_{max} 和相应的转动速度为

$$v_{max}=\sqrt{\frac{4gR}{3}},\omega=\frac{v_{max}}{R}=\sqrt{\frac{4g}{3R}}.$$

根据质心定义,易求得质心到圆心的距离为

$$r_C=\frac{2m\cdot R+m(-R)}{2m+m}=\frac{R}{3}.$$

据质心运动的牛顿第二定律,有

$$F_N-3mg=3m\omega^2r_C=3m\cdot\frac{4g}{3R}\cdot\frac{R}{3}=\frac{4}{3}mg.$$

于是可得轨道作用于两小球的合力为

$$F_N=\frac{4}{3}mg+3mg=\frac{13}{3}mg.$$

根据牛顿第三定律,此即两小球对轨道作用力的合力大小.

例5　(2013,南京大学)弹簧原长为 R,在弹簧下端悬挂质量为 m 的重物,当弹簧长度 $l=2R$ 时,重物正好达到平衡状态.现将弹簧的一端悬于竖直放置的半径为 R 的圆环上端的 A 点,将重物套在光滑的圆环的 B 点,AB 长为 $1.6R$,如图所示.放手后重物以初速度0沿圆环滑动.求重物在 B 点以及滑到最低点 C 时的加速度和对圆环的压力.

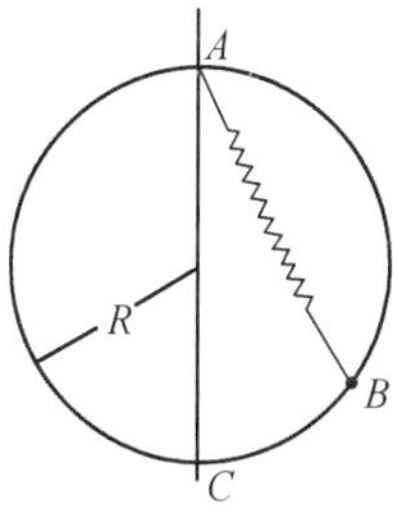

解:重物在 B 点时,设弹簧与竖直方向的夹角为 θ,重物受力如图所示.重物在 B 点的牛顿运动方程为

$$N+F\cos\theta-mg\cos 2\theta=ma_n=0,$$

$$N=mg\cos 2\theta-F\cos\theta.$$

设弹簧劲度系数为 k，x 为弹簧伸长量，根据题意，有

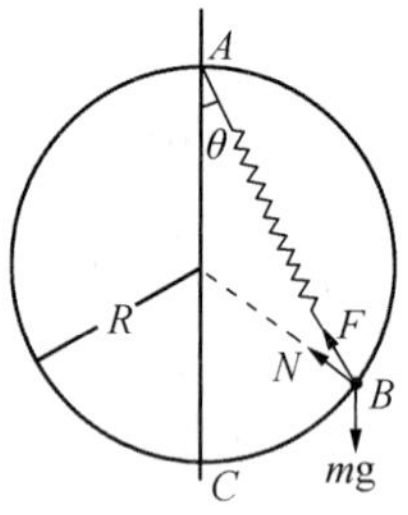

$$F = kx_B = \frac{mg}{R}x_B = \frac{mg}{R}0.6R = 0.6mg.$$

$$\cos\theta = 0.8, \sin\theta = 0.6.$$

代入得

$$\begin{aligned} N &= mg\cos 2\theta - 0.6mg\cos\theta \\ &= mg(\cos^2\theta - \sin^2\theta) - 0.6mg\cos\theta \\ &= -0.2mg. \end{aligned}$$

负号表示 N 的方向与图示方向相反. 重物对圆环的压力与圆环对重物的作用力 N 大小相等，方向相反.

由于重物的加速度 $a=a_t$，由牛顿第二定律得

$$mg\sin 2\theta - F\sin\theta = ma_t.$$

$$a = a_t = g\sin 2\theta - 0.6g\sin\theta = 0.6g.$$

(2) 设重物滑到 C 点时的速度为 v_C，由于弹力和重力是保守力，且 N 力不做功，因而系统的机械能守恒，有

$$\frac{1}{2}kx_C^2 + \frac{1}{2}mv_C^2 = \frac{1}{2}kx_B^2 + mg(2R - 1.6R\cos\theta).$$

$$\frac{1}{2}\frac{mg}{R}(2R-R)^2 + \frac{1}{2}mv_C^2 = \frac{1}{2}\frac{mg}{R}(1.6R-R)^2 + mg(2R - 1.6R\cos\theta).$$

化简得

$$v_C = \sqrt{0.8gR}.$$

$$a_C = a_{Cn} = \frac{v_C^2}{R} = 0.8g.$$

由牛顿第二定律得

$$N + F - mg = ma_{Cn} = m\frac{v_C^2}{R},$$

$$\begin{aligned} N &= mg - F + m\frac{v_C^2}{R} \\ &= mg - \frac{mg}{R}(2R-R) + m\frac{v_C^2}{R} = 0.8mg. \end{aligned}$$

重物对圆环的压力与 N 等值、反向.

例 6 如图所示，3 个质量均为 m 的弹性小球用两根长均为 L 的轻绳连成一条直线而静止在光滑水平面上. 现给中间的小球 B 一个水平初速度 v_0，方向与绳垂直. 小球相互碰撞时无机械能损失，轻绳不可伸长. 求：

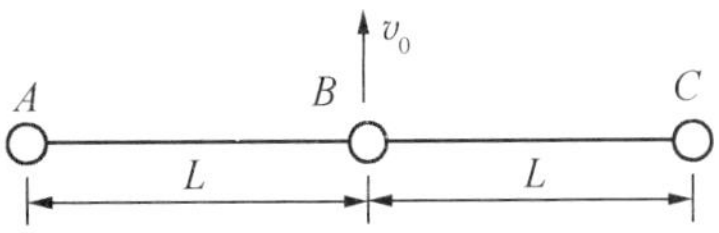

(1) 当小球 A,C 第一次相碰时，小球 B 的速度.

(2) 当 3 个小球再次处在同一直线上时，小球 B 的速度.

(3) 运动过程中小球 A 的最大动能 E_{kA} 和此时两根绳的夹角 θ.

(4) 当 3 个小球处在同一直线上时，绳中的拉力 F 的大小.

解：(1) 设小球 A,C 第一次相碰时，小球 B 的速度为 v_B，考虑到对称性及绳的不可伸长特性，小球 A,C 沿小球 B 初速度方向的速度也为 v_B，由动量守恒定律，得

$$mv_0=3mv_B.$$

由此解得 $v_B=\frac{1}{3}v_0$.

(2) 当 3 个小球再次处在同一直线上时，则由动量守恒定律和机械能守恒定律，得

$$mv_0=mv'_B+2mv'_A.$$

$$\frac{1}{2}mv_0^2=\frac{1}{2}mv'^2_B+2\times\frac{1}{2}mv'^2_A.$$

解得 $v'_B=-\frac{1}{3}v_0$，$v'_A=\frac{2}{3}v_0$.（3 球再次处于同一直线）

另一解 $v'_B=v_0$，$v'_A=0$，为初始状态，舍去.

所以，3 个小球再次处在同一直线上时，小球 B 的速度为 $v'_B=-\frac{1}{3}v_0$（负号表明与初速度 v_0 反向）.

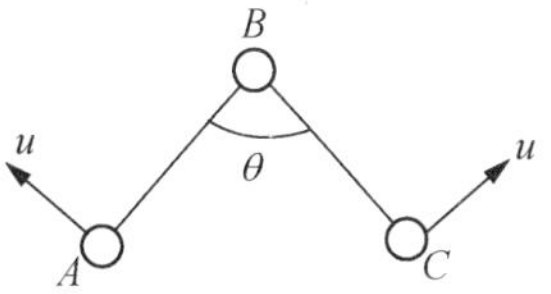

(3) 当小球 A 的动能最大时，小球 B 的速度为 0. 设此时小球 A,C 的速度大小为 u，两根绳间的夹角为 θ（如图），则仍由动量守恒定律和机械能守恒定律，得

$$mv_0=2mu\sin\frac{\theta}{2}.$$

$$\frac{1}{2}mv_0^2=2\times\frac{1}{2}mu^2.$$

另外，
$$E_{kA}=\frac{1}{2}mu^2.$$

由此可解得，小球 A 的最大动能为 $E_{kA}=\frac{1}{4}mv_0^2$，此时两根绳间夹角为 $\theta=90^\circ$.

(4) 小球 A,C 均以半径 L 绕小球 B 做圆周运动，当 3 个小球处在同一直线上时，以小球 B 为参考系（小球 B 的加速度为 0，为惯性参考系），小球 A,C 相对于小球 B 的速率均为 $v=|v''_A-v''_B|=v_0$. 所以，此时绳中拉力大小为 $F=m\frac{v^2}{L}=m\frac{v_0^2}{L}$.

练 习

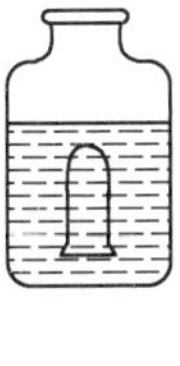

1. 如图所示，一试管开口朝下插入盛水的广口瓶中，在某一深度处静止时，管内封有一定的空气. 若向广口瓶中再缓慢地倒入一些水，试管仍保持竖直，则试管将(　　)

A. 加速上浮　　　　B. 加速下沉

C. 保持静止　　　　　　　　　　　　　　D. 相对原静止位置上下振动

2. 用手以匀角速度 ω 旋转一质量为 m、长为 l 的绳子，求手的拉力.

3. （2009 年，**北京大学**）如图所示，有两个长方体，一大一小，底面积相等，高为 H_1，H_2，密度为 ρ_1，ρ_2，把它们叠在一起放在密度为 ρ_0 的液体中，小上大下，液面刚好没过大的长方体. 若小下大上，开始时，使液面刚好没过小的长方体，则刚松开的一瞬间，大的长方体向何方向运动，加速度 a 是多少？（只用 H_1，H_2，g 表示）

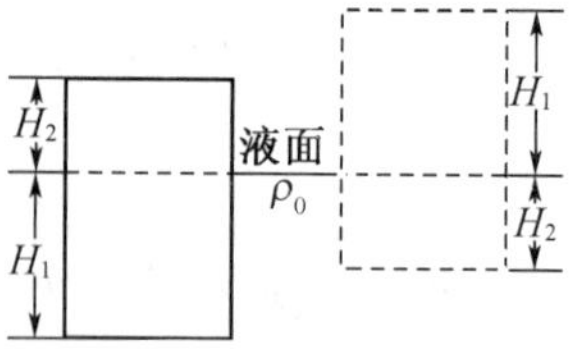

4. 如图所示，在倾角为 θ 的光滑斜面上有两个用轻质弹簧相连接的物块 A，B，它们的质量分别为 m_A，m_B，弹簧的劲度系数为 k，C 为一固定挡板，系统处于静止状态. 现开始用一恒力 F 沿斜面方向拉物块 A 使之向上运动. 求物块 B 刚要离开 C 时物块 A 的加速度 a 和从开始到此时物块 A 的位移 d.（重力加速度为 g）

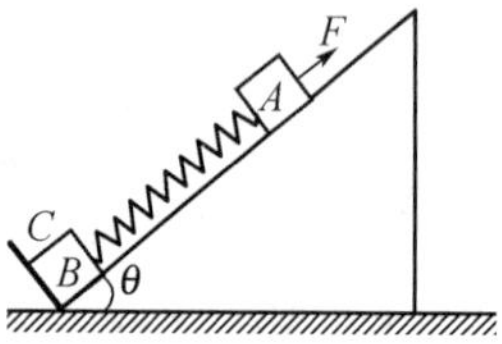

第 4 题

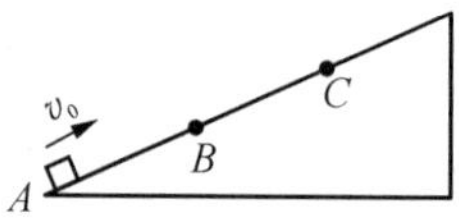

第 5 题

5. （2013 年，**北约**）如图所示，与水平地面夹角为锐角的斜面底端 A 向上有 3 个等间距点 B，C 和 D，即 $AB=BC=CD$. 小滑块 P 以初速 v_0 从 A 出发，沿斜面向上运动. 先设置斜面与滑块间处处无摩擦，则滑块到达 D 位置刚好停下，而后下滑. 若设置斜面 AB 部分与滑块间有处处相同的摩擦，其余部位与滑块间仍无摩擦，则滑块上行到 C 位置刚好停下，而后下滑. 滑块下滑到 B 位置时速度大小为________，回到 A 端时速度大小为________.

6. 一轻质光滑圆环，半径为 R，用细绳悬挂在支点上. 环上串有两个质量都是 m 的小珠，如图所示. 让两珠从环顶同时由静止向两边下滑.

（1）问滑到何处（用 θ 表示）时大环将上升？

（2）如大环有质量（设为 M），则结果如何？

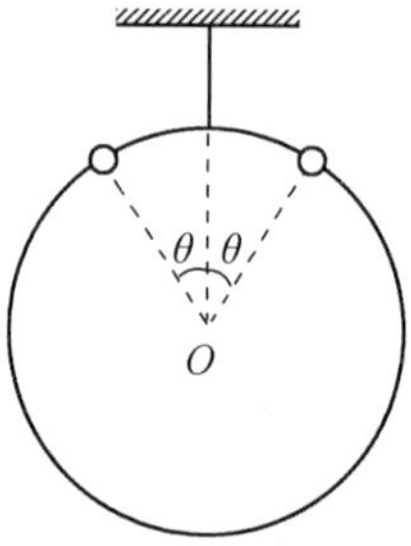

参考答案

1. B　2. $\frac{1}{2}m\omega^2 l$　3. 向下　$\left(1-\frac{H_2}{H_1}\right)g$　4. $\frac{F-(m_A+m_B)g\sin\theta}{m_A}$　$\frac{(m_A+m_B)g\sin\theta}{k}$　5. $\frac{\sqrt{3}}{3}v_0$　$\frac{\sqrt{3}}{3}v_0$　6. (1) $\theta=\arccos\frac{2}{3}$

(2) 当 $m>\frac{3}{2}M$ 时，$\cos\theta=\frac{2m+\sqrt{4m^2-6mM}}{6m}$；其余情形不合题意

5.2　静　平　衡

平衡包括静止（不是瞬时速度为 0）和匀速直线运动两种状态. 一般物体的平衡条件为：① 合力为 0；② 合力矩为 0. 计算合力要灵活运用矢量法则或分量求和；考察力矩要相对某个轴或点，

灵活选用这些参考点,对于简化计算非常有效.

平衡也可以通过势能来考察,按其稳定性,分为稳定平衡、不稳定平衡及随遇平衡.

例1　(2010年,清华大学等5校联考)如图所示,用等长的绝缘线分别悬挂两个质量、电荷量都相同的带电小球 A 和 B,两线上端固定于 O 点,B 球固定在 O 点正下方.当 A 球静止时,两悬线夹角为 θ.下列能保持夹角 θ 不变的方法是　(　　)

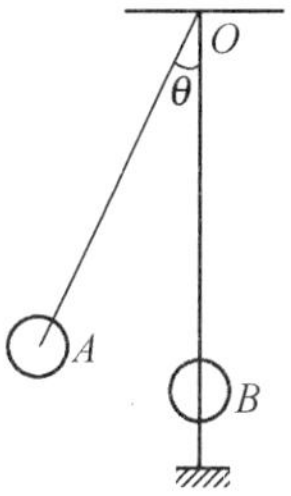

A. 同时使两悬线的长度减半

B. 同时使 A 球的质量和电荷量减半

C. 同时使两球的质量和电荷量减半

D. 同时使两悬线的长度和两球的电荷量减半

解:如右图所示,A 球受到重力 mg、库仑力 F 和悬线拉力 T 的作用,因为两线长度相等,所以 mg 和 T 大小相等,由共点力平衡条件并解三角形可得

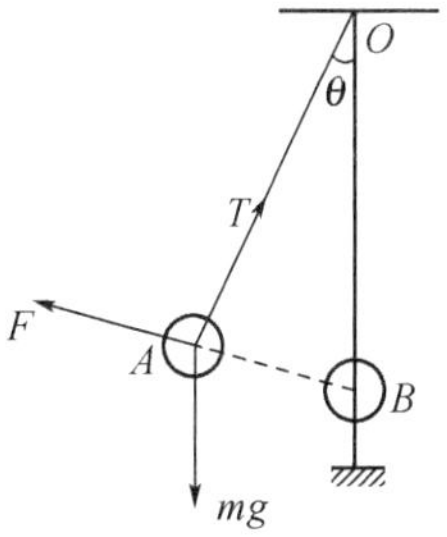

$$F = 2mg\sin\frac{\theta}{2}.$$

再结合库仑定律 $F=\frac{kq^2}{r^2}$,分析可得:若两悬线长度同时减半,则 r 减半,式中 θ 不能保持不变,所以A错;若 A 球的质量和电荷量都减半,则式中 θ 保持不变,所以B对;若两球的质量和电荷量都减半,则式中 θ 不能保持不变,所以C错;若同时使两悬线长度和两球的电荷量都减半,则式中 θ 保持不变,所以D对.本题答案为BD.

例2　质量为 m 的一段柔软的导线这样放置:它的两端固定在同一高度(如图),导线处于磁感应强度大小为 B、方向垂直纸面向外的匀强磁场中,且通过电流 I,作用在导线悬点的力与水平方向成 α 角.求导线的最低点所受的拉力 T.(尺寸 L 和 h 为已知)

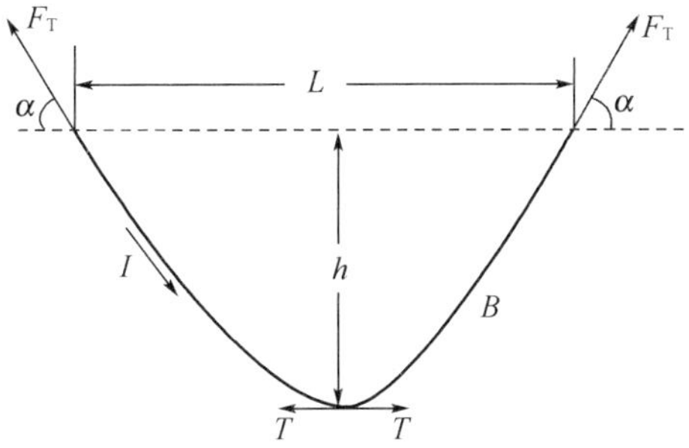

解:考察整段导线,以竖直方向为 y 方向,水平方向为 x 方向,则由 y 方向受力平衡有

$$2F_{\mathrm{T}y} = BIL + mg,$$

其中,L 为整根通电导线受 y 方向安培力的等效长度.

取半边导线,研究其在 x 方向的受力平衡.注意,半边通电导线受 x 方向安培力的等效长度为 h,则有

$$T = F_{Bx} + F_{\mathrm{T}x} = F_{Bx} + F_{\mathrm{T}y}\cot\alpha.$$

将 $F_{\mathrm{T}y}$ 代入即得

$$T = BIh + \frac{mg + BIL}{2} \cdot \cot\alpha.$$

点评:本题巧妙地运用整体法与隔离法,并采取正交分解方法,使复杂问题得以简化.

例 3 (2011 年,东南大学夏令营)利用力学原理可以称量人体各部分的重量.以下一种方案可以测量人小腿的重量(已知人小腿的重心到膝关节的距离约为小腿长的 42%),具体测量方法是:让被测者水平俯卧于一块木板上,木板与人同长度,板的一端固定,另一端置于磅秤上,由磅秤测得支撑力 F_1 的大小;然后将一条小腿竖直举起,再由磅秤测得支撑力 F_2 的大小;最后测量出一些长度就可以计算出该小腿的重量.试分析给出计算该条小腿重量的数学表示式.

解:设除待测小腿外人体剩下部分的重量为 W,剩下部分的重心到板固定端的距离为 d,待测小腿的重量为 G.测出小腿的长度为 l_1,木板的长度为 l,则膝关节到板固定端的距离为 $l-l_1$,可列出如下力矩平衡方程

$$F_1 l = Wd + G(0.42l_1 + l - l_1),$$

$$F_2 l = Wd + G(l - l_1).$$

两式相减,得到

$$(F_1 - F_2)l = G \times 0.42l_1.$$

显然,只要测出板长及小腿的长度,即可由此式计算出小腿的重量 G.

例 4 (2010 年,南大强化班)如图所示,一个质量均匀分布的直杆搁置在质量均匀的圆环上,杆与圆环相切,系统静止在水平地面上,杆与地面的接触点为 A,与环面的接触点为 B.已知两个物体的质量线密度均为 ρ,直杆与地面的夹角为 θ,圆环半径为 R,所有接触点的摩擦力足够大,求:

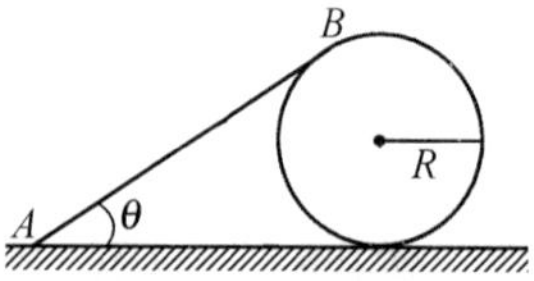

(1) 地面对圆环的摩擦力.

(2) A,B 两点静摩擦因数的取值范围.

解:(1) 球受力如右图所示,由水平方向合力为 0 得

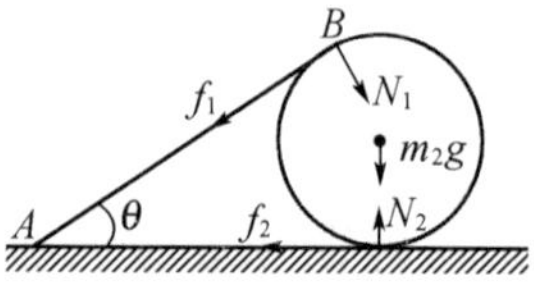

$$f_2 + f_1\cos\theta = N_1\sin\theta.$$

以圆心 O 点为轴有 $f_1R=f_2R$,即 $f_1=f_2$.

对球以 A 点为轴有 $N_2 l=m_2 gl+N_1 l$,即 $N_2=m_2 g+N_1$.

再取球、杆整体为研究对象,以 A 点为轴有

$$N_2 l = m_2 gl + m_1 g \cdot \frac{l}{2}\cos\theta,$$

即

$$N_2 = m_2 g + \frac{1}{2}m_1 g\cos\theta.$$

解得

$$f_2 = \frac{m_1 g\sin\theta\cos\theta}{2(1+\cos\theta)} = \frac{\rho gR\cos\theta}{2}.$$

(2) B 处的静摩擦因数

$$\mu_2 \geqslant \frac{f_1}{N_1} = \frac{f_2}{N_2 - m_2 g} = \frac{\sin\theta}{1+\cos\theta} = \tan\frac{\theta}{2}.$$

A 处的静摩擦因数

$$\mu_1 \geqslant \frac{f_A}{N_A} = \frac{f_2}{m_1 g + m_2 g - N_2} = \frac{f_2}{m_1 g(1 - 0.5\cos\theta)} = \frac{\tan\left(\frac{\theta}{2}\right) \cdot \cos\theta}{2 - \cos\theta}.$$

例5 (2013 年,华约)明理同学平时注意锻炼身体,力量较大,最多能提起 $m=50\ \mathrm{kg}$ 的物体.一重物放置在倾角 $\theta=15^\circ$ 的粗糙斜坡上,重物与斜坡间的动摩擦因数为 $\mu=\frac{\sqrt{3}}{3}$.试求该同学向上拉动的重物质量 M 的最大值.

解法1:设该同学拉动重物的力 F 的方向与斜面成角度 φ,如图所示.

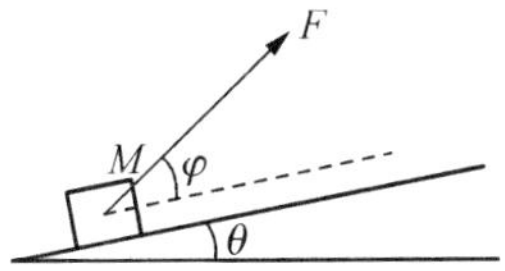

根据力的平衡,在垂直于斜面的方向上有

$$F_N + F\sin\varphi - Mg\cos\theta = 0. \quad ①$$

式中 F_N 是斜面对重物的支持力,其大小等于重物对斜面的正压力.

在沿斜面方向上由牛顿运动定律有

$$F\cos\varphi - \mu F_N - Mg\sin\theta = Ma. \quad ②$$

根据题意,重物刚能被拉动,加速度 a 近似为 0,即

$$F\cos\varphi - \mu F_N - Mg\sin\theta = 0. \quad ③$$

联立①③式得

$$M = \frac{F\cdot(\cos\varphi + \mu\sin\varphi)}{g\cdot(\mu\cos\theta + \sin\theta)}. \quad ④$$

令

$$\mu = \tan\Omega, \quad ⑤$$

联立④⑤式得

$$M = \frac{F\cdot\cos(\Omega - \varphi)}{g\cdot\sin(\Omega + \theta)}. \quad ⑥$$

要使质量最大,分子须取最大值,即

$$\cos(\Omega - \varphi) = 1, \varphi = \Omega. \quad ⑦$$

此时能拉动的重物的质量的最大值为

$$M_{max} = \frac{F}{g\cdot\sin(\Omega + \theta)}. \quad ⑧$$

由题目所给数据,知

$$\tan\Omega = \frac{\sqrt{3}}{3}, \Omega = 30^\circ. \quad ⑨$$

所以该同学能拉动的最大重物的质量为

$$M_{max}=\frac{mg}{g\cdot\sin(30^\circ+15^\circ)}=\sqrt{2}m=70.7\ \text{kg}. \quad ⑩$$

解法 2:利用力的合成图像法,可以更容易得到结果.

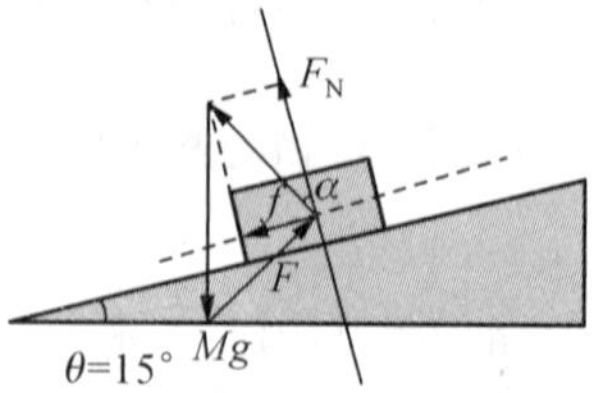

如图所示,摩擦力和支持力的合力与斜面法线的夹角为

$$\alpha=\arctan\frac{\sqrt{3}}{3}=30^\circ.$$

因此摩擦力和支持力的合力与重力的夹角为 45°.

由于拉力、重力、支持力与摩擦力的合力这三个力构成三角形,即受力平衡,因此当拉力、摩擦力与支持力的合力垂直的时候,拉力最小.这样,容易得到最大重物的质量为

$$M_{max}=\sqrt{2}m=70.7\ \text{kg}.$$

例 6 在自然界中,根据不同情况,可以将平衡状态分为三种:稳定平衡、不稳定平衡和随遇平衡.当物体略微离开平衡位置后,所受到的力总能使其回复到平衡位置的,我们称其处于稳定平衡(如图甲);当物体略微离开平衡位置后,所受到的力将使其进一步远离平衡位置的,我们称其处于不稳定平衡(如图乙);而当物体略微离开平衡位置后,所受合力仍然为 0,即仍然处于平衡状态,我们称其处于随遇平衡(如图丙).

如右下图所示,在光滑绝缘水平面上有两个带电荷量均为$+Q$的点电荷,分别固定于相距 $2r$ 的 A,B 两点.过 A,B 连线的中点 O 处有一光滑绝缘细杆,细杆与 A,B 连线的夹角为 $\theta(0\leqslant\theta\leqslant\pi/2)$.细杆上套有一带电荷量为 q、质量为 m 的小环,小环正好位于 O 点处,在电场力的作用下处于平衡状态.试通过计算分析此时小环处于何种平衡状态.

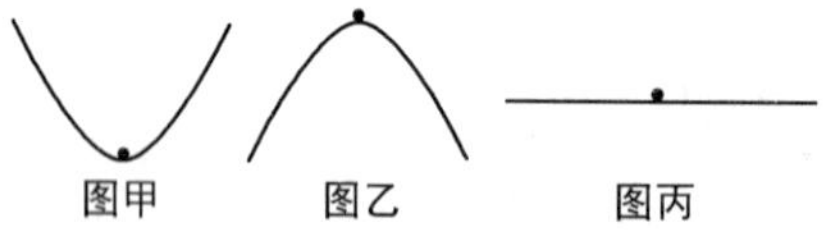
图甲　图乙　图丙

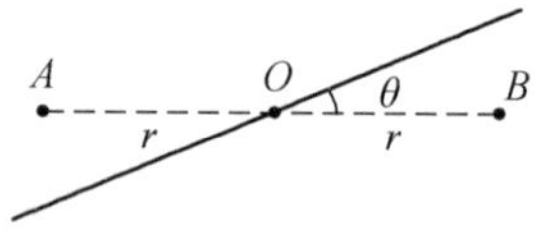

解:点电荷偏离平衡位置距离为 s 时,受力如图所示.

沿细杆方向的合力为 $f_1\cos\alpha-f_2\cos\beta$.

由库仑定律得

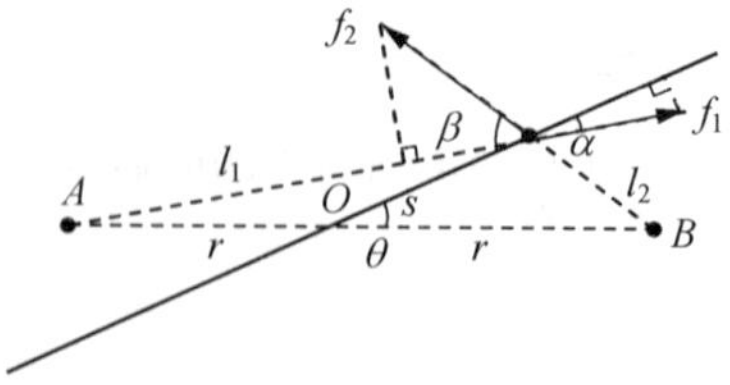

$$f_1=\frac{kqQ}{l_1^2},f_2=\frac{kqQ}{l_2^2}.$$

根据余弦定理得

$$l_1^2=r^2+s^2+2rs\cos\theta,l_2^2=r^2+s^2-2rs\cos\theta.$$

考虑到 s 为小量，得

$$l_1^2 \approx r^2 + 2rs\cos\theta, l_2^2 \approx r^2 - 2rs\cos\theta.$$

由几何关系得

$$\cos\beta \approx -\frac{s - r\cos\theta}{l_2}, \cos\alpha \approx \frac{s + r\cos\theta}{l_1}.$$

代入得沿细杆方向的合力为

$$\begin{aligned} & kqQ\left(\frac{s + r\cos\theta}{l_1^3} + \frac{s - r\cos\theta}{l_2^3}\right) \\ & = kqQ\left\{\frac{s + r\cos\theta}{\left[r^2\left(1 + \frac{2s}{r}\cos\theta\right)\right]^{\frac{3}{2}}} + \frac{s - r\cos\theta}{\left[r^2\left(1 - \frac{2s}{r}\cos\theta\right)\right]^{\frac{3}{2}}}\right\} \\ & \approx kqQr^{-3}\left[(s + r\cos\theta)\left(1 - \frac{3s}{r}\cos\theta\right) + (s - r\cos\theta)\left(1 + \frac{3s}{r}\cos\theta\right)\right] \\ & = 2kqQr^{-3}(1 - 3\cos^2\theta)s. \end{aligned}$$

当 q 与 Q 同号，且 $1-3\cos^2\theta<0$ 时，沿细杆方向的合力能使该小环回到 O 点，所以此时小环处于稳定平衡状态.

当 q 与 Q 同号，且 $1-3\cos^2\theta>0$ 时，沿细杆方向的合力将使小环远离 O 点，所以此时小环处于不稳定平衡状态.

当 $1-3\cos^2\theta=0$ 时，小环沿细杆方向的合力为 0，所以此时小环处于随遇平衡状态.

当 q 与 Q 异号时，情况恰与上述讨论相反.

练　习

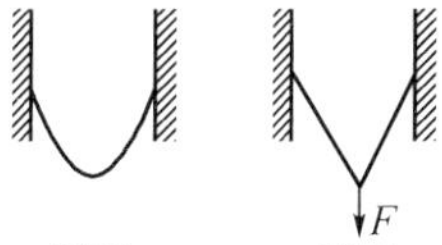

图甲　　图乙

1. 如图甲所示为两端固定的绳索在重力场中平衡时的形状，如果在绳索中央施加一外力 F，绳索变为如图乙所示的形状. 与图甲相比，图乙中的绳索的重心如何变化？试说明理由.

2. (2017，**东南大学**)一个重量为 G 的绳环，水平箍在一个竖直放置、顶角为 α 的光滑圆锥体上，则绳中张力为______________.

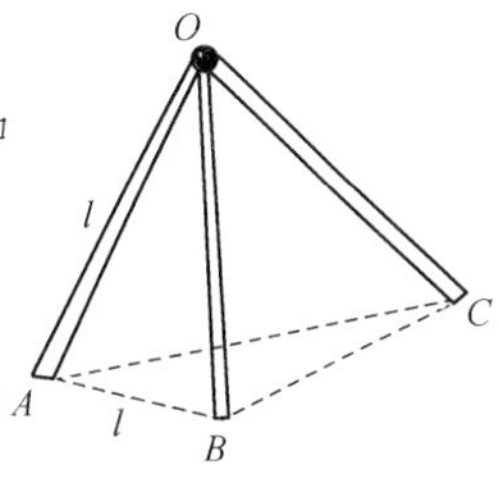

3. (2009 **年，清华大学**)3 根重均为 G 的木杆对称地摆成正四面体(如图)，长度均为 l，直径可忽略，摩擦力足够大.

(1) 求杆顶端受力的大小及方向.

(2) 若有重为 G 的人坐在某杆中点，杆不动，求此时杆顶端所受的力.(用力矩进行分析计算)

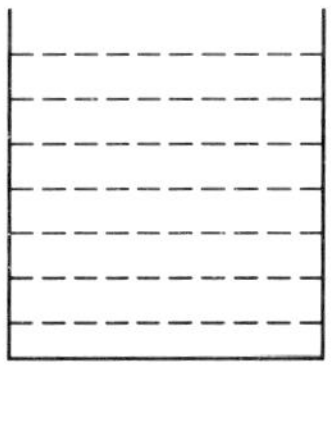

4. (2011 **年，华约数学题改编**)如图所示，一个有底无盖的圆柱形桶，底面质量不计，侧面质量为 a，桶的质心在中轴线上的正中间位置，装满水后水的质量为 b.

(1) 若 $b=3a$，水装到一半，求系统质心到桶底面的距离 y 与桶的高度 h 之比.

(2) 装入水的质量 m 为多少时,水和桶这个系统最稳定?

5. 质量为 m 的小球,放在光滑的木板和光滑的墙壁之间,并保持平衡,如图所示.设木板和墙壁之间的夹角为 α,当 α 逐渐增大时,小球对木板的压力将 ( )

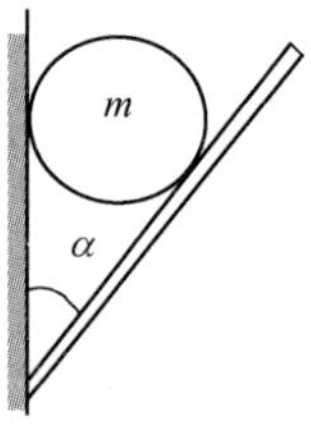

A. 增加

B. 减少

C. 不变

D. 先是增加,后又减小.压力增减的分界角为 $\alpha=45°$

6. 两个可视为质点的小球 a 和 b,用质量可忽略的刚性细杆相连放置在一个光滑的半球面内,如图所示.已知小球 a 和 b 的质量之比为$\sqrt{3}$,细杆长度是球面半径的$\sqrt{2}$倍.两球处于平衡状态时,细杆与水平面的夹角 θ 是 ( )

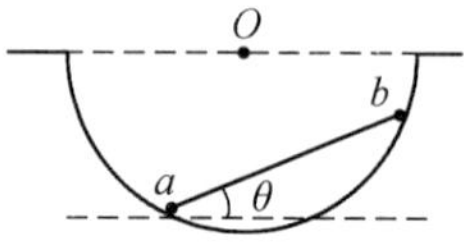

A. 45° B. 30° C. 22.5° D. 15°

7. 如图所示,有一"不倒翁",由半径为 R 的半球体与顶角为 60°的圆锥体组成,它的重心在对称轴上.为使"不倒翁"在任意位置都能恢复竖直状态,该"不倒翁"的重心到顶点的距离必须大于 ( )

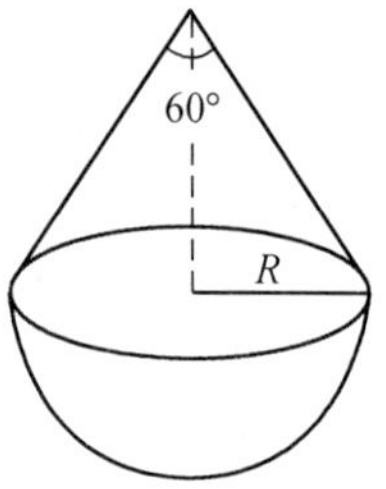

A. $\dfrac{4R}{\sqrt{3}}$

B. $2R$

C. $\sqrt{3}R$

D. 条件不足,无法确定

8. 如图所示,一块均匀的细长木板以倾角 θ 静止地放在两根水平的固定平行细木棒 A 和 B 之间.若两棒相距为 d,两棒和木板间的动摩擦因数均为 μ,试求木板重心 O 与木棒 A 之间距离 x 的范围.

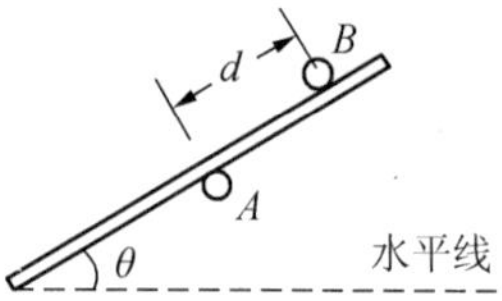

参考答案

1. 平衡时势能最小,故重心升高. 2. $\dfrac{G}{2\pi\tan\dfrac{\alpha}{2}}$ 3. (1) $\dfrac{\sqrt{2}}{4}G$ 设 BC 中点为 M,方向沿矢量$\overrightarrow{MA}$的方向 (2) $\dfrac{\sqrt{3}}{3}G$ 4. (1) $\dfrac{y}{h}=\dfrac{7}{20}$ (2) $m=\sqrt{a^2+ab}-a$ 时,质心正好在水面,这时质心位置最低,因而系统最稳定.如果继续往里加水,就相当于在质心之上加入质量,质心将升高;如果抽出一些水,就相当于在质心之下抽去质量,质心也将升高.要想到质心最低位置就在水面,需要很好的物理直觉.但如果用数学方法,先设水的质量,再算出质心的高度,最后对此高度求极值,亦可求出最稳定位置. 5. B 6. D 7. A 8. $x\geqslant\dfrac{d}{2\mu}(\tan\theta-\mu)$

第6章 基本作用

自然界有四大基本作用:两种长程力,两种短程力,如下表所示.现在统一理论还没能把引力包含进去,未完成大统一理论.我们主要讨论在宏观范围内起作用的两种长程力.

四种基本相互作用

力的种类	相互作用的物体	力的强度	力程
万有引力	一切质点	10^{-38}	无限远
弱力	大多数粒子	10^{-13}	小于 10^{-17}m
电磁力	电荷	10^{-2}	无限远
强力	核子、介子等	1*	10^{-15}m

* 以距源 10^{-15}m 处强相互作用的力的强度为 1.

6.1 万有引力

在引力作用下的两个物体,例如地球与太阳,当不考虑外界影响时,我们往往可以把它们当成两个相互作用的质点组成的孤立系统,这样两个质点的运动问题称为两体问题.行星运动是我们最先碰到的两体问题,氢原子中电子的绕核运动、α 粒子散射问题都是典型的两体问题.在物理学中能够获得严格解析解的问题仅限于单体和两体问题.

如图所示,在惯性系 O 中,质点 m_1 和质点 m_2 的位置矢量分别为 $\boldsymbol{r}_1$ 和 $\boldsymbol{r}_2$,质点 m_1 相对质点 m_2 的位置矢量为

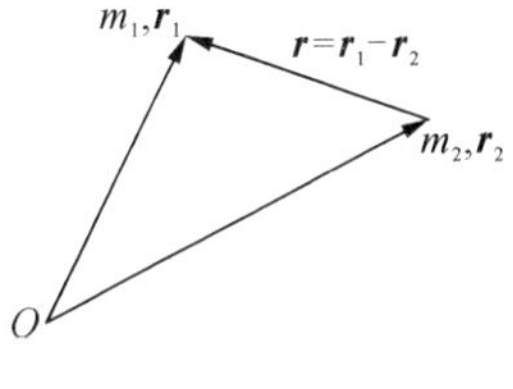

$$\boldsymbol{r}=\boldsymbol{r}_1-\boldsymbol{r}_2.$$

两个质点间的相互作用力满足牛顿第三定律

$$\boldsymbol{f}_{12}=-\boldsymbol{f}_{21}=f(r)\boldsymbol{e}_r.$$

注意这儿给的是一般表达式,在引力场问题里 $f(r)$ 实际是负值.

由牛顿第二定律,可有两个动力学方程

$$m_1\ddot{\boldsymbol{r}}_1=f(r)\boldsymbol{e}_r,$$

$$m_2\ddot{\boldsymbol{r}}_2=-f(r)\boldsymbol{e}_r.$$

这两式各除以质量后再相减,可得

$$\ddot{\boldsymbol{r}}_1-\ddot{\boldsymbol{r}}_2=\ddot{\boldsymbol{r}}=\left(\frac{1}{m_1}+\frac{1}{m_2}\right)f(r)\boldsymbol{e}_r.$$

引入约化质量

$$\mu=\frac{m_1m_2}{m_1+m_2},$$

这样两体问题就简化为质量为约化质量 μ、位置矢量为相对位置矢量 $\boldsymbol{r}$ 的单体问题，其动力学方程可写为

$$\mu\ddot{\boldsymbol{r}}=f(r)\boldsymbol{e}_r.$$

在实际的引力问题中，例如地球绕太阳转，由于太阳质量远大于地球质量，约化质量则约等于地球质量，而太阳则可以近似认为是不动的. 对于质量比较接近的两体问题，则要考虑约化质量的单体问题.

在处理两体问题时我们更愿意在质心系中讨论问题. 把两个单体的动力学方程相加，易知系统动量是守恒量，即

$$\boldsymbol{p}=\boldsymbol{p}_1+\boldsymbol{p}_2=m_1\dot{\boldsymbol{r}}_1+m_2\dot{\boldsymbol{r}}_2=m\dot{\boldsymbol{r}}_C=\boldsymbol{p}_C=\boldsymbol{C}.$$

其中 $m=m_1+m_2$ 为质心质量，$\boldsymbol{r}_C$ 为质心位置矢量，即

$$\boldsymbol{r}_C=\frac{m_1\boldsymbol{r}_1+m_2\boldsymbol{r}_2}{m_1+m_2}.$$

容易证明，两体系统的动能为质心运动动能和相对质心运动动能之和，而且可以表示为

$$E_k=\frac{1}{2}m_1\boldsymbol{v}_1^2+\frac{1}{2}m_2\boldsymbol{v}_2^2=\frac{1}{2}m\boldsymbol{v}_C^2+\frac{1}{2}\mu\boldsymbol{v}_r^2,$$

其中 $\boldsymbol{v}_r=\dot{\boldsymbol{r}}$ 为质点 m_1 相对质点 m_2 的运动速度.

万有引力是长程力，也是平方反比的中心力，因而可应用角动量守恒和能量守恒，对于两体问题，如行星运动，则整体动量守恒. 解题时注意守恒定律和牛顿定律的并用，搞清题意和过程.

例 1 （2014 年，北约）在真空中，质量皆为 m 的两个小球 m_1 和 m_2，只受万有引力作用. 如图所示，某个时刻，两球相距 r_0，m_1 的速度为 v_0，方向指向 m_2，m_2 的速度为 v_0，方向垂直于两球球心连线. 当速度 v_0 满足什么条件时，两个小球可以相距无穷远？

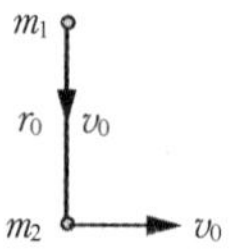

解法 1：两个小球相距无穷远的临界条件是两个小球具有相同的速度 $\boldsymbol{v}$. 如图所示，取 m_2 的初始速度方向单位向量为 $\boldsymbol{i}$，取 m_1 的初始速度方向单位向量为 $\boldsymbol{j}$，则由动量守恒，可得

$$2m\boldsymbol{v}=mv_0\boldsymbol{i}+mv_0\boldsymbol{j}.$$

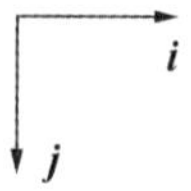

于是，可得

$$\boldsymbol{v}=\frac{1}{2}v_0(\boldsymbol{i}+\boldsymbol{j}),v=\frac{\sqrt{2}}{2}v_0.$$

系统的初态能量应大于终态能量，即

$$2\times\frac{1}{2}mv_0^2-G\frac{m^2}{r_0}\geqslant 2\times\frac{1}{2}mv^2.$$

可见速度 v_0 需要满足的条件为

$$v_0^2 \geqslant \frac{2Gm}{r_0}.$$

解法 2:质心的速度为

$$\boldsymbol{v}_{\mathrm{C}} = \frac{mv_0\boldsymbol{i} + mv_0\boldsymbol{j}}{m+m} = \frac{1}{2}v_0(\boldsymbol{i}+\boldsymbol{j}).$$

两个质点相对质心的初始速度为

$$\boldsymbol{u}_{1,0} = \frac{1}{2}v_0(\boldsymbol{i}-\boldsymbol{j}), \boldsymbol{u}_{2,0} = \frac{1}{2}v_0(-\boldsymbol{i}+\boldsymbol{j}).$$

其相对质心的初始速度大小均为

$$u = u_{1,0} = u_{2,0} = \frac{\sqrt{2}}{2}v_0.$$

在质心系里,两个质点间距无穷远需要满足的条件为系统的总能量不小于 0,即

$$2\times\frac{1}{2}mu^2 - G\frac{m^2}{r_0} \geqslant 0.$$

于是,可得

$$v_0^2 \geqslant \frac{2Gm}{r_0}.$$

解法 3:这是典型的两体问题.两个小球的约化质量为

$$\mu = \frac{1}{\frac{1}{m}+\frac{1}{m}} = \frac{m}{2}.$$

两体的总能量由柯尼希定理,可得

$$E_{\mathrm{k}} = \frac{1}{2}m_1v_1^2 + \frac{1}{2}m_2v_2^2 = \frac{1}{2}mv_{\mathrm{C}}^2 + \frac{1}{2}\mu v_r^2.$$

由于动量守恒,质心速度不变,体系的资用能为

$$E_{\text{资用}} = \frac{1}{2}\mu v_r^2 = \frac{1}{2}\cdot\frac{m}{2}\cdot(v_0\boldsymbol{i} - v_0\boldsymbol{j})^2 = \frac{1}{2}mv_0^2.$$

当两个质点间距无穷远时,系统资用能用来克服引力,则

$$E_{\text{资用}} + E_{\mathrm{p}} = \frac{1}{2}mv_0^2 - G\frac{m^2}{r_0} \geqslant 0.$$

于是,可得

$$v_0^2 \geqslant \frac{2Gm}{r_0}.$$

例 2 (2014 年,华约)已知地球的半径为 R,地球附近的重力加速度为 g,一天的时间为 T.已知在万有引力作用下的势能公式为 $E_{\mathrm{p}} = -\frac{GMm}{r}$,其中 M 为地球质量,m 为卫星质量,r 为

卫星到地心的距离.

(1) 求同步卫星环绕地球的飞行速度 v.

(2) 从地球表面发射同步轨道卫星时的初速度 v_0 至少为多少?

解:(1) 在地面上,有(黄金代换)

$$mg=\frac{GMm}{R^2},\text{即 } GM=gR^2.$$

对于同步卫星,有

$$m\left(\frac{2\pi}{T}\right)^2 r=\frac{GMm}{r^2},\text{即 } r=\sqrt[3]{\frac{GMT^2}{4\pi^2}}=\sqrt[3]{\frac{gR^2T^2}{4\pi^2}}.$$

$$v=\omega r=\frac{2\pi}{T}r=\frac{2\pi}{T}\cdot\sqrt[3]{\frac{gR^2T^2}{4\pi^2}}=\sqrt[3]{\frac{2\pi gR^2}{T}}.$$

(2) 由机械能守恒,有

$$\frac{1}{2}mv_0'^2-\frac{GMm}{R}=\frac{1}{2}mv^2-\frac{GMm}{r},$$

$$v_0'^2-\frac{2GM}{R}=v^2-\frac{2GM}{r},$$

$$v_0'^2=\frac{2gR^2}{R}+v^2-\frac{2gR^2}{r}.$$

由上一问代入 v 和 r 的表达式得到

$$\begin{aligned}v_0'^2&=2gR+\sqrt[3]{\frac{4\pi^2g^2R^4}{T^2}}-2gR^2\cdot\sqrt[3]{\frac{4\pi^2}{gR^2T^2}}\\&=2gR+\sqrt[3]{\frac{8\pi^2g^3R^4}{2gT^2}}-2gR^2\cdot\sqrt[3]{\frac{8\pi^2R}{2gR^3T^2}}\\&=2gR+2gR\cdot\sqrt[3]{\frac{\pi^2R}{2gT^2}}-4gR\cdot\sqrt[3]{\frac{\pi^2R}{2gT^2}},\end{aligned}$$

则有

$$v_0'=\sqrt{2gR-2gR\sqrt[3]{\frac{\pi^2R}{2gT^2}}}=\sqrt{2gR\left(1-\sqrt[3]{\frac{\pi^2R}{2gT^2}}\right)}.$$

注意:v_0' 是发射时相对于地心的平动参考系的速度.在地球上发射时,可以借助于地球自转的速度 u.地球自转的速度为

$$u=\frac{2\pi R}{T},$$

则最小的发射速度为

$$v_0=v_0'-u=\sqrt{2gR\left(1-\sqrt[3]{\frac{\pi^2R}{2gT^2}}\right)}-\frac{2\pi R}{T}.$$

例 3 在高 $h=200\text{ km}$ 处,大气密度为 $\rho=1.6\times10^{-10}\text{ kg/m}^3$.在这个高度上飞行着一个质

量 $m=10$ kg，横截面积 $S=0.5$ m^2 的卫星，试估计其所受空气阻力以及对卫星轨道的影响. 已知地球质量 $M=6\times10^{24}$ kg，半径 $R=6.4\times10^6$ m，引力常量 $G=6.67\times10^{-11}$ m$^3\cdot$kg$^{-1}\cdot$s^{-2}.

解：卫星在地球引力的作用下，绕地球做圆周运动，当半径为 r 时，由牛顿第二定律可得

$$G\frac{Mm}{r^2}=m\frac{v^2}{r}.$$

由此，可把卫星总机械能表示为

$$E=\frac{1}{2}mv^2-G\frac{Mm}{r}=-\frac{1}{2}G\frac{Mm}{r}.$$

假设在 Δt 时间内碰到卫星的空气最后都具有卫星的速度，则由动量定理可得卫星受到的空气阻力为

$$F_r=\frac{\rho Sv\Delta t\cdot v}{\Delta t}=\rho Sv^2=\frac{\rho SGM}{R+h}\approx4.8\times10^{-3}\ \text{N}.$$

由于空气阻力的存在，系统机械能损耗，轨道半径变小. 考虑一圈的变化，有

$$\Delta E=\frac{1}{2}\frac{GMm}{r^2}\Delta r=F_r\cdot2\pi r.$$

由此可得

$$\Delta r=\frac{4\pi\rho S(R+h)^2}{m}\approx4.4\ \text{km}.$$

卫星轨道半径变小，卫星运动速度变快，同时越接近地球大气密度越大，其所受阻力越大，卫星往往会在稠密的大气层中烧毁.

例4　宇宙中存在一些离其他恒星较远、由质量相等的3颗星组成的三星系统，通常可忽略其他星体对它们的引力作用. 已观测到稳定的三星系统存在两种基本的构成形式：一种是3颗星位于同一直线上，两颗星围绕中央星在同一半径为 R 的圆轨道上运行；另一种形式是3颗星位于等边三角形的3个顶点上，并沿外接于等边三角形的圆轨道运行. 假设每个星体的质量均为 m.

(1) 试求第一种形式下，星体运动的线速度和周期.

(2) 假设两种形式下星体的运动周期相同，第二种形式下星体之间的距离应为多少？

解：(1) 对于第一种运动情况，以中央星一边某个运动星体为研究对象，如图甲所示，它所受的万有引力

$$F_1=\frac{Gm^2}{R^2},F_2=\frac{Gm^2}{(2R)^2}.$$

根据牛顿第二定律，有

$$F_1+F_2=\frac{mv^2}{R}.$$

所以，运动星体的线速度为

$$v=\frac{\sqrt{5GmR}}{2R}.$$

设周期为 T，则有

$$T=\frac{2\pi R}{v}=4\pi\sqrt{\frac{R^3}{5Gm}}.$$

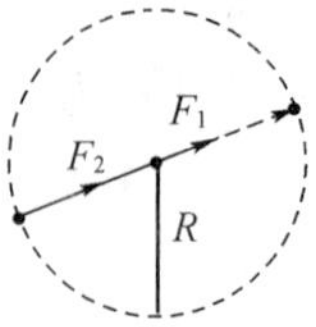

图甲

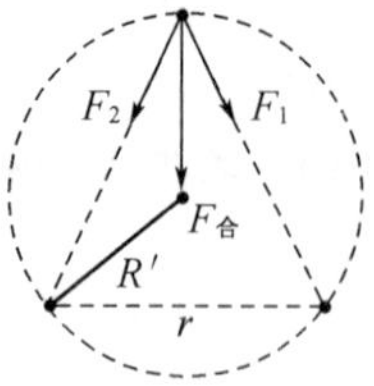

图乙

(2) 设第二种形式星体之间的距离为 r，如图乙所示，则 3 个星体做圆周运动的半径为

$$R'=\frac{r}{2\cos30^\circ}.$$

由于星体做圆周运动所需要的向心力靠其他两个星体的万有引力的合力提供，由力的合成有

$$F_{合}=2\frac{Gm^2}{r^2}\cos30^\circ.$$

根据牛顿第二定律，有 $$F_{合}=m\frac{4\pi^2}{T^2}R'.$$

解之，并代入(1)中的 T，可得 $$r=\left(\frac{12}{5}\right)^{\frac{1}{3}}R.$$

例 5 (2009 年，同济大学)某颗地球同步卫星正下方的地球表面上有一观察者，他用天文望远镜观察被太阳照射的卫星. 试问：春分那天(太阳光直射赤道)在日落后 12 h 内有多长时间观察者看不到此卫星？(已知地球半径为 R，地球表面处的重力加速度为 g，地球自转周期为 T，不考虑大气对光的折射)

解：用 m，M 分别表示卫星和地球的质量，r 表示卫星到地心的距离，有

$$G\frac{mM}{r^2}=m\left(\frac{2\pi}{T}\right)^2 r.$$

注意到 $G\frac{M}{R^2}=g$，可得 $r=R\left(\frac{gT^2}{4\pi^2R}\right)^{\frac{1}{3}}$.

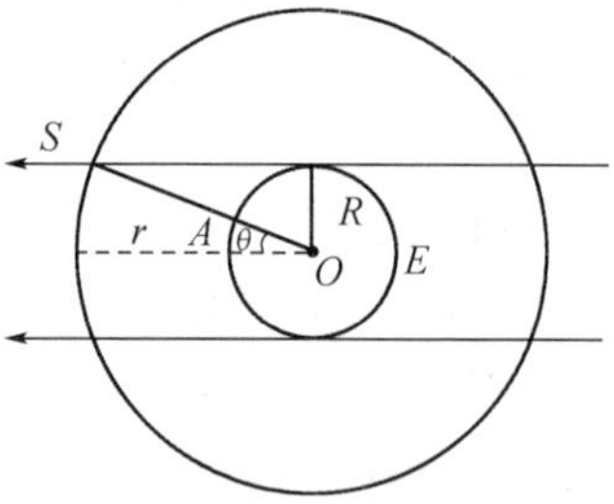

春分时，太阳光直射地球赤道，如图所示，图中圆 E 表示赤道，S 表示卫星，A 表示观察者，O 表示地心. 由右图可看出当卫星 S 绕地心 O 转到图示位置以后(设地球自转沿图中逆时针方向)，其正下方的观察者将正好看不见它. 据此再考虑到对称性，有

$$r\sin\theta=R.$$

可得观察者看不到卫星的时间为

$$t=\frac{2\theta}{2\pi}T=\frac{T}{\pi}\arcsin\left(\frac{4\pi^2R}{gT^2}\right)^{\frac{1}{3}}.$$

例 6 如图所示，一质量为 m 的登月飞船，在离月球表面高度 h 处绕月球做圆周运动. 飞船采用如下登月方式：当飞船位于点 A 时，它向外侧短时间喷射出气流，使飞船与月球相切地到达点 B，且 OA 与 OB 垂直. 飞船所喷气体相对飞船的速度 $u=1.00\times10^4\ \mathrm{m\cdot s^{-1}}$. 试问：登月飞船在登

练　习

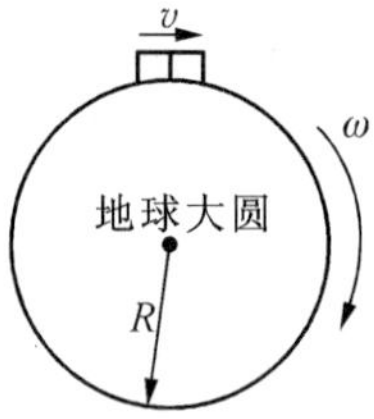

1. (2011 年，东南大学夏令营)19 世纪匈牙利物理学家厄缶指出："沿水平地面向东运动的物体，其重量一定要减轻."后来，人们常把这类物理现象称为"厄缶效应".已知：地球的半径为 R，地球的自转周期为 T. 如图所示，在地球赤道附近的地平线上，有一列质量是 M 的列车，如果仅考虑地球自转的影响，列车静止时对轨道的压力为 N. 若该列车以速率 v(v 为相对地面的速度)沿水平轨道匀速向东行驶，则此时火车对轨道的压力为 N'，那么单纯由于该火车向东行驶而引起火车对轨道压力的减轻量($N-N'$)是多大?

2. (2010 年，南大强化班)已知：地球表面的重力加速度为 g，地球绕太阳运动的公转周期为 T，太阳视角为 $\theta=0.5°$，地球上 1°纬度长度为 100 km. 求地球与太阳的密度比.

3. (2010 年，清华大学等 5 校联考)一个卫星在半径为 $3R$(R 为地球半径)的轨道上运动，后来发射出一个探测器，该探测器的速度刚好可以脱离地球的引力场. 然后卫星开始做椭圆运动，近地点距地球中心为 nR($n\to3$)，远地点距地球中心为 $6R$. 求卫星与探测器的质量比.(忽略发射探测器过程中喷气质量的减少)

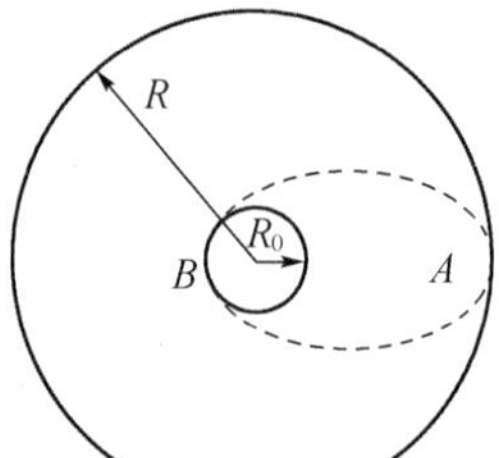

4. (2002 年，上海交通大学)飞船沿半径为 R 的圆周绕地球运动，如果飞船要返回地面，可在轨道上某一点 A 处将速率降低到适当数值，从而使飞船沿着以地心为焦点的椭圆轨道运动. 椭圆与地球表面在 B 点相切，如右图所示，求飞船由 A 点到 B 点所需的时间.(已知地球半径为 R_0，地球表面的重力加速度为 g)

5. (2013 年，卓越联盟)如图所示，卫星绕地球旋转，一开始位于圆轨道Ⅰ(半径为 R)，然后变轨到椭圆轨道Ⅱ，继之再变轨到圆轨道Ⅲ(半径为 r)，则卫星在Ⅰ→Ⅱ→Ⅲ过程中，下面正确的是　(　　)

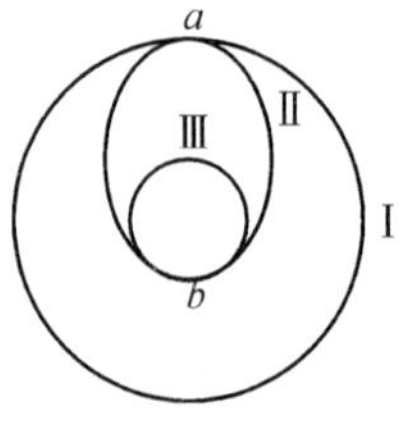

A. 在 a 处且在Ⅰ轨道时，$v=\sqrt{\dfrac{GM}{R}}$

B. 在 a 处且在Ⅱ轨道时，$v=\sqrt{\dfrac{GM}{R}}$

C. 在 b 处且在Ⅲ轨道时，$a=\dfrac{GM}{r^2}$

D. 在 b 处且在Ⅱ轨道时，$a=\dfrac{GM}{r^2}$

6. (2013 年，北约)将地球的半径 R、自转周期 T、地面重力加速度 g 取为已知量，则地球的同步卫星的轨道半径为________R，此轨道速度与第一宇宙速度的比值为________.

7. (2014 年，卓越联盟)"嫦娥"二号飞行器绕月球做近月圆周运动，已知其周期为 T，引力常量为 G，月球半径为 R，月球密度为________，月球表面的重力加速度为________.

参考答案

1. $N-N'=M\left(\dfrac{v^2}{R}+\dfrac{4\pi v}{T}\right)$　2. 3.58　3. 15.6 或 0.19　4. $\dfrac{\pi(R+R_0)}{2R_0}\sqrt{\dfrac{R+R_0}{2g}}$　5. ACD

6. $\sqrt[3]{\dfrac{gT^2}{4\pi^2R}}$ $\left(\dfrac{2\pi}{T}\right)^{\frac{1}{3}}\left(\dfrac{R}{g}\right)^{\frac{1}{6}}$ 7. $\dfrac{3\pi}{GT^2}$ $\dfrac{4\pi^2R}{T^2}$

6.2 电 磁 力

一个带电量为 q 的粒子在电磁场中以速度 $\boldsymbol{v}$ 运动，其所受电磁力由洛伦兹伦公式决定，即

$$\boldsymbol{f}=q(\boldsymbol{E}+\boldsymbol{v}\times\boldsymbol{B})$$

这个公式也是电场和磁场的定义式，其中，第一项称为电场力，第二项称为磁场力，有时又称为洛伦兹力。

洛伦兹力作用于载流导线中的电子，进而表现为作用于载流导线上的安培力。作用于电流元上的安培力可写为

$$\mathrm{d}\boldsymbol{F}=I\mathrm{d}\boldsymbol{l}\times\boldsymbol{B}$$

由此可通过积分求得磁场中任意形状的导线所受安培力。

一个载流 I 的方形线框放到均匀磁场中虽然所受合磁场力为零，但会受到一个合力矩为

$$\boldsymbol{M}=\boldsymbol{m}\times\boldsymbol{B}$$

其中 $\boldsymbol{m}=I\boldsymbol{S}$为磁偶极矩，$S$ 为线框面积，方向由右手法则确定：四个手指伸向电流方向，大拇指所伸方向即为面积和磁矩方向。

粒子在电磁场中运动受到电磁力作用，这是力电结合的一类重要问题，解决问题的基本方法还是力学方法，不过要注意力的特点：洛伦兹力不做功，但安培力是要做功的；重力和静电场力做功与路径无关，做正功则势能减小，做负功则势能增大. 另外要注意场的区域性，注意分析运动过程.

例 1 （2009 年，同济大学）如图所示，金属架平面与水平面平行，质量为 m、长度为 L 的硬金属线 ab 的两端用绝缘线吊着并与框接触，处在匀强磁场中. 当闭合开关 S 时，ab 通电随即摆起的高度为 h，则在通电的瞬间，通过导体截面的电荷量 $Q=$_________.

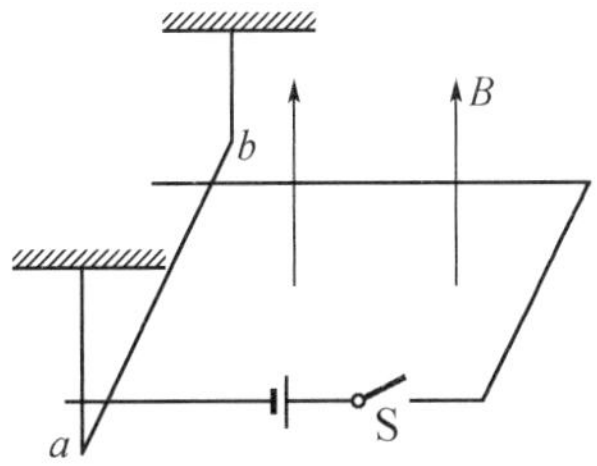

解：金属棒通电后由于安培力的冲量作用获得动量，根据动量定理有

$$\sum BIL\Delta t=BL\sum I\Delta t=BLQ=mv_0-0.$$

金属棒脱离金属架平面后摆起，根据机械能守恒有

$$mgh=\frac{1}{2}mv_0^2.$$

故
$$Q=\frac{mv_0}{BL}=\frac{m}{BL}\sqrt{2gh}.$$

注:安培力的冲量$\sum BIL\Delta t=BL\sum I\Delta t=BLQ$,这对处理问题非常关键.

例 2 (2011 年,复旦大学)要把动能、速度方向都相同的质子和 α 粒子分离开,如果分别用匀强电场和匀强磁场,则可行的方法是 ( )

A. 只能用电场
B. 只能用磁场
C. 电场和磁场都可以
D. 电场和磁场都不行

解:让粒子速度 v_0 垂直于匀强电场的场强 E,则在垂直电场方向上通过距离 x 时,电场方向上的位移

$$y=\frac{1}{2}\cdot\frac{qE}{m}\cdot\frac{x^2}{v_0^2}=\frac{qEx^2}{4E_k}.$$

因为质子和 α 粒子的电荷量 q 不同,故 x 相同时 y 不相同.

由 $Bqv=\frac{mv^2}{R}$ 得

$$R=\frac{mv}{Bq}=\frac{\sqrt{2mE_k}}{Bq}.$$

在题设条件下,有 $R_H=R_\alpha$,故利用磁场无法分开质子和 α 粒子.

本题答案为 A.

例 3 如图所示,在 $x>0$ 的空间中,存在沿 x 轴正方向的匀强电场,电场强度 $E=10$ N/C;在 $x<0$ 的空间中,存在垂直 xOy 平面方向向内的匀强磁场,磁感应强度 $B=0.5$ T. 有一个带负电的粒子(比荷 $\frac{q}{m}=160$ C/kg)在 $x=0.06$ m 处的 d 点以 $v_0=8$ m/s 的初始速度沿 y 轴正方向开始运动,不计带电粒子的重力. 求:

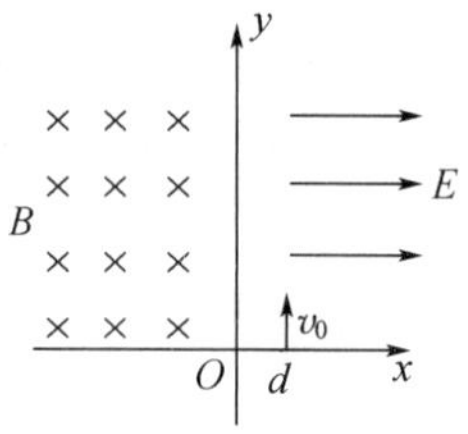

(1) 带电粒子开始运动后第一次通过 y 轴时与 y 轴的交点距 O 点的距离.

(2) 带电粒子进入磁场后经多长时间返回电场.

(3) 带电粒子运动的周期.

解:(1) 对于带电粒子在电场中的运动有 $a=\frac{qE}{m}$,$d=\frac{1}{2}at^2$,第一次通过 y 轴时与 y 轴的交点到 O 点的距离 $y_1=v_0t$,将数据代入以上 3 式解得 $y_1\approx0.069$ m.

(2) 带电粒子通过 y 轴时沿 x 轴方向的速度 $v_x=\frac{qE}{m}t=8\sqrt{3}$ m/s,$v_y=v_0=8$ m/s,设进入磁场时带电粒子的速度方向与 y 轴正方向的夹角为 θ,$\tan\theta=\frac{v_x}{v_y}=\frac{8\sqrt{3}}{8}=\sqrt{3}$,$\theta=60°$,所以带电粒子在磁场中做圆周运动所对应的圆心角 $\alpha=2\theta=120°$. 带电粒子在电磁场中的运动轨迹如图所示. 带电粒子在磁场中做匀速圆周运动的周期 $T=\frac{2\pi m}{qB}$,在磁场中运动的时间 $t_2=\frac{1}{3}T=\frac{\pi}{120}$ s ≈0.026 s.

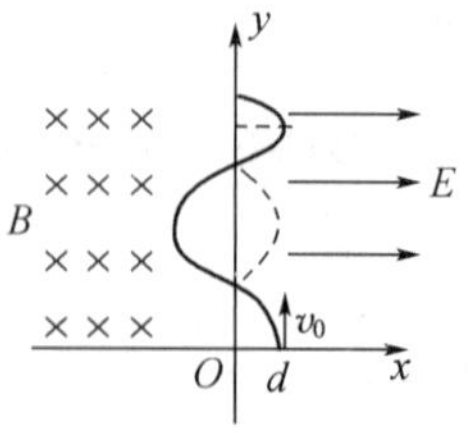

(3) 粒子从开始至第一次到达 y 轴的时间 $t_1=\sqrt{\frac{2d}{Eq/m}}=\frac{\sqrt{3}}{200}\text{s}\approx 0.009\text{ s}$，从磁场再次回到电场中的过程(未进入第二周期)是第一次离开电场的逆过程，据对称性有 $t_3=t_1$，因此粒子的运动周期 $T=t_1+t_2+t_3=0.043\text{ s}$.

例 4 (2014 年，北约)如图所示，区域中一部分有匀强磁场，另一部分有匀强电场. 一个带正电的粒子，从 A 点以速率 v 出发，从某一未知方向射入匀强磁场，经过 t_1 时间运动到磁场与电场交界处 D 点，此时速度方向垂直于两个场的分界线，此后粒子在电场的作用下，经过 t_2 时间从 C 点离开电场. 已知磁场宽度为 l_1，电场宽度为 l_2，A 与 D 点的水平距离为 d，粒子初始速率为 v.

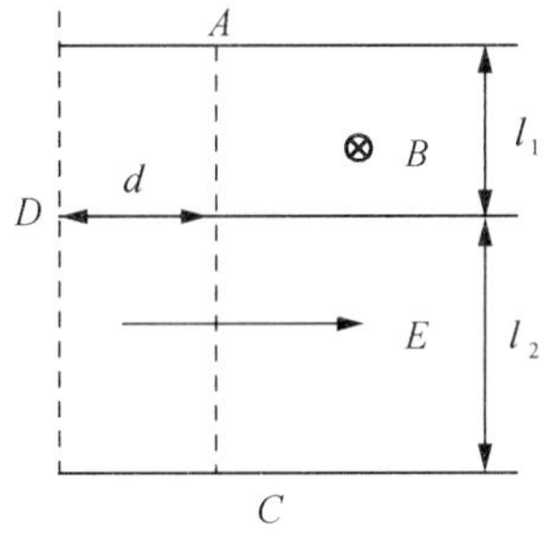

(1) 求整个运动过程中粒子的最大速度 $v_{\max}$.

(2) 求 B/E.

(3) 求 t_1/t_2.

解：(1) 如图所示，画出带电粒子的运动轨迹. 从 A 到 D 为磁场中的匀速圆周运动；粒子进入电场后，因为刚进入电场时速度方向与两场交界垂直，所受电场力水平向右，故从 D 到 C 为做类平抛运动. 竖直方向为匀速直线运动，运动时间为 $t_2=\frac{l_2}{v}$；水平方向为初速度为 0 的匀加速直线运动，故有

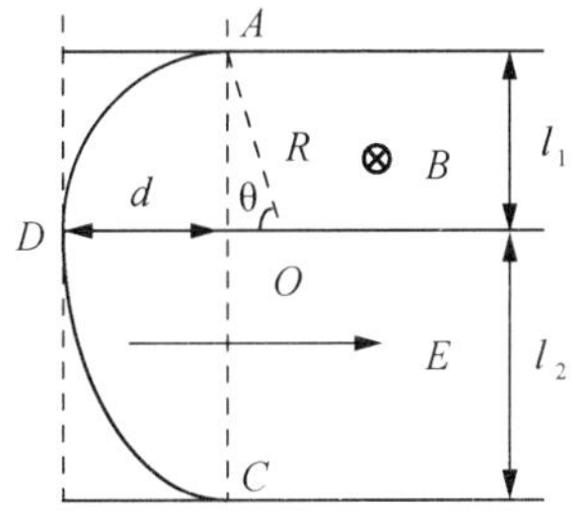

$$d=\frac{1}{2}(0+v_{C,\text{水平}})t_2=\frac{1}{2}v_{C,\text{水平}}\,\frac{l_2}{v}.$$

从而可得粒子到达 C 点时的水平速度为

$$v_{C,\text{水平}}=\frac{2d}{l_2}v.$$

粒子的最大速度出现在离开电场区域时刻，为竖直方向的速度(即初速度 v)，与水平方向速度 $v_{C,\text{水平}}$ 的合成，即

$$v_{\max}=\sqrt{v^2+v_{C,\text{水平}}^2}=v\sqrt{1+\left(\frac{2d}{l_2}\right)^2}.$$

(2) 从 A 到 D，粒子在磁场中做匀速圆周运动. 由勾股定理有

$$l_1^2+(R-d)^2=R^2,$$

易得圆周运动半径为

$$R=\frac{l_1^2+d^2}{2d}.$$

由圆周运动的牛顿第二定律，有

$$qvB=m\frac{v^2}{R}.$$

可得

$$B=\frac{mv}{qR}=\frac{mv}{q}\cdot\frac{2d}{l_1^2+d^2}.$$

从 D 到 C,在电场力作用下,粒子在水平方向做初速度为 0 的匀加速直线运动,因此

$$d=\frac{1}{2}\frac{qE}{m}t_2^2=\frac{1}{2}\frac{qE}{m}\left(\frac{l_2}{v}\right)^2.$$

故得

$$E=\frac{2mdv^2}{ql_2^2}.$$

于是可得

$$\frac{B}{E}=\frac{\frac{mv}{q}\cdot\frac{2d}{l_1^2+d^2}}{\frac{2mdv^2}{ql_2^2}}=\frac{1}{v}\cdot\frac{l_2^2}{l_1^2+d^2}.$$

(3) 从几何关系,易得粒子在磁场中的运动轨迹所对应的圆心角为

$$\theta=\arcsin\frac{l_1}{R}=\arcsin\frac{2dl_1}{l_1^2+d^2},$$

则

$$t_1=\frac{R\theta}{v}=\frac{1}{v}\frac{l_1^2+d^2}{2d}\arcsin\frac{2dl_1}{l_1^2+d^2}.$$

于是可得

$$\frac{t_1}{t_2}=\frac{t_1}{l_2/v}=\frac{l_1^2+d^2}{2dl_2}\arcsin\frac{2dl_1}{l_1^2+d^2}.$$

例 5 (2006 年,复旦大学;2011 年,北约)在惯性系 S 中有匀强电场 E,其方向如图所示.在电场中与电场方向平行的一条直线上,有两个静止的小球 A 和 B,两小球的质量均为 m. A 球带电 $Q(Q>0)$,B 球不带电.开始时两球相距 L,在电场作用下,A 球开始沿直线运动,并与 B 球发生弹性正碰,设各次碰撞中,A,B 无电荷量转移,万有引力可忽略,问:

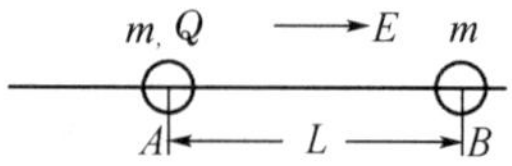

(1) A 球经历多长时间与 B 球发生第 1 次碰撞?

(2) 第 1 次碰撞后,A,B 小球的速度各为多大?

(3) 以后 A,B 两球不断地再次碰撞的时间间隔会相等吗?如果相等,请计算该时间间隔 T;如果不相等,请说明理由.

解:(1) A 球在电场力作用下做匀加速直线运动,有

$$ma=QE, L=\frac{1}{2}at_1^2,$$

则 A 球从开始到与 B 球发生第 1 次碰撞经历的时间为

$$t_1=\sqrt{\frac{2mL}{QE}}.$$

(2) 已知 A 与 B 碰撞前的速度为 $v_0=at_1=\sqrt{\frac{2QEL}{m}}$.

第一次碰撞后 A,B 的速度分别为 v_{A1},v_{B1},由动量守恒和动能守恒可得

$$mv_0=mv_{A1}+mv_{B1},$$

$$\frac{1}{2}mv_0^2=\frac{1}{2}mv_{A1}^2+\frac{1}{2}mv_{B1}^2.$$

由此可得 $$v_{A1}=0,v_{B1}=v_0=\sqrt{\frac{2QEL}{m}}.$$

(3) 第1次碰撞后,B 球向右做匀速直线运动,A 球又开始向右做初速度为0的匀加速直线运动,当追上 B 后发生第2次碰撞,此期间 A,B 运动路程相同,有

$$\frac{1}{2}at_2^2=v_0t_2,$$

则 $$t_2=\frac{2v_0}{a}=2t_1.$$

第2次碰撞前 A,B 的速度分别为 $v'_{A1}=2v_0$,$v'_{B1}=v_0$.碰撞过程满足动量守恒和动能守恒,碰后两球速度交换,即 $$v_{A2}=v_0,v_{B2}=2v_0.$$

第2次碰撞后,B 球向右做匀速直线运动,A 球开始向右做初速度为 v_0 的匀加速直线运动,当追上 B 后发生第3次碰撞,此期间 A,B 运动路程相同,有

$$v_0t_3+\frac{1}{2}at_3^2=2v_0t_3,$$

则 $$t_3=\frac{2v_0}{a}=2t_1=t_2.$$

分析以后的连续碰撞后发现,相邻两次碰撞的时间间隔相同,都为

$$T=2t_1=2\sqrt{\frac{2mL}{QE}}.$$

注:在2011年北约考试中,该题基本内容不变,只是问题变为"求 A,B 两球发生第8次碰撞到发生第9次碰撞之间的时间间隔",答案即为本题时间 T.

例6 (2013年,北约)如图所示,在一竖直平面内有水平匀强磁场,磁感应强度 B 的方向垂直该竖直平面向里.竖直平面内的 a,b 两点在同一水平线上,两点相距 l.电荷量 $q>0$,质量为 m 的质点 P,以初速度 v 从 a 对准 b 水平射出.略去空气阻力,不考虑 P 与地面接触的可能性,设定 q,m 和磁场大小 B 均为不可改取的给定量.

(1) 若无论 l 取什么值,均可使 P 经直线运动通过 b 点,求初速度 v 的取值 v_1.

(2) 若 v 为(1)问可取值之外的值,则 l 取哪些值,可使 P 必定会经曲线运动通过 b 点?

(3) 对每一个满足(2)问要求的 l 值,计算各种可能的曲线运动对应的 P 从 a 点到 b 点所经过的时间.

(4) 对每一个满足(2)问要求的 l 值,P 能否从 a 点由静止释放后也通过 b 点?若能,求 P 在以后运动过程中可达到的最大运动速率 v_{max}.

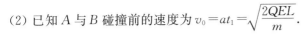

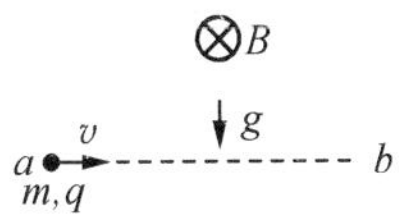

解:(1) 由于 P 做直线运动,故在垂直直线 ab 的方向上合力为 0,即

$$mg - qv_1B = 0.$$

于是得满足题目要求的速度为

$$v_1 = \frac{mg}{qB}.$$

(2) 如果速度不是 v_1,不妨假设 $v=v_1-\Delta v$,这时 P 点所受外力的总合力为

$$F_{合} = q\Delta vB.$$

其方向向下.这样质点 P 一方面以速度 v_1 沿直线 ab 运动,另一方面做速度大小为 Δv 的匀速率圆周运动.以 a 点为原点、ab 为 x 轴,建立直角坐标系,粒子合运动的轨迹为滚轮线,如右图所示.

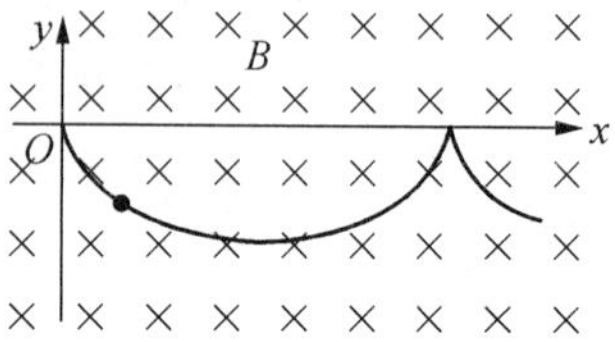

由牛顿第二定律可得

$$q\Delta vB = m\frac{(\Delta v)^2}{R}.$$

容易得到其运动周期为

$$T = \frac{2\pi R}{\Delta v} = \frac{2\pi m}{qB}.$$

这样在经过整数 n 个周期后,P 又回到直线上.这时 P 相对于出发点 a 的位移为

$$x(n) = v_1 nT = \frac{mg}{qB}n\frac{2\pi m}{qB}.$$

若要 P 必定会经曲线运动通过 b 点,则要求 a,b 间的距离为

$$l = x(n) = \frac{2\pi nm^2g}{q^2B^2}. \quad (n = 1,2,3,\cdots)$$

(3) 对每一个满足(2)问要求的 l 值,P 从 a 到 b 经过的时间为

$$t = nT = \frac{2\pi nm}{qB}. \quad (n = 1,2,3,\cdots)$$

(4) 注意到在(2)问和(3)问的解答过程中,并未限制 Δv 的具体大小,若取 $\Delta v=v_1$,则

$$v = v_1 - \Delta v = v_1 - v_1 = 0.$$

这就意味着 P 从静止开始运动.因而从前面的讨论可以知道,对每一个满足(2)问要求的 l 值,P 从 a 由静止释放后都可以通过 b.

由运动合成易知,P 在以后的运动过程中可达到的最大运动速率 v_{max} 为

$$v_{max} = v_1 + \Delta v = v_1 + v_1 = 2v_1 = \frac{2mg}{qB}.$$

注:此题原为俄罗斯物理竞赛题,2008 年江苏高考卷也有相关的考题,但在最后一问中增加了向上的匀强电场,考查质点在轨迹任意处的速度.

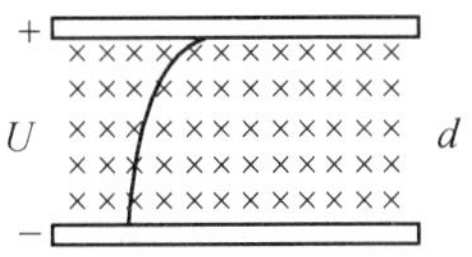

例7 (2014年，卓越联盟)一个平行板电容器，间距为 d，电压为 U，上极板带正电，下极板带负电，有正交于电场的磁场，垂直纸面向里，下极板有一个电子(e, m)由静止释放，其运动轨迹恰与上极板相切，求：

(1) 磁场的磁感应强度大小.

(2) 当电子运行到上极板时，其轨迹的曲率半径(等效于匀速圆周运动的半径).

解：(1) 构造速度，向左构造速度 v，则向右也为 v. 如右图所示，向右运动的速度需使电场力与磁场力平衡，则有

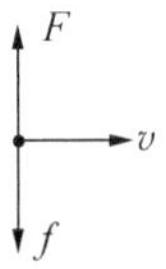

$$Bev = Ee, 即\ v = \frac{E}{B} = \frac{U}{Bd}.$$

如右图所示，向左运动的速度只受磁场力影响，做圆周运动. 总的运动等价于一个匀速直线运动和圆周运动的叠加，为旋轮线运动. 如下图所示.

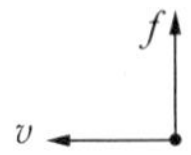

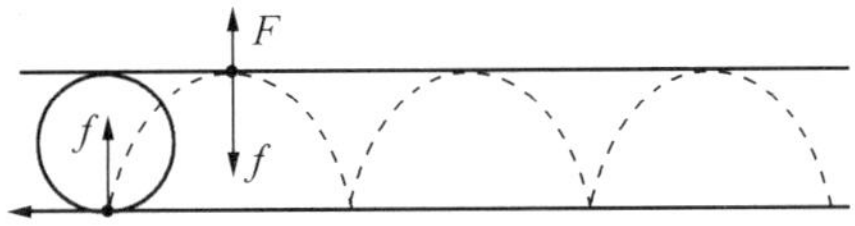

电子恰好不打到上极板，则圆周运动的直径等于极板间距：

$$d = 2R = 2\frac{mv}{Be} = \frac{2mU}{B^2 ed},$$

则
$$B = \sqrt{\frac{2mU}{ed^2}}.$$

(2) 运动到顶点处的速度为圆周运动与直线运动的速度叠加，故

$$v' = 2v,$$

则受力为

$$F = 2Bev - Ee = Ee = \frac{Ue}{d}.$$

加速度为

$$a = \frac{F}{m} = \frac{Ue}{md}.$$

曲率半径为

$$\rho = \frac{v'^2}{a} = \frac{4v^2 md}{Ue} = \left(\frac{U}{Bd}\right)^2 \cdot \frac{4md}{Ue} = \frac{4mU}{B^2 ed} = 4R = 2d.$$

练　习

1. 电视机的显像管中，电子束的偏转是用磁偏转技术实现的. 电子束经过电压为 U 的加速电场后，进入一圆形匀强磁场区，如图所示. 磁场方向垂直于圆面，磁场区的中心为 O，半径为 r. 当

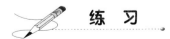

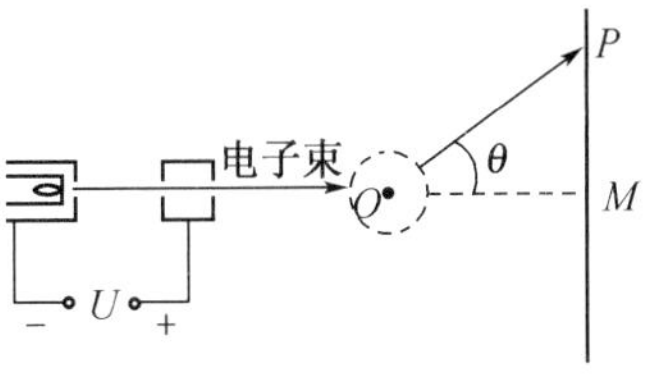

不加磁场时，电子束将通过O点而打到屏幕的中心M点. 为了让电子束射到屏幕边缘P，需要加磁场，使电子束偏转一已知角度θ，此时磁场的磁感应强度B应为多少？

2. (2010年，北京大学等3校联考) 如图所示，直角坐标系中，$y>0$的范围内有匀强磁场B，$y<0$的范围内有竖直向下的电场E，$P(-3l,0)$，$Q(0,4l)$为坐标轴上的两点，一个质量为m、电荷量为$-q$的粒子从O点出射，速度v与x轴正方向的夹角为φ，一直沿O，P，Q围成的闭合图形运动. 求：

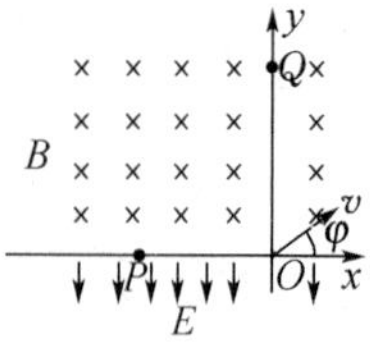

(1) 粒子的运动速度v及φ.

(2) 场强的大小E.

3. (2009年，东南大学)如图所示，磁感应强度为B的条形匀强磁场区域的宽度都是d_1，相邻磁场区域的间距为d_2，x轴的正上方有一电场强度大小为E、方向与x轴和B均垂直的匀强电场区域. 将质量为m、带电荷量为$+q$的粒子从x轴正上方h高度处自由释放(重力忽略不计).

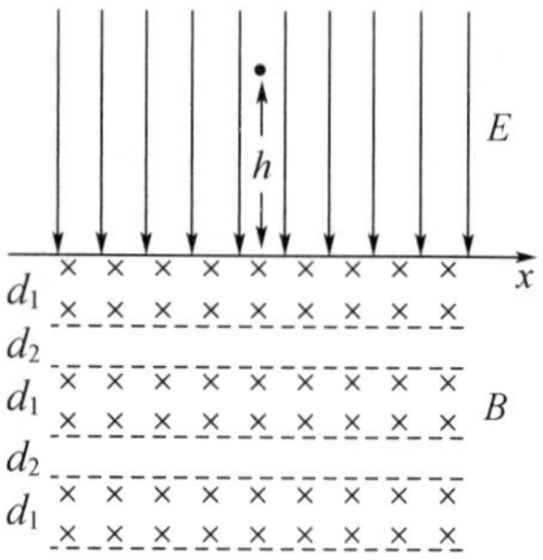

(1) 求粒子在磁场区域做圆周运动的轨道半径r.

(2) 若粒子只经过第1和第2个磁场区域回到x轴，求自释放到回到x轴需要的时间t.

(3) 若粒子以初速度v_0从h处沿x轴正方向水平射出后，最远到达第k个磁场区域并回到x轴. 求d_1，d_2应该满足的条件.

4. 在磁感应强度为B的匀强磁场中某处，一电子枪发射大量初速度为v_0的电子，速度与磁场强度方向的夹角不尽相同但均很小，试求这些电子再次相聚(磁聚焦)时离发射点的距离.

参考答案

1. $\frac{1}{r}\sqrt{\frac{2mU}{e}}\tan\frac{\theta}{2}$　2. (1) $\frac{5Bql}{2m}$　$37°$　(2) $\frac{2B^2ql}{m}$　3. (1) $\sqrt{\frac{2mEh}{qB^2}}$

(2) $\sqrt{\frac{2hm}{qE}}+\frac{2d_2m}{\sqrt{2mqEh-(qBd_1)^2}}+\frac{\pi m}{qB}$　(3) $\frac{m}{qBk}\left(\sqrt{v_0^2+\frac{2qEh}{m}}-v_0\right)<d_1<\frac{m}{qB(k-1)}\cdot\left(\sqrt{v_0^2+\frac{2qEh}{m}}-v_0\right)$，$d_2$无限制　4. $\frac{2\pi m_e v_0}{eB}$

第7章 电场与导体

静止电荷产生静电场，其性质由高斯定理和环路定理描述. 将导体置于静电场中，导体表面的电荷重新分布，最终达到平衡. 在导体中通以稳恒电流的情况下，电荷的分布也是不变的，因而可像静电场一样引入电势的概念.

7.1 电　　场

电场强度 E 由试验点电荷 q 在电场中所受的电场力 $F=qE$ 定义，则由库仑定律可得点电荷的电场为(ε_0 为真空中介电常数)

$$\boldsymbol{E}=\frac{q}{4\pi\varepsilon_0 r^2}\boldsymbol{e}_r.$$

该电场具有球对称性，为平方反比律. 若将该电荷置于高斯球面中心，取面元法向朝外，则电场通过整个球面的通量为

$$\Phi_e=\oint_S \boldsymbol{E}\cdot \mathrm{d}\boldsymbol{S}=\frac{q}{4\pi\varepsilon_0 r^2}\oint_S \mathrm{d}S=\frac{q}{\varepsilon_0}.$$

若电荷偏离中心，但还在球面内，该式也成立. 当将电荷移出球面，电场线有进有出，则结果为 0. 由于电场满足叠加原理，该式普遍成立，称为高斯定理.

点电荷的电场还有一个特性，即为中心对称场，沿任何闭合环路的环量为 0，因而可像保守力那样引进一个标量势，即电势 V，使得

$$-\mathrm{d}V=\boldsymbol{E}\cdot \mathrm{d}\boldsymbol{l}.$$

若取无穷远处为电势零点，则可得点电荷的电势为

$$V=\int_r^{\infty}\boldsymbol{E}\cdot \mathrm{d}\boldsymbol{l}=\int_r^{\infty}\frac{1}{4\pi\varepsilon_0}\frac{q}{r^2}\mathrm{d}r=\frac{q}{4\pi\varepsilon_0}\frac{1}{r}.$$

有了点电荷的电场和电势公式，原则上可以由叠加原理得到任意带电体系的电场和电势. 一个均匀带电球面(如图)在 P 点的电场和电势为

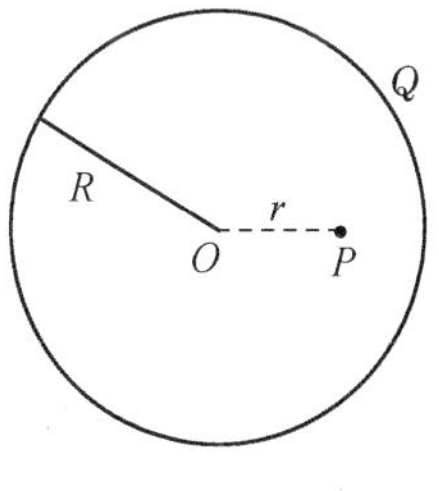

$$E=0,V=\frac{Q}{4\pi\varepsilon_0 R}.\ (r<R)$$

$$E=\frac{Q}{4\pi\varepsilon_0 r^2},V=\frac{Q}{4\pi\varepsilon_0 r}.\ (r>R)$$

另一个常用结果是面电荷密度为 σ 的无限大带电平面，其场强为

$$E=\frac{\sigma}{2\varepsilon_0}.$$

例 1 如图所示，半径为 R 的圆环均匀带电，电荷线密度为 λ，圆心在 O 点，过圆心与环面垂直的轴线上有一点 P，$PO=x$. 求 P 点的电场和电势.

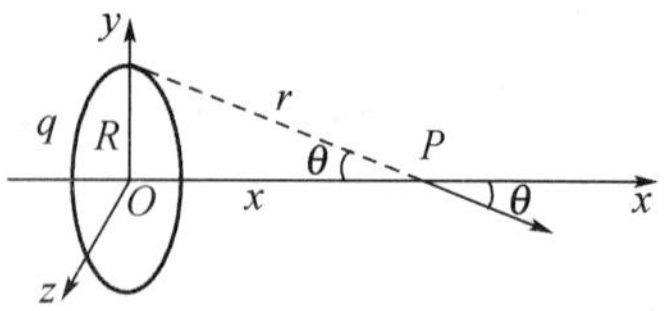

解：在环上取电荷微元 $dq=\lambda dl$，其产生的电场微元为

$$d\boldsymbol{E}=\frac{1}{4\pi\varepsilon_0}\frac{\lambda dl}{r^2}\boldsymbol{e}_r.$$

根据对称性，P 点电场只有 x 方向分量，故

$$E=\int_l dE_x=\int_l dE\cos\theta=\int\frac{\lambda dl}{4\pi\varepsilon_0 r^2}\cdot\frac{x}{r}$$

$$=\int_0^{2\pi R}\frac{x\lambda\, dl}{4\pi\varepsilon_0 r^3}=\frac{2\pi R\lambda x}{4\pi\varepsilon_0(x^2+R^2)^{\frac{3}{2}}}$$

$$=\frac{R\lambda x}{2\varepsilon_0(x^2+R^2)^{\frac{3}{2}}}.$$

$$\boldsymbol{E}=\frac{R\lambda x}{2\varepsilon_0(x^2+R^2)^{\frac{3}{2}}}\boldsymbol{i}.$$

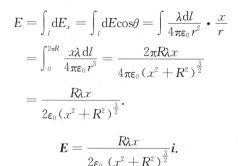

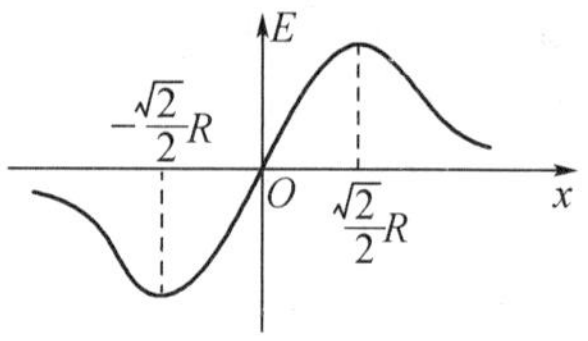

简单讨论：如果 $x\gg R$，$E=\dfrac{R\lambda x}{2\varepsilon_0 x^3\left(1+\dfrac{R^2}{x^2}\right)^{\frac{3}{2}}}\approx\dfrac{R\lambda}{2\varepsilon_0 x^2}$，相当于点电荷；如果 $x\approx 0$，$E_0\approx 0$，符合对称性. 电场分布关于圆心具有对称性，并有极值，位置可由一阶导数决定（也可借三角函数用初等方法求解）：

$$\frac{dE}{dx}=0,\text{解得 } x=\pm\frac{\sqrt{2}}{2}R.$$

以无穷远处为零点，电荷微元产生的电势为

$$dV_P=\frac{1}{4\pi\varepsilon_0}\frac{dq}{r}.$$

电势为标量，则有

$$V_P=\frac{1}{4\pi\varepsilon_0 r}\int dq=\frac{q}{4\pi\varepsilon_0 r}=\frac{2\pi R\lambda}{4\pi\varepsilon_0\sqrt{x^2+R^2}}=\frac{R\lambda}{2\varepsilon_0\sqrt{x^2+R^2}}.$$

注：2009 年同济大学自主招生考试只要求求解 P 点的电势. 注意当 x 有微元变化时，根据电势和电场的微元关系 $-dV=E_x dx$，也可由电势求导得到电场.

例2　(2006,上海;2017,东南大学)电偶极子模型是指电荷量为 q、相距为 l 的一对正负点电荷组成的电结构,O 是中点,电偶极子的方向为从负电荷指向正电荷,用图甲所示的矢量表示.科学家在描述某类物质的电性质时,认为物质是由大量的电偶极子组成的,平时由于电偶极子的排列方向杂乱无章,因而该物质不显示带电的特性.当加上外电场后,电偶极子绕其中心转动,最后都趋向于沿外电场方向排列,从而使物质中的合电场发生变化.

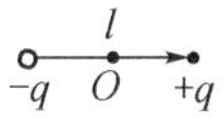

图甲

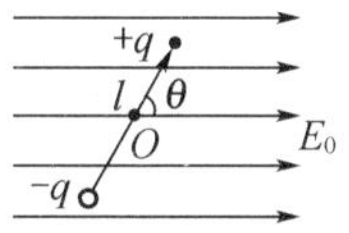

图乙

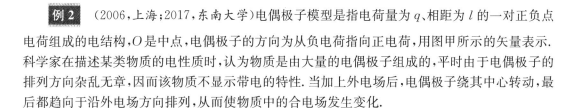

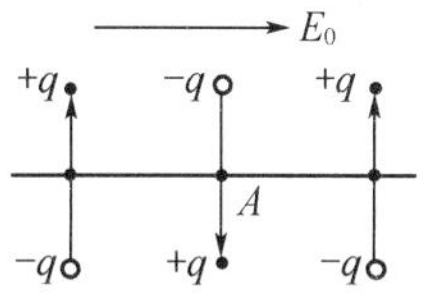

图丙

(1) 如图乙所示,有一电偶极子放置在电场强度为 E_0 的匀强外电场中,若电偶极子的方向与外电场方向的夹角为 θ,求作用在电偶极子上的电场力绕 O 点的力矩.

(2) 求图乙中的电偶极子在力矩的作用下转动到外电场方向的过程中,电场力所做的功.

(3) 求电偶极子在外电场中处于力矩平衡时,其方向与外电场方向夹角的可能值及相应的电势能.

(4) 现考察物质中的3个电偶极子,其中心在一条直线上,初始时刻如图丙排列,它们相互间隔的距离恰等于 l,加上外电场 E_0 后,3个电偶极子转到外电场方向,若在图中 A 点处引入一电荷量为 $+q_0$ 的点电荷($+q_0$ 很小,不影响周围电场的分布),求该点电荷所受电场力的大小.

解:(1) $+q$ 所受电场力的力矩　$M_1 = qE_0\dfrac{l}{2}\sin\theta.$

$-q$ 所受电场力的力矩　$M_2 = qE_0\dfrac{l}{2}\sin\theta.$

电偶极子所受电场力的力矩　$M = M_1 + M_2 = qE_0 l\sin\theta.$

注:力矩可写成矢量式 $\boldsymbol{M}=\boldsymbol{p}\times\boldsymbol{E}$,其中 $\boldsymbol{p}=q\boldsymbol{l}$ 为电偶极子的电偶极矩,式中 $\boldsymbol{l}$ 的方向由负电荷指向正电荷.

(2) 电场力对 $+q$ 做功　$W_1 = qE_0\dfrac{l}{2}(1-\cos\theta).$

电场力对 $-q$ 做功　$W_2 = qE_0\dfrac{l}{2}(1-\cos\theta).$

电场力对电偶极子做功　$W = W_1 + W_2 = qE_0 l(1-\cos\theta).$

(3) 任意角度 θ 时,电偶极子的势能为

$$\begin{aligned}E_p &= +qV_+ + (-q)V_- \\ &= q(V_+ - V_-) \\ &= -qE_0 l\cos\theta.\end{aligned}$$

平衡位置处,$M=qE_0 l\sin\theta=0$,得 $\theta_1=0$ 或 $\theta_2=\pi$.

$\theta_1=0$ 时,电偶极子的电势能

$$E_{p1} = -qE_0 l.$$

$\theta_2=\pi$时，电偶极子的电势能

$$E_{p2}=qE_0 l.$$

注：在外电场中的电偶极子的电势能可写成矢量式 $\boldsymbol{E}_p=-\boldsymbol{p}\cdot\boldsymbol{E}$.

(4) 3 个电偶极子沿电场方向排列后，中间的正负电荷互相抵消. 两端的正负电荷作用在 A 点处点电荷 q_0 上的电场合力为

$$F'=\frac{2\times kq_0 q}{\left(\frac{3}{2}l\right)^2}=\frac{8kq_0 q}{9l^2}.$$

外电场作用在 q_0 上的电场力为 $F_0=q_0E_0$，故 q_0 所受的电场力为

$$F=F_0-F'=q_0E_0-\frac{8kq_0 q}{9l^2}.$$

例 3 (2014 年，华约)在 x 轴上有两个点电荷 q_1 和 q_2(q_1 在 q_2 的左边). x 轴上每一点处的电势随 x 变化的关系如右图所示. 当 $x=x_0$ 时，电势为 0；当 $x=x_1$ 时，电势有最小值.(点电荷产生的电势为 $U=\frac{kq}{r}$)

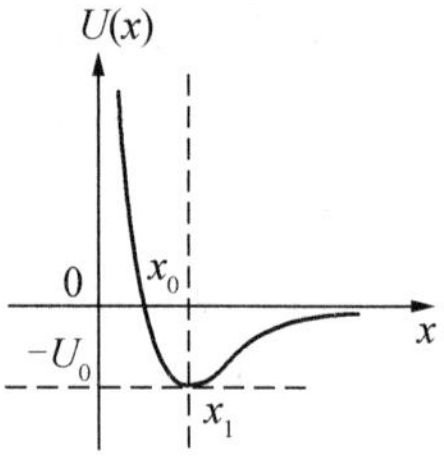

(1) 求两个电荷 q_1 和 q_2 的位置.

(2) 求两个电荷的比值 q_1/q_2.

解：由于在 $x=0$ 处，电势趋于正无穷，可知在原点有一个正电荷，即 q_1 或 q_2 在 $x=0$ 处. 假设 q_1 在原点，则 q_2 在正半轴，此时在正半轴一定有某处(即 q_2 所处位置)电势为无穷大，与图像矛盾，则只能是 q_2 在原点，q_1 在负半轴. 又由于总电势可以为负，则可知 $q_2<0$，设 q_1 位置为 $(x_2,0)$，$x_2<0$.

在 $x=x_0$ 处，总电势为 0，则

$$\frac{kq_2}{x_0}+\frac{kq_1}{x_0-x_2}=0. \quad ①$$

在 $x=x_1$ 处，电势为最低点，则电场强度为 0，有

$$\frac{kq_2}{x_1^2}+\frac{kq_1}{(x_1-x_2)^2}=0. \quad ②$$

由①②可解得

$$x_2=2x_1-\frac{x_1^2}{x_0}.$$

两点电荷位置为

$$q_1:\left(2x_1-\frac{x_1^2}{x_0},0\right).$$

$$q_2:(0,0).$$

两个电荷的比值为

$$\frac{q_1}{q_2}=-\left(1-\frac{x_1}{x_0}\right)^2.$$

练　习

1. 一个带正电荷的质点，在电场力的作用下从 A 点经 C 点运动到 B 点，已知质点运动的速率是递增的，下面关于 C 点场强方向的4个图示中正确的是　　(　　)

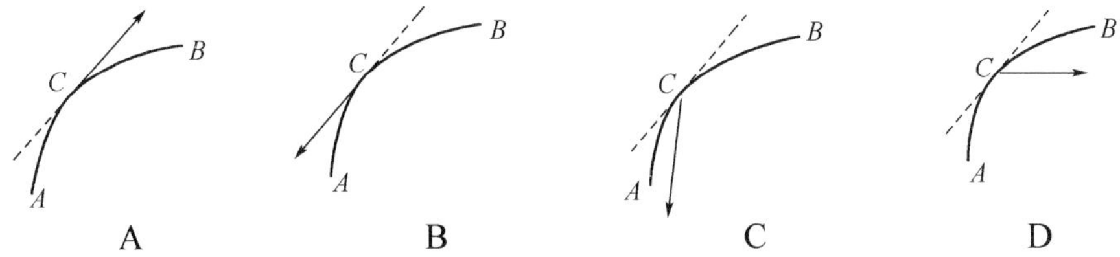

2. (2009年，清华大学)两电荷量分别为 $+q$ 和 $-q$ 的点电荷放在 x 轴上，相距 L，由库仑定律可知点电荷的场强公式为 $E=\frac{kQ}{r^2}$(式中 r 为离开点电荷的距离)，画出电荷连线上的场强 E 随 x 的分布图.

3. (2009年，浙江大学)边长为 a 的立方体8个顶点上各有一电荷量为 q 的点电荷，求它们在上底面中心 O 处形成的合场强的大小和方向.

4. 半径为 R 的半球面均匀带电，电荷密度为 σ，将一点电荷 q 由球心移至无限远处，电场力做功为　　(　　)

A. $-\frac{qR\sigma}{2\varepsilon_0}$　　　B. $\frac{qR\sigma}{2\varepsilon_0}$

C. $-\frac{R\sigma}{4\pi\varepsilon_0}$　　　D. $\frac{R\sigma}{4\pi\varepsilon_0}$

5. (2013年，华约)“顿牟掇芥”是2 000多年前我国古人对摩擦起电现象的观察记录，经摩擦后带电的琥珀能吸引小物体. 现用下述模型分析探究.

在某处固定一个电荷量为 Q 的点电荷，在其正下方 h 处有一个原子. 在点电荷产生的电场(场强为 E)作用下，原子的负电荷中心与正电荷中心会分开很小的距离 l，形成电偶极子. 描述电偶极子特征的物理量称为电偶极矩 p，$p=ql$，这里 q 为原子核的电荷量. 实验显示，$p=\alpha E$，α 为原子的极化系数，反映其极化的难易程度. 被极化的原子与点电荷之间产生作用力 F. 在一定条件下，原子会被点电荷“掇”上去.

(1) F 是吸引力还是排斥力？简要说明理由.

(2) 若固定点电荷的电荷量增加一倍，力 F 如何变化？求 $\frac{F(2Q)}{F(Q)}$ 的值.

(3) 若原子与点电荷间的距离减小一半，力 F 如何变化？求 $\frac{F\left(\frac{h}{2}\right)}{F(h)}$ 的值.

参考答案

1. D　2. 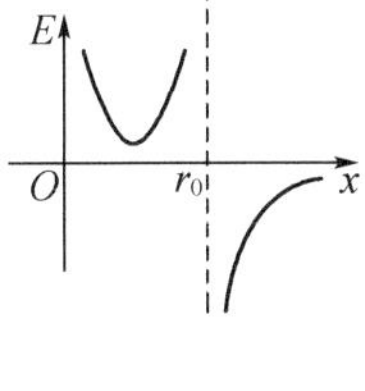　3. $\frac{2\sqrt{6}}{9\pi\varepsilon_0}\frac{q}{a^2}$　方向垂直上底面，$q>0$ 朝外，$q<0$ 朝里.　4. B

5. (1) F 为吸引力. 理由：当原子极化时，与 Q 异性的电荷移向 Q，而与 Q 同性的电荷被排斥而远离 Q. 这样异性电荷之间的吸引力大于同性电荷的排斥力，总的效果是吸引. (2) $\frac{F(2Q)}{F(Q)}=4$

(3) $\frac{F\left(\frac{h}{2}\right)}{F(h)}=32$

7.2 导　　体

静电场中的导体达到平衡的条件为：① 导体内部场强为 0，表面场强垂直于表面；② 导体为等势体.

两块导体可构成电容器，其电容定义为 $C=\frac{Q}{U}$. 平行板电容器的电容为

$$C=\frac{\varepsilon_r\varepsilon_0 S}{d}.$$

其中 ε_r 为线性介质的相对电容率. 一个电容器存储的能量为

$$W_e=\frac{Q^2}{2C}=\frac{1}{2}QU=\frac{1}{2}CU^2.$$

要使导体中形成稳恒电流，必须有电池提供稳定的电动势. 解决电路问题依靠基尔霍夫两个定律：一是节点电流定律，通过一个节点的电流代数和为 0，实际上就是电荷守恒定律；二是环路电势和为 0，此即静电场的环路定理.

在电路中，一根导线的电阻为 $R=\rho\frac{l}{S}$，根据欧姆定律 $U=RI$ 有

$$U=El=RI=\rho\frac{l}{S}I,$$

从而可有

$$\boldsymbol{j}=\sigma\boldsymbol{E}.$$

其中 $j=\frac{I}{S}$ 为电流密度，$\sigma=\frac{1}{\rho}$ 为电导率. 从经典电子论可以得到

$$\boldsymbol{j}=ne\boldsymbol{v}=ne\cdot\frac{1}{2}\frac{e\boldsymbol{E}}{m}\tau.$$

其中 n 为电子数密度，τ 为电子的平均自由时间，这可以给欧姆定律一个定性的解释.

例 1 如图所示，在一不带电的金属球旁，有一点电荷 $+q$，金属球半径为 R，点电荷 $+q$ 与金属球心的间距为 r.

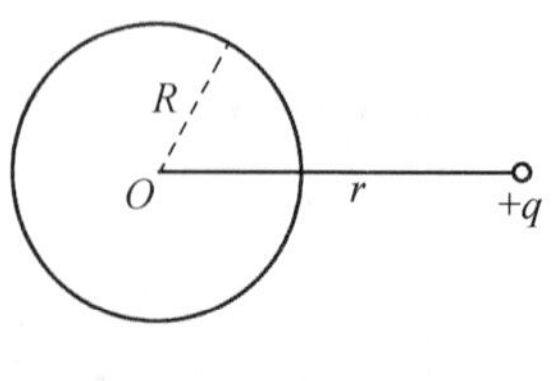

(1) 求金属球上感应电荷在球心处产生的电场强度.

(2) 若取无穷远处为电势零点，求金属球的电势.

(3) 若将金属球接地，求球上的净电荷量.

解：(1) 点电荷 $+q$ 使导体球产生感应电荷 $\pm q'$，分布在球表面上. 球心 O 处的场强为 $\pm q'$ 的

场强 $\boldsymbol{E}'$ 以及点电荷 $+q$ 的场强 $\boldsymbol{E}$ 的叠加，即

$$\boldsymbol{E}_0 = \boldsymbol{E}' + \boldsymbol{E}.$$

由静电平衡，$\boldsymbol{E}_0 = 0$，若取球心 O 为坐标原点，则 $\boldsymbol{E}' = -\boldsymbol{E} = -\frac{q}{4\pi\varepsilon_0 r^2}\boldsymbol{e}_r$.（$\boldsymbol{e}_r$ 是从 O 指向电荷 $+q$ 的单位矢量）

（2）静电平衡时，金属球是等势体，因此金属球的电势与球心的电势 U_0 相等. 由电势叠加原理得 $U_0 = U' + U$，其中 U' 和 U 分别为感应电荷 $\pm q'$ 和点电荷 q 在球心产生的电势，有 $U' = 0$，$U = \frac{q}{4\pi\varepsilon_0 r}$，所以 $U_0 = \frac{q}{4\pi\varepsilon_0 r}$.

（3）若将金属球接地，设球上留有净电荷 q_1，这时

$$U_{球} = 0 = \frac{q_1}{4\pi\varepsilon_0 R} + \frac{q}{4\pi\varepsilon_0 r},$$

所以

$$q_1 = -\frac{qR}{r}.$$

例 2　如图所示，两块相互平行的导体板 a 和 b，板面积均为 S，相距为 d，两板的电势分别维持在 U 和 0，现将第三块带有电荷 q 的相同导体板 c 平行地插在两极板 a，b 的正中间. 求 c 板的电势.（设两极板 a，b 间的距离远小于板的线度，c 板厚度不计，并且忽略边缘效应）

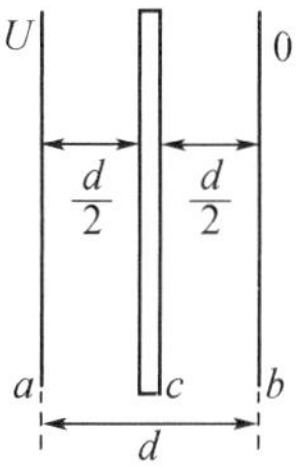

解：电荷重新分布后，设 c 板左侧面的电荷为 $-q_1$，右侧面的电荷为 $+q_2$，但电荷总和不变，即

$$q = -q_1 + q_2.$$

此时，a 板上的电荷为 $+q_1$，b 板上的电荷为 $-q_2$（可用高斯定理证明），设 c 板的电势为 U_c，则 a，c 板之间的电势差为

$$U - U_c = E_1 \frac{d}{2}.$$

a，c 板之间的电场强度大小为

$$E_1 = \frac{q_1}{\varepsilon_0 S},$$

所以

$$U - U_c = \left(\frac{q_1}{\varepsilon_0 S}\right)\frac{d}{2}.$$

由此得

$$q_1 = \frac{2\varepsilon_0 S}{d}(U - U_c).$$

同理可得 c，b 板之间的电势差为

$$U_c = \left(\frac{q_2}{\varepsilon_0 S}\right)\frac{d}{2}.$$

由此得

$$q_2=\frac{2\varepsilon_0 S}{d}U_c.$$

将 q_1,q_2 代入 $q=-q_1+q_2$,化简得 c 板的电势为

$$U_c=\frac{1}{2}\left(U+\frac{d}{2\varepsilon_0 S}q\right).$$

例 3 (2013 年,东南大学夏令营)一块无限大的导体板,左侧接地,在右侧距离板为 d 的 A 点处有一点电荷 $+q$,达到静电平衡.(如需用到具体参数请自行设定)

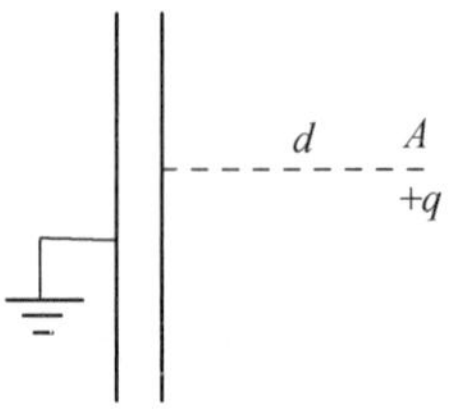

(1) 求导体板上感应电荷在导体内任意一点 P 产生的场强.

(2) 求感应电荷在导体外任意一点 P' 处产生的场强.

(3) 证明导体表面附近处的合场强方向垂直于导体表面.

(4) 求点电荷 $+q$ 与感应电荷之间的作用力.

(5) 若切断接地线,再将电荷 $-Q$ 放到导体板上,则 $-Q$ 将如何分布?

解:(1) 静电平衡时,$E_{总}=0$,因此感应电荷在 P 点产生的场强应与点电荷 $+q$ 在 P 点产生的场强大小相等,方向相反,即

$$E_P=\frac{q}{4\pi\varepsilon_0 r_{AP}^2}.$$

(2) 作 P' 关于导体板右侧对称的点 P'',由此对称性可知,感应电荷在 P' 点产生的场强应与点电荷在 P'' 点产生的场强大小相等,即

$$E_P=\frac{q}{4\pi\varepsilon_0 r_{AP''}^2}.$$

(3) 由(2)可知,当 P' 点位于导体板外表面时,此处电场由 E_{+q} 与 $E_{感}$ 矢量叠加而成,此时 E_{+q} 与 $E_{感}$ 大小相等,方向如图所示,显然叠加后 P' 的合场强垂直于导体表面.

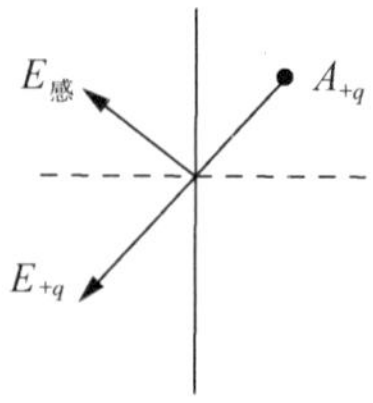

(4) 同样由(2)可知,感应电荷在 A 点所产生的场强与点电荷在 A' 点产生的场强相等.

所以
$$E_{感A}=\frac{q}{4\pi\varepsilon_0 (2d)^2}.$$

点电荷 $+q$ 与感应电荷间的作用力 $F=+qE_{感A}=\dfrac{q^2}{16\pi\varepsilon_0 d^2}$.

(5) 由于 E_{+q} 与 $E_{感}$ 在导体板内处处抵消,为了保持导体内部场强处处为 0,则另加的电荷 $-Q$ 只能均匀分布在导体板两侧.

例 4 (2010 年,清华大学等 5 校联考)A,B,C 为 3 块平行极板,A 板上有小孔 K.在小孔 K 上方有容器 P,其中有带正电的液滴,正一滴一滴地从下端滴下,穿过小孔 K 滴到 B 板上后,电荷立即平均分布.已知,空间距离尺寸如图所示,每滴液滴的质量为 m、电荷量为 q,相邻平行板构成的电容器的电容量为 $C=\dfrac{\varepsilon S}{d}$,其中 ε 为介电常数,S 为极板面积.

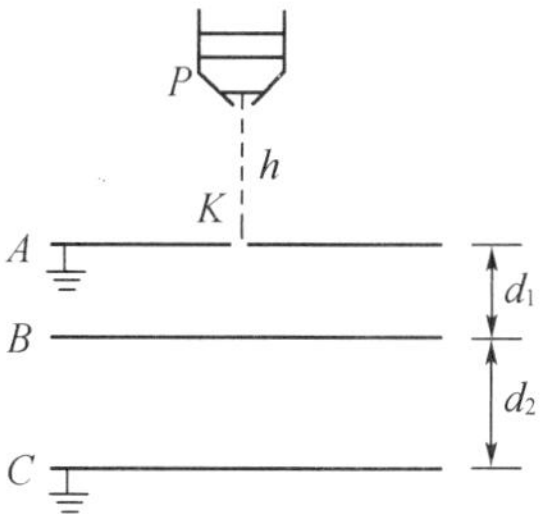

(1) 从第几滴开始液滴不再落到 B 板上？

(2) 设第 N 滴液滴刚好能落到 B 板上，求第 $N+1$ 滴滴落后速度为 0 时，距 A 板的距离.

解：(1) 设第 N 滴液滴刚好不能落到 B 板上，则落到 B 板上有 $N-1$ 滴. 设 B 板的上下两个面的电荷面密度分别为 σ_1 和 σ_2，考虑到电荷守恒，有

$$\sigma_1 S+\sigma_2 S=(N-1)q.$$

由于 A，C 两板接地（电势为 0），A 板上感应电荷只在下表面，电荷密度为 $-\sigma_1$，C 板上感应电荷只在上表面，电荷密度为 $-\sigma_2$. B 板与 A 板间的电势差等于 B 板与 C 板间的电势差，即

$$\frac{\sigma_1 S}{C_1}=\frac{\sigma_2 S}{C_2}.$$

利用 $C=\frac{\varepsilon S}{d}$，得 $\sigma_1 d_1=\sigma_2 d_2$. 因此，当 $N-1$ 滴落到 B 板上，B 板的上表面电荷面密度为

$$\sigma_1=\frac{(N-1)qd_2}{S(d_1+d_2)}.$$

此时，A，B 间的电势差为

$$U_{BA}=\frac{\sigma_1}{\varepsilon}d_1=\frac{(N-1)qd_1 d_2}{S\varepsilon(d_1+d_2)}.$$

设第 N 滴液滴在无限接近 B 板处时，液滴的动能刚好为 0，但不与 B 板接触，则

$$mg(h+d_1)=qU_{BA}.$$

代入 U_{BA} 可得

$$N=1+\frac{mg\varepsilon S(h+d_1)(d_1+d_2)}{q^2 d_1 d_2}.$$

(2) 第 N 滴液滴刚好落到 B 板后，B 板上的电荷则为 Nq，同前可得

$$U_{BA}=\frac{Nqd_1 d_2}{S\varepsilon(d_1+d_2)}.$$

设第 $N+1$ 滴滴落后速度为 0 时距 A 板的距离为 x，则

$$mg(h+x)=q\frac{U_{BA}}{d_1}x,$$

由此可得

$$x=\frac{mg\varepsilon Sh(d_1+d_2)}{q^2 Nd_2-mg\varepsilon S(d_1+d_2)}.$$

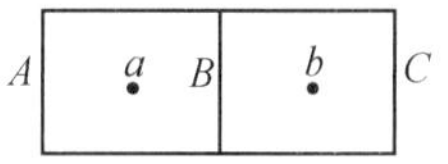

例 5　如右图所示，AB，BC 为两种不同金属材料制成的导体，它们的截面积相同. 已知 AB 的电阻率大于 BC 的电阻率，a，b 为两种导体内部的

点. 在电路两端加一个恒定电压 U，导体内有恒定电流 I 通过，则（　　）

A. 因为 a,b 都在导体内部，所以 a,b 两点的电场强度都为 0

B. 导体内部为匀强电场，a,b 两点的电场强度大小相等，方向相同

C. a,b 两点的电场强度方向相同但大小不同

D. a,b 两点的电场强度方向、大小都不相同

解：当导体内有恒定电流通过时，导体内部将存在稳恒电场. 由欧姆定律的微分形式 $\boldsymbol{j}=\sigma\boldsymbol{E}$ 可知，由于 AB,BC 的电流密度相同而电导率不同，因此 C 选项正确.

例 6 （2008 年，清华大学）如下图所示的有限网络电路中，除最后一只电阻为 R_x 外，其余电阻阻值都是 R，要使 A,B 两点间的等效电阻与网络级数 n 无关，则 $R_x=$________R.

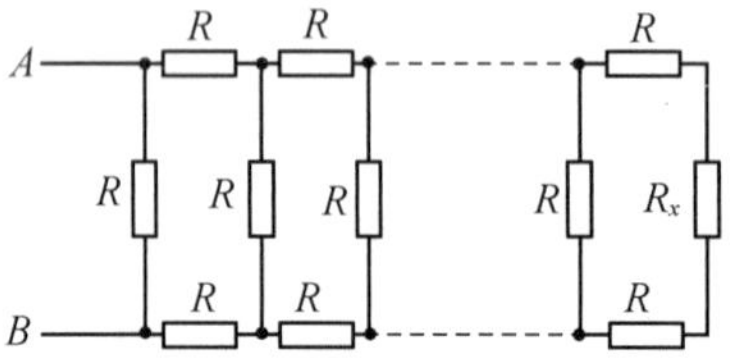

解：依题意可知，图中最后 4 个电阻的等效电阻值也为 R_x，即

$$\frac{1}{R}+\frac{1}{2R+R_x}=\frac{1}{R_x},$$

得

$$R_x=(\sqrt{3}-1)R.$$

例 7 （2009 年，北京大学）有 7 根电阻均为 R 的电阻丝，连成如右图所示的电阻网络，试求 A,B 两点之间的等效电阻.

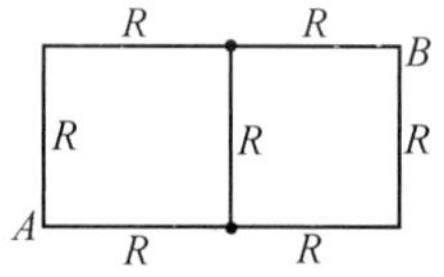

解：设想在 A,B 两端加一电压 U_{AB}，根据电路的对称性可设电路中的电流如图所示，则 A,B 之间的电势差为

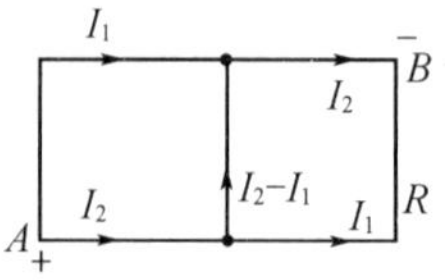

$$U_{AB}=I_2R+2I_1R.$$

对于左边闭合回路有

$$2I_1R-(I_2-I_1)R-I_2R=0,$$

由此得 $I_2=\frac{3}{2}I_1$，则 A,B 两点之间的等效电阻为

$$R_{AB}=\frac{U_{AB}}{I_{AB}}=\frac{I_2R+2I_1R}{I_1+I_2}=\frac{\frac{3}{2}I_1R+2I_1R}{I_1+\frac{3}{2}I_1}=\frac{7}{5}R.$$

例 8 （2010 年，清华大学等 5 校联考样卷）现要对一量程为5 V的非理想电压表（Ⓥ）在 0.3～5 V间若干点的测量误差进行检测（即求电压表的表盘示值与用某种途径得到的标准值之差 ΔU）. 给定的器材有：输出电压在0～6 V 间可调的直流电源 E_1（⊣⊢）；电动势为 6 V，内阻可忽略的直流电源 E_2（⊣⊢）；量程为 0.1 A 的标准电流表（Ⓐ），其电阻不可忽略；阻值为 50.00 Ω 的标

准电阻 R_0；滑动变阻器 R_1，R_2（滑动变阻器符号），阻值变化范围分别为 0～500 Ω 和 0～10 Ω；阻值约为 20 Ω 的固定电阻 R'；带可调保护电阻的检流计（检流计与可调电阻符号）；3 个开关 S_1，S_2，S_3；导线若干. 测量原理电路图如右图所示.

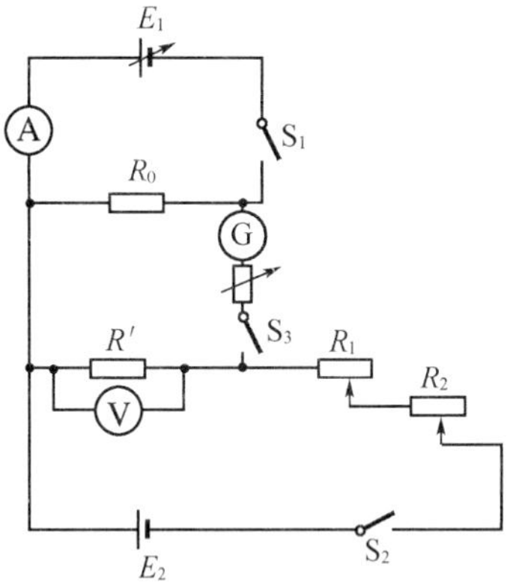

(1) 请按实验原理写出主要实验步骤.

(2) 说明实验原理图中两个滑动变阻器的作用.

解：(1) ① 如图连接电路.

② 闭合 S_1，调节 E_1 的输出电压，使电流表的示数 I 在 0.06～0.1 A 之间. 利用公式 $U_0=IR_0$，计算出此时 R_0 两端的电压 U_0.

③ 闭合 S_2，调节 R_1，使电压表示数与 U_0 尽量接近.

④ 将检流计的保护电阻调至最大，闭合 S_3.

⑤ 调节 R_1，R_2 使检流计示数减小；同时减小保护电阻数值，直至保护电阻为 0 时检流计示数为 0.

⑥ 记下此时电压表的示值 U，计算 $\Delta U=U-U_0$.

⑦ 多次改变 E_1 的数值并重复步骤②～⑥.

(2) R_1 用于粗调，R_2 用于细调.

练　习

1. (2014 年，北约)空间有一孤立导体，其上带有固定量的正电荷，该空间没有其他电荷存在. 为了测量该导体附近某一点 P 的电场强度，我们在 P 点放置一带电荷量为 q 的点电荷，测出 q 受到的静电力 F. 如果 q 为正，F/q ________ P 点的原电场强度；如果 q 为负，F/q ________ P 点的原电场强度.(填"大于""等于"或"小于")

2. (2014 年，卓越联盟)如图，球形导体空腔中放有一点电荷 Q，且点电荷不在球心，则下列描述正确的有 (　　)

A. 球壳为等势体

B. 球壳的内表面电荷分布均匀

C. 球壳的外表面电荷分布均匀

D. 改变 Q 在空腔里的位置，则对外表面的电荷分布无影响

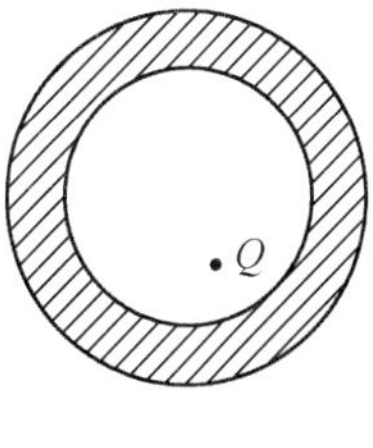

3. 两个半径不同、电荷量相同的导体球相距很远. 今用一细长导线将它们连接起来，两球所带电荷量重新分配的结果是 (　　)

A. 各球所带电荷量不变　　B. 半径大的球带的电荷量多

C. 半径大的球带的电荷量少　　D. 无法确定哪一个导体球带的电荷量多

4. 3 块互相平行的导体板之间的距离 d_1 和 d_2 比板面的线度小得多，外面的两板用导线连接起来. 若中间板上带电，并假设其左右两面上的电荷面密度分别为 σ_1 和 σ_2，如右图所示，则 $\frac{\sigma_1}{\sigma_2}$ 的值为 (　　)

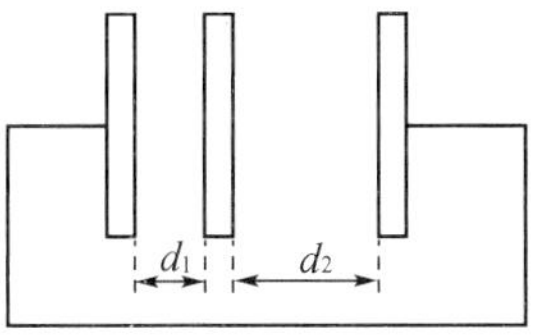

A. $\frac{d_1}{d_2}$　　B. $\frac{d_2}{d_1}$

C. 1　　　　　　　　D. $\frac{d_2^2}{d_1^2}$

5. (2011年，华约样题)两个完全相同的导体球，皆带等量的正电荷 Q，现使两球互相接近到一定程度，则　　（　　）

A. 二球表面都将有正负两种电荷分布

B. 二球中至少有一个表面上有正负两种电荷分布

C. 无论接近到什么程度，二球表面都不会有负电荷分布

D. 是否有正负电荷分布要视电荷 Q 的大小而定

6. 有两个相同半径的球状导体，A 为实心导体，B 为空心导体，则这两个孤立导体的电容大小关系是　　（　　）

A. $C_A > C_B$　　　　B. $C_A = C_B$

C. $C_A < C_B$　　　　D. 大小关系要视空心部分的形状而定

7. (2012年，华约)如图，带有等量异种电荷的板状电容器不是平行放置的，下面图像中的电场线描绘正确的是　　（　　）

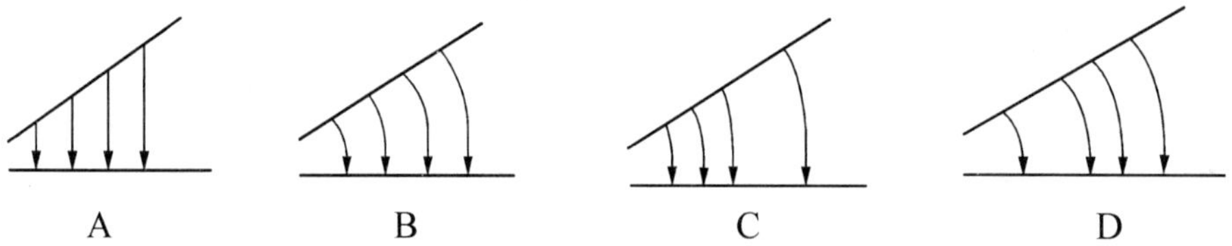

8. (2010年，北京大学等3校联考)正四面体每条边的电阻均为 R，取一条边的两个顶点，则顶点间的等效电阻为多少？

9. (2011年，东南大学夏令营)实验分析题

一同学在实验室中测得一导体的伏安特性曲线如图所示，由图你能得出什么信息？后来该同学用电动势为 4.5 V、内阻为 3.0 Ω 的电源与该导体构成闭合回路，请问此导体在该电路中消耗的功率是多大？(要求给出分析方法)

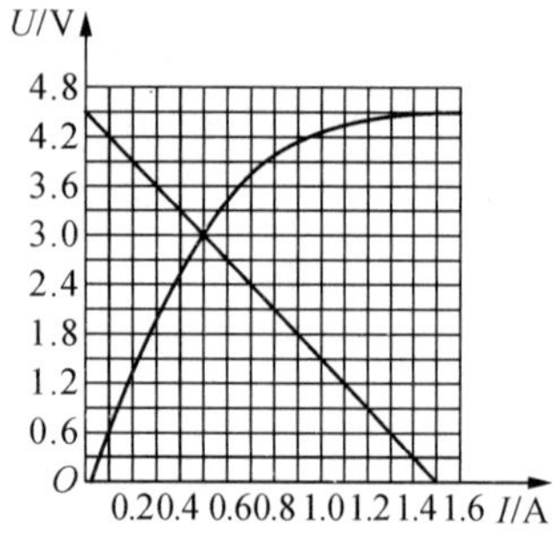

参考答案

1. 小于　大于　2. ACD　3. B　4. B　5. C　6. B　7. C

8. $\frac{R}{2}$　9. 信息、分析方法略　$P=1.5\text{ W}$

第8章 稳恒磁场与电磁感应

早先电和磁是不相关的领域,奥斯特实验揭示了电能生磁,而法拉第则发现磁能生电,最后麦克斯韦将电和磁总结为完整统一的电磁学理论.

8.1 磁 场

一个运动的点电荷在磁场中所受的电磁力为

$$\boldsymbol{F} = q\boldsymbol{v} \times \boldsymbol{B}.$$

类似可得电流元所受的安培力为

$$\mathrm{d}\boldsymbol{F} = \mathrm{d}q\boldsymbol{v} \times \boldsymbol{B} = I\mathrm{d}t\boldsymbol{v} \times \boldsymbol{B} = I\mathrm{d}\boldsymbol{l} \times \boldsymbol{B}.$$

我们正是通过这个力来定义磁感应强度 B 的.

一个运动点电荷产生的磁场,根据毕奥-萨伐尔定律有

$$\boldsymbol{B} = \frac{\mu_0}{4\pi}\frac{q\boldsymbol{v} \times \boldsymbol{r}}{r^3}.$$

电流元的磁场则为

$$\mathrm{d}\boldsymbol{B} = \frac{\mu_0}{4\pi}\frac{I\mathrm{d}\boldsymbol{l} \times \boldsymbol{r}}{r^3}.$$

据此容易得到半径为 R 的圆电流 I 在轴向上 x 处的磁感应强度大小为

$$B = \frac{\mu_0 IR^2}{2(x^2 + R^2)^{\frac{3}{2}}}.$$

由此可知:在圆电流中心的磁场为 $B = \frac{\mu_0 I}{2R}$,方向由右手法则确定;当 $x \gg R$ 时,磁场为一个磁偶极矩的磁场,可写为

$$B = \frac{\mu_0 IR^2}{2x^3} = \frac{\mu_0}{2\pi}\cdot\frac{I\pi R^2}{x^3} = \frac{\mu_0}{2\pi}\cdot\frac{m}{x^3},$$

其中 $\boldsymbol{m}=I\boldsymbol{S}$ 为圆电流的磁偶极矩,$S = \pi R^2$ 为圆电流的面积。

由圆电流的公式可以进一步求得载流密绕螺线管的磁场,如果管子长度远大于其半径,则其内部磁场为均匀场,其大小为 $B = \mu_0 nI$,式中 n 为单位长度上的线圈匝数。

另外,一个比较常用的磁场,是一根无限长的载流导线产生的。如果电流大小为 I,则距导

线 r 处的磁场大小为

$$B=\frac{\mu_0 I}{2\pi r}$$

其方向由右手法则确定：大拇指伸向电流方向，四个手指即伸向磁场方向。

稳恒磁场的磁场线都为闭合曲线，因而对一个闭合曲面（称为高斯面），场线有进去的必有出来的，因而通过一个闭合面的磁通量为 0，可写为

$$\oint \boldsymbol{B}\cdot \mathrm{d}\boldsymbol{S}=0$$

这是磁场的高斯定理；而检查无限长的载流导线产生的磁场，容易确认磁场的环路积分为

$$\oint \boldsymbol{B}\cdot \mathrm{d}\boldsymbol{l}=\mu_0 I_{内}$$

这是磁场的安培环路定理，式中电流为环路所包围电流的代数和，电流正方向由右手法则确定：四个手指伸向环路方向，大拇指即伸向电流正方向。

例 1 （2009 年，清华大学）异种电荷 $+q$，$-q$ 以不等半径绕 O 点以相同的角速度逆时针旋转，$+q$ 半径小一些，如下图所示，试确定 O 点的磁场方向.

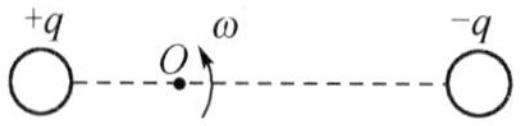

解：电荷 q 旋转形成半径为 R 的圆电流，其在 O 点产生的磁感应强度的大小为

$$B=\frac{\mu_0 I}{2R}=\frac{\mu_0}{2R}\cdot\frac{q}{\frac{2\pi}{\omega}}=\frac{\mu_0 q\omega}{4\pi R}.$$

可见 R 越小，产生的磁场越强.

注意到 $+q$ 和 $-q$ 旋转产生的磁场方向相反，合磁场方向取决于较强的场，即旋转的 $+q$ 产生的磁场，由右手定则可知 O 的磁场方向垂直于纸面向外.

例 2 （2017，东南大学）如右图所示，半径为 R，电荷线密度为 $\lambda(\lambda>0)$ 的均匀带电的圆线圈，绕圆心且与圆平面垂直的 x 轴以角速度 ω 转动，求：

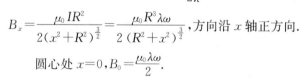

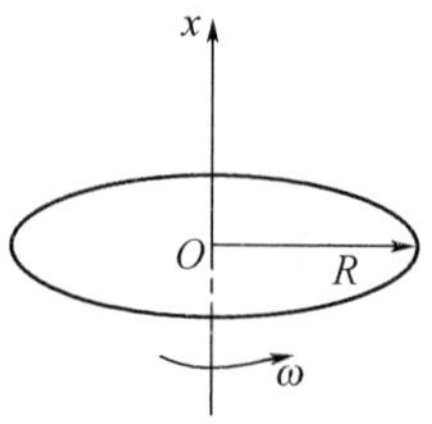

(1) 圆心 O 处的磁感应强度 B_0.

(2) x 轴上任一点 B 的大小及其方向.

解：等效电流为 $I=2\pi R\lambda\times\frac{\omega}{2\pi}$，轴线上距圆心为 x 处的磁感应强度为

$B_x=\frac{\mu_0 IR^2}{2(x^2+R^2)^{\frac{3}{2}}}=\frac{\mu_0 R^3\lambda\omega}{2(R^2+x^2)^{\frac{3}{2}}}$，方向沿 x 轴正方向.

圆心处 $x=0$，$B_0=\frac{\mu_0\lambda\omega}{2}$.

例 3 （2009 年，上海交通大学）长度 L 远大于半径的通电直螺线管内部为匀强磁场，在其轴线上的磁感应强度分布如图所示，已知管口截面中心处磁感应强度为管内的一半，若在管口截面上距中心为 r（r<管半径）处的磁感应强度为 B'，则可能 （　　）

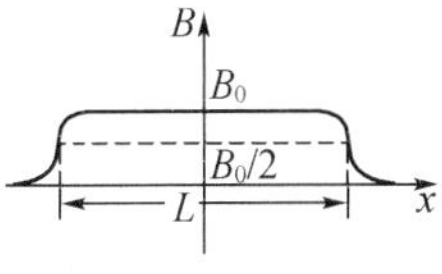

A. $B' \geqslant B_0$　　B. $\frac{B_0}{2} < B' < B_0$

C. $B' = \frac{B_0}{2}$　　D. $B' < \frac{B_0}{2}$

解:若将两个螺线管相连,则连接处的磁感应强度为 B_0,磁感应强度由两螺线管分别产生的磁感应强度叠加而成,由于每个螺线管管口处的磁感应强度除轴线上一点沿轴线,其他各处均与轴线成一定角度,因此 $2B'\cos\theta = B_0$,故A和B选项正确.

例4 (2011年,复旦大学)有一个充电的球形电容器,由于绝缘层的轻微漏电而缓慢地放电,则　(　　)

A. 放电电流将产生垂直于球面的磁场　　B. 放电电流将产生沿着经度线的磁场

C. 放电电流将产生沿着纬度线的磁场　　D. 放电电流不可能产生磁场

解:整个系统(包括电流分布和电场)是球形对称的,因此若产生磁场,磁场也应该是球形对称的,而这只能是由磁单极子产生的磁场才有可能,但磁单极子到目前为止尚未被实验观察到.故本题答案为D.

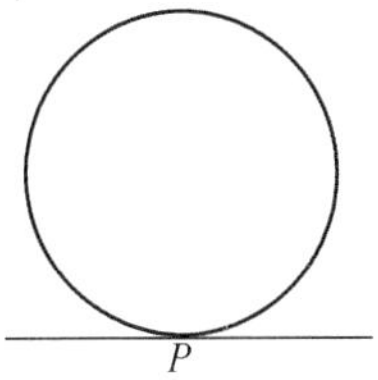

例5 (2010年,清华大学等5校联考)如图所示,圆形区域内有一垂直纸面的匀强磁场,P 为磁场边界上的一点.有无数带有同样电荷、具有同样质量的粒子在纸面内沿各个方向以同样的速率通过 P 点进入磁场.这些粒子射出边界的位置均处于边界的某一段弧上,这段圆弧的弧长是圆周长的 $\frac{1}{3}$.将磁感应强度的大小从原来的 B_1 变为 B_2,结果相应的弧长变为原来的一半,求 $\frac{B_1}{B_2}$.

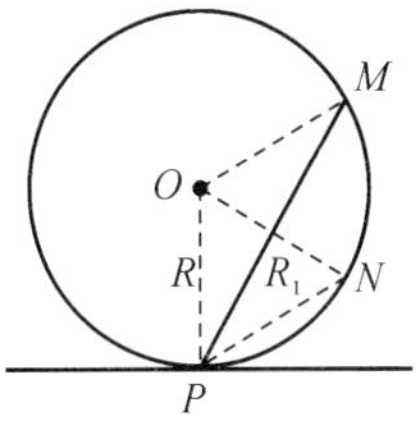

解:如右图所示,设磁感应强度为 B_1 时,从 P 点射入的粒子与磁场边界的最远交点为 M,$\angle POM = 120°$;磁感应强度为 B_2 时,从 P 点射入的粒子与磁场边界的最远交点为 N,$\angle PON = 60°$.粒子速率一定时,圆轨迹半径亦一定,M,N 为轨迹的最远处,则 PM,PN 应为圆轨迹直径.根据几何关系易得两次粒子运动轨道的半径分别为 $R_1 = R \cdot \sin 60° = \frac{\sqrt{3}}{2}R$,$R_2 = R \cdot \sin 30° = \frac{1}{2}R$.粒子受到的洛伦兹力提供向心力 $qvB = m\frac{v^2}{R}$,故可得 $\frac{B_1}{B_2} = \frac{R_2}{R_1} = \frac{\sqrt{3}}{3}$.

练　习

1. (2007年,上海交通大学)设想地磁场是由地球内部的环形电流形成的,那么这一环形电流的方向应该是　(　　)

A. 由东向西　　B. 由西向东　　C. 由南向北　　D. 由北向南

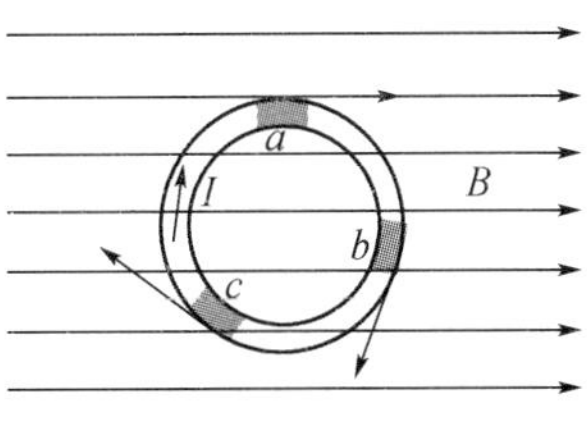

2. 如右图所示,在磁感应强度为 B 的均匀磁场中,有一圆形载流导线,a,b,c 是其上3个长度相等的电流元,则它们所受安培力的大小关系为　(　　)

A. $F_a > F_b > F_c$

B. $F_a < F_b < F_c$

C. $F_b > F_c > F_a$

D. $F_a > F_c > F_b$

3. K^- 介子衰变的方程为 $K^- \longrightarrow \pi^- + \pi^0$，其中 K^- 介子和 π^- 介子是带负电的基元电荷，π^0 介子不带电. 如右图所示，一个 K^- 介子沿垂直于磁场的方向射入匀强磁场中，其轨迹为圆弧 AP，衰变后产生的 π^- 介子的轨迹为圆弧 PB，两轨迹在 P 点相切，它们的半径 R_{K^-} 与 R_{π^-} 之比为 2∶1. π^0 介子的轨迹未画出. 由此可知 π^- 的动量大小与 π^0 的动量大小之比为 （　　）

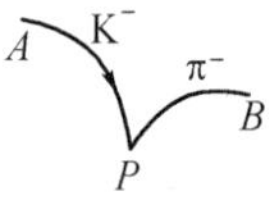

A. 1∶1　　B. 1∶2　　C. 1∶3　　D. 1∶6

4. (2007 年，北京大学)如右图所示，一导电金属板置于匀强磁场中，当电流方向向上时，关于金属板两侧电子及电势高低的判断，下列正确的是 （　　）

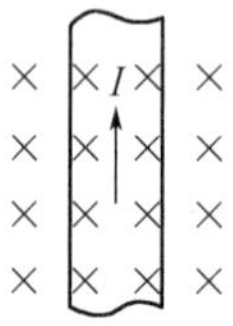

A. 左侧电子较多，左侧电势较高

B. 左侧电子较多，右侧电势较高

C. 右侧电子较多，左侧电势较高

D. 右侧电子较多，右侧电势较高

参考答案

1. A　2. C　3. C　4. B

8.2　电磁感应

当穿过闭合回路所围面积的磁通量发生变化时，回路中会产生感应电动势，且感应电动势等于磁通量对时间变化率的负值

$$\varepsilon = -\frac{\mathrm{d}\Phi}{\mathrm{d}t}.$$

这就是法拉第电磁感应定律. 电动势的方向可由楞次定律决定. 感应电动势接在电路中，就会产生感应电流，载流导线就会受到安培力. 这样，我们往往要处理电磁感应、电路和力学的综合问题.

从物理上分析，电动势分为两种：一种是导线运动引起面积改变，从而产生电动势，这被称为动生电动势，用微元形式可写为

$$\varepsilon = \oint_L \boldsymbol{E}_{\mathrm{k}} \cdot \mathrm{d}\boldsymbol{l} = \int_a^b (\boldsymbol{v} \times \boldsymbol{B}) \cdot \mathrm{d}\boldsymbol{l}.$$

其中，非静电等效场来源于洛伦兹力，即

$$\boldsymbol{E}_{\mathrm{k}} = \frac{e(\boldsymbol{v} \times \boldsymbol{B})}{e} = \boldsymbol{v} \times \boldsymbol{B}$$

另一种则是由于磁场变化引起的感应电动势，称为感生电动势

$$\varepsilon = \oint_L \boldsymbol{E}_{\mathrm{i}} \cdot \mathrm{d}\boldsymbol{l} = -\int_S \frac{\partial \boldsymbol{B}}{\partial t} \cdot \mathrm{d}\boldsymbol{S}.$$

其中，$\boldsymbol{E}_{\mathrm{i}}$ 为变化磁场产生的感应电场，是真实存在的涡旋电场，感应电子加速器就是利用这种电场加速电子的.

从激发方式上看，电磁感应可以分为自感和互感. 所谓自感，就是一个线圈由于自身磁通量的

变化所导致的电磁感应现象. 若线圈中的电流为 I,线圈中的磁通量为 Φ,则线圈的自感系数定义为

$$L=\frac{\Phi}{I}.$$

若 L 不变,则自感电动势为

$$\varepsilon=-\frac{\mathrm{d}\Phi}{\mathrm{d}t}=-L\frac{\mathrm{d}I}{\mathrm{d}t}.$$

所谓互感,则是一个线圈引起另一个线圈磁通量变化所导致的电磁感应现象. 设线圈 1 和线圈 2 中的电流分别为 I_1 和 I_2,I_1 在线圈 2 中所引起的磁通量为 Φ_{21},I_2 在线圈 1 中所引起的磁通量为 Φ_{12},那么两线圈的互感系数为

$$M=\frac{\Phi_{12}}{I_2}=\frac{\Phi_{21}}{I_1}.$$

若 M 不变,则两线圈中的互感电动势为

$$\varepsilon_1=-\frac{\mathrm{d}\Phi_{12}}{\mathrm{d}t}=-M\frac{\mathrm{d}I_2}{\mathrm{d}t},\varepsilon_2=-M\frac{\mathrm{d}I_1}{\mathrm{d}t}.$$

对于相互耦合的多个线圈,每个线圈中的感应电动势为自感电动势和互感电动势之和.

例 1　(2010 年,清华大学等 5 校联考)匀强磁场中有一长方形导线框,分别以相同的角速度绕图甲、乙、丙、丁所示的固定转轴旋转,用 $I_甲$,$I_乙$,$I_丙$,$I_丁$ 表示 4 种情况下线框中电流的有效值,则 (　　)

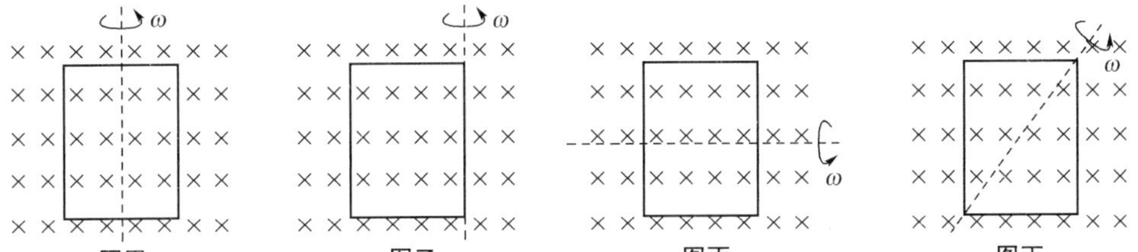

图甲　　图乙　　图丙　　图丁

A. $I_甲=I_丁$　　B. $I_甲>I_乙$　　C. $I_乙>I_丙$　　D. $I_丙=I_丁$

解:匝数为 n 的线圈绕垂直磁感线的轴以角速度 ω 匀速转动时,电动势按正弦规律变化:$\varepsilon=\varepsilon_m\sin\omega t$,其中最大值 $\varepsilon_m=nB\omega S$,且此值跟转轴位置无关(转轴要跟磁感线垂直),电流的有效值正比于最大电动势,则电流有效值与线圈转轴位置无关,那么题目所给的 4 个图中,电流均相同,所以 AD 正确.

例 2　将等边三角形平面回路 $ACDA$ 放在磁感应强度为 $\boldsymbol{B}=\boldsymbol{B}_0t$(其中 $\boldsymbol{B}_0$ 为常矢量)的匀强磁场中,回路平面垂直于磁场方向,如右图所示. 回路的 CD 段为滑动导线,以匀速 v 远离 A 端运动,且始终保持回路为等边三角形. 设滑动导线 CD 到 A 端的垂直距离为 x,且初始 $x=0$. 试求回路 $ACDA$ 中的感应电动势 ε 和时间 t 的关系.

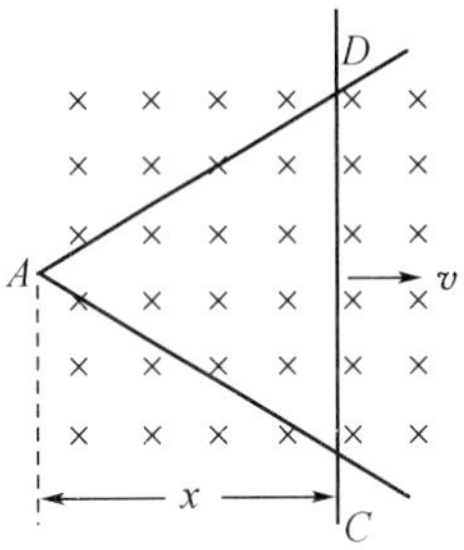

解:由于磁场变化产生的感生电动势

$$\varepsilon_1=-\int\frac{\partial\boldsymbol{B}}{\partial t}\cdot\mathrm{d}\boldsymbol{S}=\int\frac{\mathrm{d}(B_0t)}{\mathrm{d}t}\mathrm{d}S=\int B_0\,\mathrm{d}S$$

$$= B_0 x^2 \tan 30^\circ = \frac{\sqrt{3}}{3} B_0 v^2 t^2.$$

由于导体运动产生的动生电动势

$$\varepsilon_2 = (\boldsymbol{v} \times \boldsymbol{B}) \cdot \overrightarrow{CD} = vB \cdot 2x\tan 30^\circ = \frac{2\sqrt{3}}{3} B_0 v^2 t^2.$$

所以
$$\varepsilon = \varepsilon_1 + \varepsilon_2 = \frac{\sqrt{3}}{3} B_0 v^2 t^2 + \frac{2\sqrt{3}}{3} B_0 v^2 t^2 = \sqrt{3} B_0 v^2 t^2.$$

例 3 如右图所示，半径为 a 的圆形区域内有匀强磁场，磁感应强度为 $B=0.2$ T，磁场方向垂直纸面向里. 半径为 b 的金属圆环与磁场同心放置，磁场与环面垂直. 其中 $a=0.4$ m，$b=0.6$ m. 金属环上分别接有灯 L_1，L_2，两灯的电阻均为 $R_0=2\ \Omega$. 一金属棒 MN 与金属环接触良好，棒与环的电阻均忽略不计.

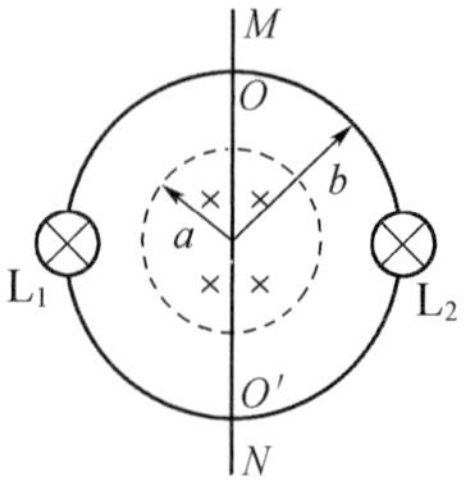

(1) 若棒以 $v_0=5$ m/s 的速率在环上向右匀速滑动，求棒滑过圆环直径 OO' 的瞬时(如图所示)，MN 中的电动势和流过灯 L_1 的电流.

(2) 撤去中间的金属棒 MN，将右面的半圆环 OL_2O' 以 OO' 为轴向上翻转 90°，若此时磁场随时间均匀变化，其变化率为 $\frac{\Delta B}{\Delta t}=\frac{4}{\pi}$ T/s. 求 L_1 的功率.

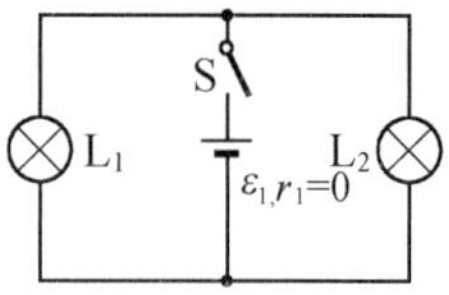

图甲

解：(1) 导体切割的有效长度 $L=2a$，故动生电动势为 $\varepsilon_1=2Bv_0a=0.8$ V. 此时的等效电路如图甲所示，外电路上灯 L_1，L_2 并联. 由欧姆定律知灯 L_1 中的电流 $I_1=\frac{\varepsilon_1}{R_0}=0.4$ A.

(2) 当半圆 OL_2O' 向上翻转 90°而回路内磁场随时间均匀变化时，回路内有磁感线穿过的面积为 $S=\frac{1}{2}\pi a^2$，磁场变化率为 $\frac{\Delta B}{\Delta t}=\frac{4}{\pi}$ T/s. 由法拉第电磁感应定律得 $\varepsilon_2=\frac{\Delta \Phi}{\Delta t}=S\frac{\Delta B}{\Delta t}=\frac{1}{2}\pi a^2\times\frac{4}{\pi}$ V$=0.32$ V. 此时等效电路如图乙所示，外电路上灯 L_1，L_2 串联，灯 L_1 中的电流为 $I_2=\frac{\varepsilon_2}{2R_0}=0.08$ A，灯 L_1 的功率 $P_2=I_2^2R_0=1.28\times10^{-2}$ W.

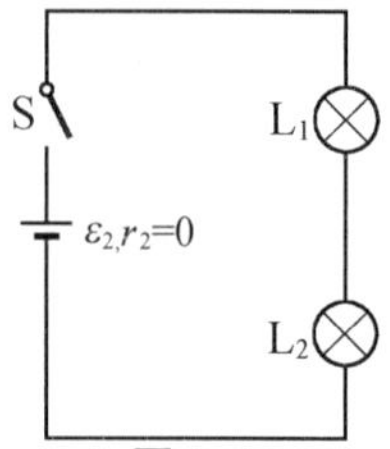

图乙

例 4 (2010 年，南京大学强化班)如右图所示，已知粗细均匀的圆环半径为 R，杆长为 $2R$，圆环和杆单位长度的电阻均为 ρ. 匀强磁场方向垂直于环面向里，大小为 B. 在 $t=0$ 时，杆的中心与圆环相切. 现杆以速度 v 沿着垂直于杆长的方向做匀速运动，求杆中电流 I 随时间 t 变化的方程.

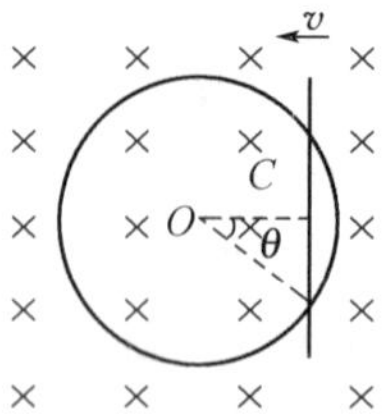

解：设 t 时刻棒运动到图示位置处，则 $OC=R-vt$，$\cos\theta=\frac{R-vt}{R}$.

杆中产生电流的动生电动势为

$$\varepsilon = B \cdot 2\sqrt{R^2-(R-vt)^2} \cdot v = 2Bv\sqrt{2Rvt-v^2t^2}.$$

劣弧段对应的电阻 $R_1=2\rho R\theta$，优弧段对应的电阻 $R_2=2\rho R(\pi-\theta)$，并联后再与圆环区域内的杆串联，故总有效电阻为

$$R_{\text{eff}} = \rho \cdot 2\sqrt{R^2 - (R - vt)^2} + \frac{R_1 R_2}{R_1 + R_2} = 2\rho\sqrt{2Rvt - v^2 t^2} + \frac{2\rho R\theta(\pi - \theta)}{\pi}.$$

故棒中的电流

$$I = \frac{\varepsilon}{R_{\text{eff}}} = \frac{B\pi v\sqrt{2Rvt - v^2 t^2}}{\rho R\theta(\pi - \theta) + \pi\rho\sqrt{2Rvt - v^2 t^2}}.$$

式中 $\theta = \arccos\frac{R - vt}{R}$，且 $t < \frac{R}{v}$.

当 $\frac{2R}{v} > t > \frac{R}{v}$ 时，将上式中的 t 改为 $\frac{2R}{v} - t$ 即可.

例 5　(2012 年，华约)如图，两个光滑的水平轨道间的距离为 l，左边接有电阻 R(除此，其他电阻均不计)，匀强磁场的磁感应强度为 B，垂直向里穿过纸平面. 有一根质量为 m 的导体棒以速度 v_0 开始向右运动，棒向右移动的最远距离为 S. 问：棒运动到 λS 时，$\lambda \in (0,1)$，电阻上的热功率为多少？

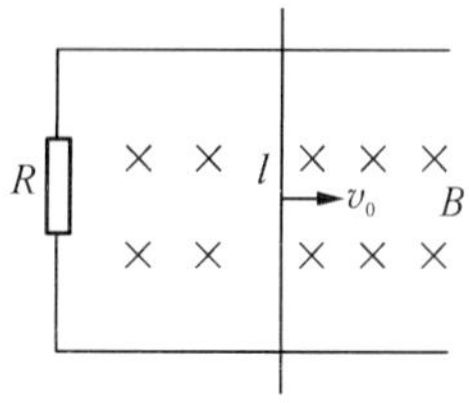

解：取开始时棒的位置为坐标原点，向右为 x 轴正方向. 设棒运动到 x 处的速度为 v，由法拉第电磁感应定律，棒中的动生电动势为

$$\varepsilon = vBl.$$

进一步，由欧姆定律，知棒中电流为

$$i = \frac{\varepsilon}{R} = \frac{vBl}{R}.$$

根据楞次定律，导体棒受到的安培力的方向向左，在给定的坐标系中，可以写为

$$F = -ilB = -\frac{B^2 l^2}{R}v.$$

于是，由牛顿定律可得

$$m\frac{\mathrm{d}v}{\mathrm{d}t} = -\frac{B^2 l^2}{R}v.$$

改成动量形式或直接由动量定理可得

$$m\mathrm{d}v = -\frac{B^2 l^2}{R}v\mathrm{d}t = -\frac{B^2 l^2}{R}\mathrm{d}x.$$

积分得

$$m(v - v_0) = -\frac{B^2 l^2}{R}x.$$

注意到棒向右移动的最远距离为 S，即 $x = S$ 时，$v = 0$，可以得到

$$\frac{B^2 l^2}{R}S = mv_0.$$

这样，我们可将棒运动到 $x = \lambda S\ [\lambda \in (0,1)]$ 时导体棒的速度表示为

$$v = v_0 - \frac{1}{m}\frac{B^2 l^2}{R}\lambda S = (1 - \lambda)v_0.$$

这时电阻上的热功率为

$$P=i^2R=\left[\frac{(1-\lambda)v_0Bl}{R}\right]^2R=\frac{(1-\lambda)^2v_0^2B^2l^2}{R}.$$

例 6 (2013 年,卓越联盟)如图所示,在竖直平面内,一不计内阻、间距为 l、相互平行的光滑金属导轨上端接一电阻 R. 一不计内阻、质量为 m 的金属直杆,水平放置在平行导轨上并与之保持良好接触. 在重力场 g 的作用下,直杆从静止开始运动,下落距离 H 后,进入磁场区域Ⅰ,出区域Ⅰ后,经距离 h 后,再进入磁场区域Ⅱ. 磁场区域Ⅰ和Ⅱ具有相同的磁感应强度 B,方向垂直导轨平面向里. 直杆在两个磁场区域的运动完全相同,并经过相同的运动距离 d.

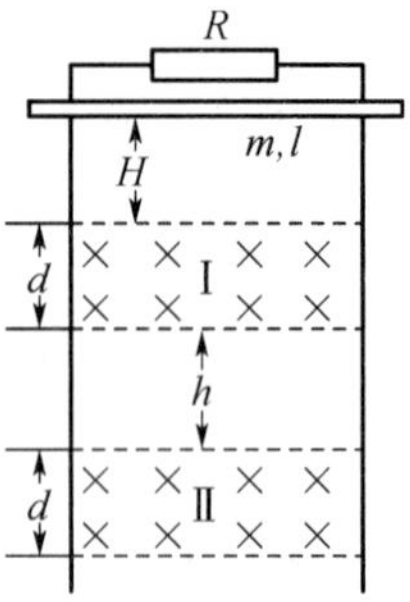

(1) 求直杆刚进入Ⅰ区时杆中电流的大小和方向.

(2) 求直杆经过Ⅰ区过程回路中产生的总热量 Q.

(3) 关于电流 I 随时间的变化,下图中哪个是正确的?

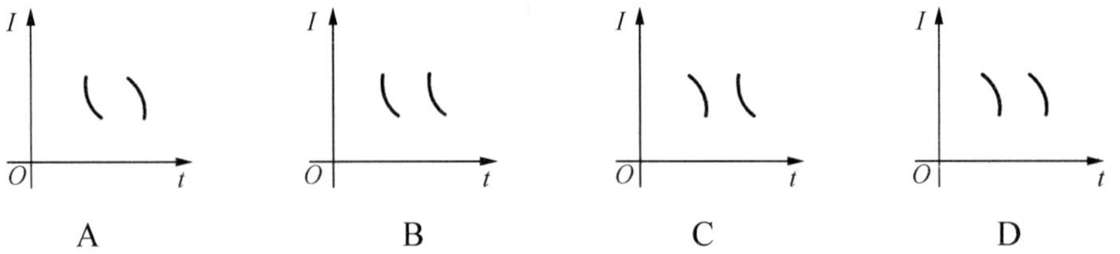

解:既然杆在磁场区域Ⅰ和Ⅱ中的运动完全相同,经过的距离相同,而两区的磁场条件相同,那就表明杆进入磁场区域的速度 v_1 和离开磁场区域的速度 v_2 对两个区域而言也是相同的. 杆的总的运动趋势是在进入磁场区域Ⅰ前加速,在磁场区域Ⅰ减速,出磁场区域Ⅰ后再加速,然后再进入下个磁场区域Ⅱ.

(1) 杆从静止开始运动,下落距离 H 后,进入磁场区域Ⅰ. 由能量守恒易得

$$\frac{1}{2}mv_1^2=mgH.$$

直杆刚进入Ⅰ区时的速度为

$$v_1=\sqrt{2gH}.$$

直杆中的动生电动势为

$$\varepsilon=v_1Bl.$$

回路中的电阻为 R,则可得这时杆中的电流为

$$I_1=\frac{\varepsilon}{R}=\frac{Bl}{R}\sqrt{2gH}.$$

根据楞次定律,易知杆中电流方向为从左向右.

(2) 直杆离开磁场区域Ⅰ的速度为 v_2,自由下落距离 h 后,又变为速度 v_1,据能量守恒有

$$\frac{1}{2}mv_1^2=\frac{1}{2}mv_2^2+mgh.$$

直杆经过磁场区域Ⅰ的过程中能量也是守恒的,回路中产生的总热量 Q 应来自机械能的转

变，即有

$$Q=\left(\frac{1}{2}mv_1^2+mgd\right)-\frac{1}{2}mv_2^2=mg(h+d).$$

（3）杆在磁场区域外运动，没有动生电动势，回路中的电流为 0.

设杆在磁场区域运动的过程中，在 t 时刻的速度和加速度分别为 v 和 a，则根据电磁感应定律和回路欧姆定律，有

$$I=\frac{vBl}{R}.$$

直杆所受外力只有重力和安培力，根据牛顿第二定律，可得

$$mg-IlB=ma.$$

联立以上两式，可得电流随时间的变化率，即 $I-t$ 图像在 t 时刻的斜率为

$$\frac{\mathrm{d}I}{\mathrm{d}t}=\frac{Bl}{R}a=\frac{Bl}{R}\left(g-\frac{B^2l^2v}{mR}\right).$$

注意到加速度 a 为负值，并且其大小由于速度越来越小而变小，故 $I-t$ 图像的曲线在 t 时刻的斜率也为负值，其大小随时间增大而变小；另外注意到两个磁场区域的运动情况相同，$I-t$ 图像也应相同，故选 B.

例 7　如左下图所示，一根水平放置的无限长直导线载有恒定电流 I，其正下方 r_0 处放置一个长为 l、宽为 w、质量为 m、电阻为 R 的导线框，导线框与载流导线共在竖直平面内，一开始处于静止状态.

（1）求导线框与载流导线在初始位置时的互感系数 M.

（2）在重力作用下，导线框从初始位置竖直向下运动，已知到距载流导线 r 处时速度为 v，求导线框中的感应电流 i 的大小和方向.

（3）写出导线框运动的动力学方程并判断导线框能否达到一个最终的恒定收尾速度.

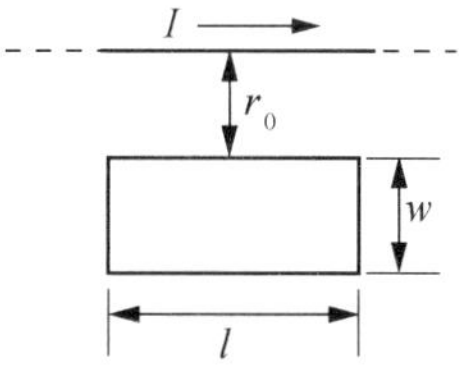

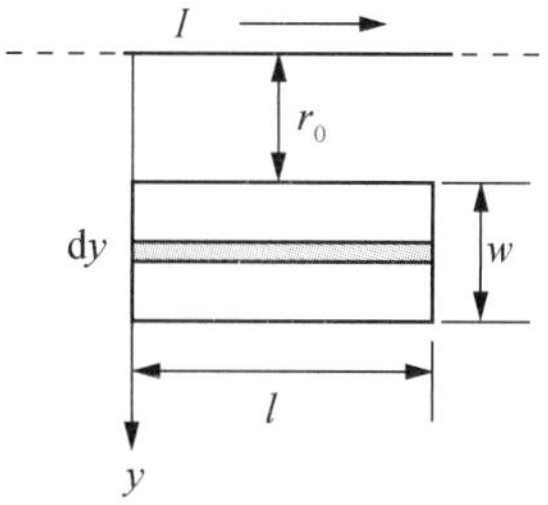

解：（1）如右上图所示，以载流导线位置为坐标原点、竖直向下作 y 轴，取一宽度为 $\mathrm{d}y$、长为 l 的面积微元，面元方向与该处磁场方向一致，则通过该微元的磁通量为

$$\mathrm{d}\Phi=\boldsymbol{B}\cdot\mathrm{d}\boldsymbol{S}=\frac{\mu_0 I}{2\pi y}\cdot l\mathrm{d}y.$$

积分可得整个导线框的磁通量为

$$\Phi=\int_{r_0}^{r_0+w}\frac{\mu_0 I}{2\pi y}\cdot l\mathrm{d}y=\frac{\mu_0 Il}{2\pi}\ln\left(1+\frac{w}{r_0}\right).$$

进一步即得

$$M=\frac{\Phi}{I}=\frac{\mu_0 l}{2\pi}\ln\left(1+\frac{w}{r_0}\right).$$

(2) 由(1)可知,当导线框竖直向下运动到距载流导线 r 处时,导线框的磁通量为

$$\Phi=MI=\frac{\mu_0 Il}{2\pi}\ln\left(1+\frac{w}{r}\right).$$

根据法拉第电磁感应定律,可得导线框中的电动势为

$$\varepsilon=-\frac{\mathrm{d}\Phi}{\mathrm{d}t}=-\frac{\mu_0 Il}{2\pi}\frac{1}{1+\frac{w}{r}}\left(-\frac{w}{r^2}\right)\frac{\mathrm{d}r}{\mathrm{d}t}=\frac{\mu_0 I}{2\pi}\left(\frac{1}{r}-\frac{1}{r+w}\right)lv.$$

容易看出这是导线框中上下两边的动生电动势之差.进一步可得导线框中的感应电流 i 为

$$i=\frac{\varepsilon}{R}=\frac{\frac{\mu_0 I}{2\pi}\left(\frac{1}{r}-\frac{1}{r+w}\right)lv}{R}.$$

电流方向容易由右手定则或楞次定律判定,为顺时针方向.

(3) 导线框所受总安培力 $\boldsymbol{F}_{\mathrm{A}}$ 方向向上,大小为

$$F_{\mathrm{A}}=il[B(r)-B(r+w)]=\frac{\left[\frac{\mu_0 I}{2\pi}\left(\frac{1}{r}-\frac{1}{r+w}\right)l\right]^2 v}{R}.$$

考虑到导线框还受到重力,取向下为正方向,则由牛顿第二定律可得

$$G-F_{\mathrm{A}}=mg-\frac{\left[\frac{\mu_0 I}{2\pi}\left(\frac{1}{r}-\frac{1}{r+w}\right)l\right]^2 v}{R}=ma.$$

如果导线框能达到一个恒定的收尾速度 v_t,则加速度为 0,这时即有

$$F_{\mathrm{A}}=\frac{\left[\frac{\mu_0 I}{2\pi}\frac{w}{r(r+w)}l\right]^2 v_t}{R}=G.$$

而当导线框继续向下运动时,r 增加,$\boldsymbol{F}_{\mathrm{A}}$ 变小,不足以平衡重力,则导线框将加速向下运动,因而导线框不可能达到一个最终的恒定收尾速度.

例 8 (2009 年,上海交通大学)如下图所示,一台理想变压器的原、副线圈匝数比为 2∶1,原线圈电路中串联了一只灯泡 L,副线圈电路中并联了 3 只灯泡 L_1,L_2 和 L_3.这 4 只灯泡完全相同,且电阻保持恒定,则下列选项中正确的是 ( )

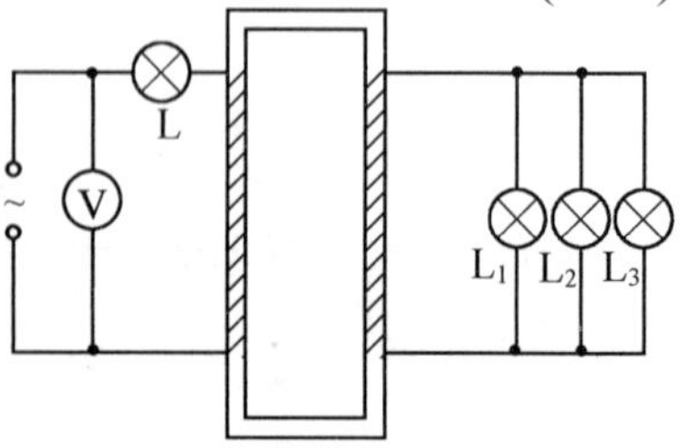

A. 若 L 正常发光,L_1,L_2 和 L_3 也一定正常发光

B. 若 L 正常发光,L_1,L_2 和 L_3 一定比 L 亮

C. 若 L 正常发光,且消耗的功率为 P,则 L_1 消耗的功率一定为 $\frac{4}{9}P$

D. 若 L 正常发光,且两端的电压为 U,则交流电表Ⓥ的

示数为$\frac{7}{3}U$

解:理想变压器所满足的关系为$U_1:U_2=N_1:N_2$,$P_1=I_1U_1=P_2=I_2U_2$.灯L中的电流为I_1,L_1,L_2和L_3中的电流为$\frac{1}{3}I_2$,因为$I_2=2I_1$,所以$\frac{1}{3}I_2=\frac{2}{3}I_1$,因此若L正常发光,$L_1$,$L_2$和$L_3$不能正常发光,且比L暗.A,B选项错误.

L的功率$P_L=I_1^2R=P$,L_1的功率$P_{L_1}=\left(\frac{1}{3}I_2\right)^2R=\frac{4}{9}I_1^2R=\frac{4}{9}P$,C选项正确.

L正常发光时两端电压$U_L=I_1R=U$,电压表读数$V=U_1+U$,L_1的功率$P_{L_1}=\frac{U_2^2}{R}=\frac{4U^2}{9R}$,所以$U_2=\frac{2}{3}U$,$U_1=2U_2=\frac{4}{3}U$,$V=\frac{7}{3}U$,D选项正确.

所以本题正确答案为CD.

练 习

1. (2006年,北京大学)一个电阻为R的长方形线圈$abcd$沿着磁针所指的南北方向平放在北半球的一个水平桌面上.如右图所示,ab边长为L_1,bc边长为L_2.现突然将线圈翻转180°,使ab与dc交换一下位置,可设法测得导线中流过的电荷量为Q_1;然后维持ad边不动,将线圈绕ad边转动,使之突然竖起,这次测得导线中流过的电荷量为Q_2.试求该处地磁场的磁感应强度的大小.

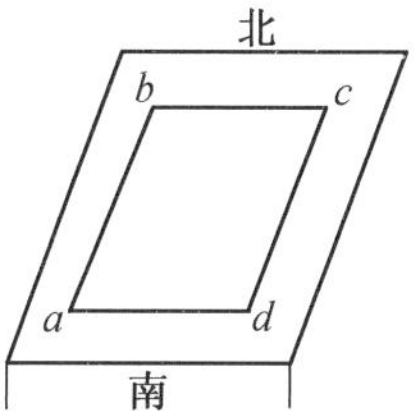

2. (2010年,复旦大学)边长为L的正方形导线框$abcd$,在磁感应强度为B的匀强磁场中以速度v垂直于边bc在线框平面内移动,磁场方向与线框平面垂直,如图所示,设整个线框的总感应电动势为ε,b,c两点间的电势差为U,则 ( )

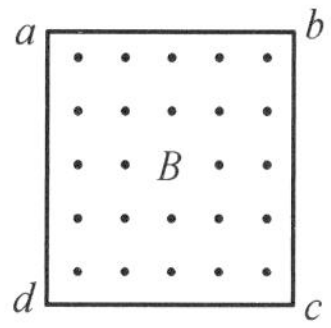

A. $\varepsilon=BLv$,$U=BLv$　　B. $\varepsilon=0$,$U=BLv$

C. $\varepsilon=0$,$U=0$　　D. $\varepsilon=BLv$,$U=0$

3. 磁悬浮列车的原理如下图所示,在水平面上,两根平行直导轨上有矩形金属框$abcd$,导轨间有竖直方向且等距离(跟ab边的长度相等)的匀强磁场B_1和B_2.当匀强磁场B_1和B_2同时以速度v沿直导轨向右运动时,金属框也会沿直导轨运动.设直导轨间距为$L=0.4$ m,$B_1=B_2=1$ T,磁场运动的速度为$v=5$ m/s,金属框的电阻$R=2$ Ω,问:

(1) 若金属框不受阻力时,它向何方向运动?

(2) 金属框始终受到$F_阻=1$ N的阻力时,它的最大速度是多少?

(3) 当金属框始终受到1 N的阻力时,要使它维持最大速度,每秒钟需消耗多少能量?

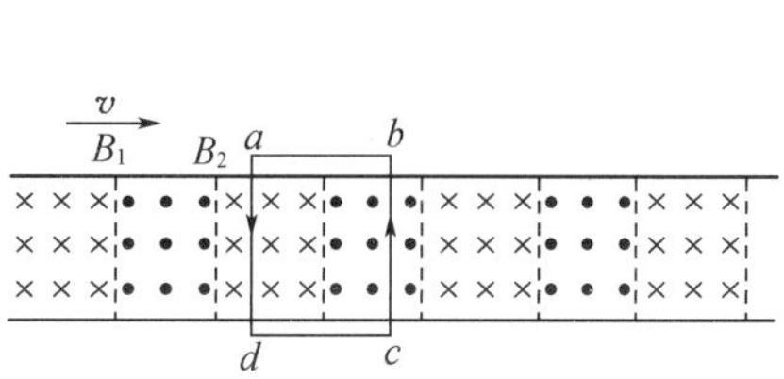

4. (2003年,上海交通大学;2008年,清华大学;2011年,东南大学夏令营)如图所示,半径为R的圆形区域内有随时间变化的匀强磁场,磁感应强度B随时间t均匀增加的变化率为k(k为常数),$t=0$时的磁感应强度为B_0,磁场方向与圆形区域垂直,在图中垂直纸面向内.一长为$2R$的金属直杆ac也处在圆形区域所在平面内,并以速度v扫过磁场区域.设在t时刻杆位于图示

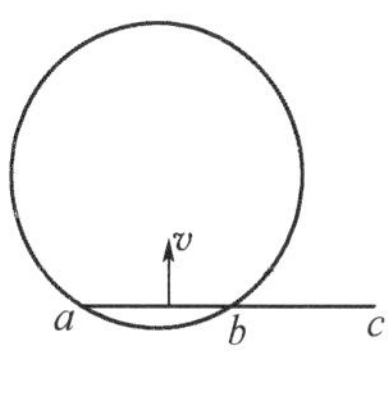

位置，此时杆的 ab 段正好在磁场内，bc 段位于磁场之外，且有 $ab=bc=R$，求此时杆中的感应电动势.

5. (2007 年，同济大学) 某理想变压器，当其输入端接在电动势为 ε、内阻为 r 的交流电源上，输出端接上电阻为 R 的负载时，R 上可获得最大功率. 问：

(1) 这时输入电流多大？负载上的最大功率为多少？

(2) 变压器的变压比为多少？

6. (2013 年，华约) 如图，有一电阻为 R 的长直螺线管，其两端通过电阻可忽略的导线相连接. 一个质量为 m 的小条形磁铁从静止开始落入其中，经过一段距离后以速度 v 做匀速运动. 假设小磁铁在下落过程中始终沿螺线管的轴线运动且无翻转.

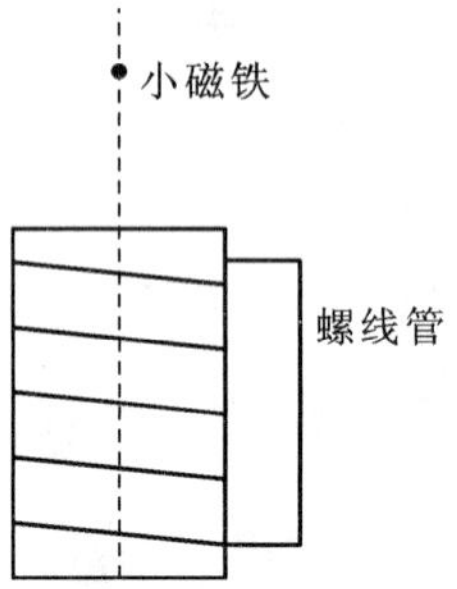

(1) 定性分析说明：小磁铁的磁性越强，最后匀速运动的速度就越小.

(2) 小磁铁做匀速运动时，回路中产生的感应电动势约为多少？

参考答案

1. $\dfrac{R}{2L_1L_2}\sqrt{2Q_1^2+4Q_1Q_2+4Q_2^2}$　2. B　3. (1) 向右　(2) 1.875 m/s　(3) 5 J　4. $\left(\dfrac{\sqrt{3}}{4}+\dfrac{\pi}{12}\right)kR^2-(B_0+kt)Rv$　5. (1) $\dfrac{\varepsilon}{2r}$　$\dfrac{\varepsilon^2}{4r}$　(2) $\sqrt{\dfrac{R}{r}}$

6. (1) 根据楞次定律，小磁铁的磁性越强，通过导线环的磁通量越大，因此下落过程中在导线环中产生的感应电流越大，这些感应电流产生的磁场也越强，从而对小磁铁的阻碍也越大，小磁铁向下运动的加速度越小，因此其极限速度就越小.　(2) $\varepsilon=\sqrt{mgRv}$

第9章 振动与波动

振动和波动是在各种领域普遍存在的运动方式，振动的传播就形成波动，因而这两个运动经常放在一起讨论，其数学工具也比较类似.

9.1 振　　动

最简单的振动是简谐振动，往往用余弦函数描述

$$x = A\cos(\omega t + \varphi).$$

相应的动力学方程为

$$\frac{\mathrm{d}^2 x}{\mathrm{d}t^2} + \omega^2 x = 0.$$

系统的总能量则为(以简谐弹簧振子为例)

$$E = \frac{1}{2}kx^2 + \frac{1}{2}mv^2 = \frac{1}{2}kA^2.$$

这是个保守系统，注意势能表达式为二次方形式. 能量对时间求导，则得动力学方程，从而得

$$\omega = \sqrt{\frac{k}{m}}.$$

对于单摆，在小角度近似时可得类似的二次方势能形式，亦可得

$$\omega = \sqrt{\frac{g}{l}}.$$

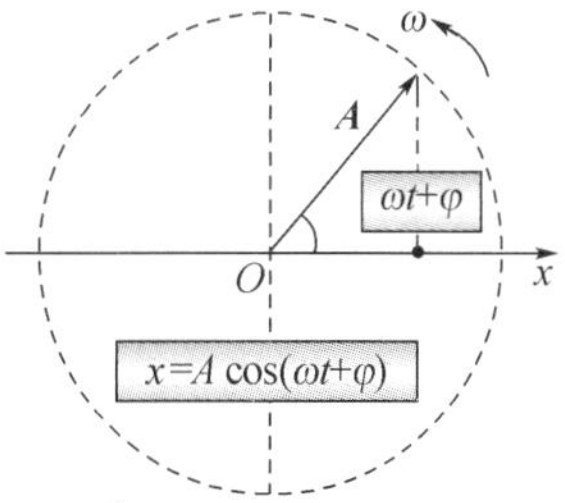

对简谐振动的描述，往往借助旋转矢量图(如右图所示). 以 O 为原点旋转矢量 $\boldsymbol{A}$，它的端点在 x 轴上的投影点的运动为简谐运动，由此可对简谐振动的圆频率、振幅和相位有直观的理解，在解题时也有很多的应用.

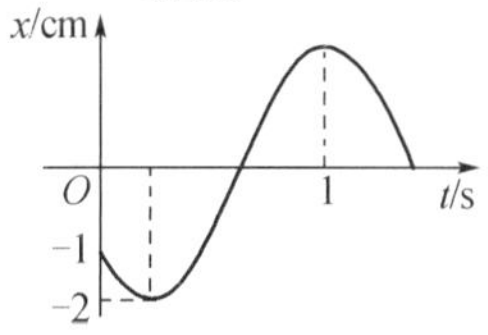

例 1　已知某简谐运动的运动曲线如图所示，求此简谐运动的方程.

解：设运动方程为 $x = A\cos(\omega t + \varphi)$.

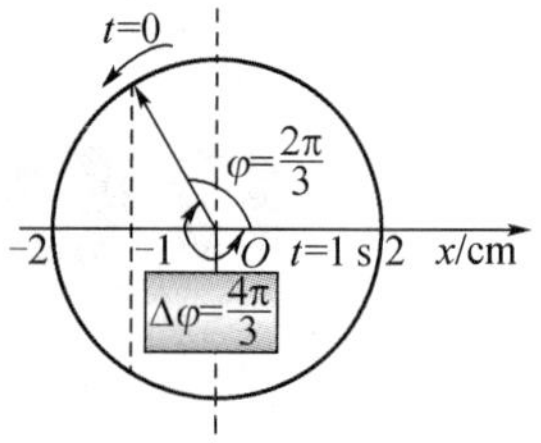

① φ 的确定：从旋转矢量图可以看出 $\varphi=\frac{2\pi}{3}$.

② ω 的确定：

$$x = A\cos\left(\omega t + \frac{2}{3}\pi\right).$$

由 $\omega\Delta t = \frac{4\pi}{3}$，其中 $\Delta t = 1$ s，得 $\omega = \frac{4\pi}{3}$.

所以简谐运动的方程为 $x = 2\cos\left(\frac{4\pi}{3}t + \frac{2\pi}{3}\right)$cm.

例 2 一质点在 x 轴上做简谐振动（如右图所示），选取该质点向右运动通过 A 点的时刻作为计时起点（$t=0$），经过 2 s 后质点第一次经过 B 点，再经过 2 s 后质点第二次经过 B 点，若已知该质点在 A，B 两点具有相同的速率，且 $AB=10$ cm，求：

(1) 质点的振动方程.

(2) 质点在 A 点的速率.

解：由旋转矢量图和 $|v_A|=|v_B|$ 可知 $\frac{T}{2}=4$ s，所以

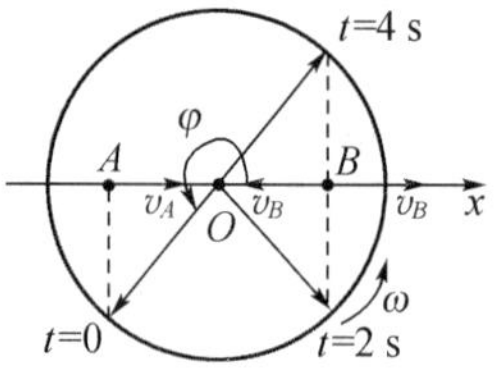

$$T = 8\ \text{s},\ f = \frac{1}{8}\ \text{Hz}.$$

$$\omega = 2\pi f = \frac{\pi}{4}\ \text{rad/s}.$$

(1) 以 AB 的中点为坐标原点，x 轴指向右方.

$t = 0$ 时，　　$x = -5\ \text{cm} = A\cos\varphi$.

$t = 2$ s 时，　　$x = 5\ \text{cm} = A\cos(2\omega + \varphi) = -A\sin\varphi$.

由上两式解得　　$\tan\varphi = 1$.

因为在 A 点质点的速度大于 0，所以 $\varphi = -\frac{3}{4}\pi$ 或 $\frac{5}{4}\pi$（如上图所示）.

$$A = \frac{x}{\cos\varphi} = 5\sqrt{2}\ \text{cm}.$$

所以振动方程为　　$x = 5\sqrt{2}\times10^{-2}\cos\left(\frac{\pi t}{4} - \frac{3\pi}{4}\right)$m.

(2) 速率　　$v = \left|\frac{\mathrm{d}x}{\mathrm{d}t}\right| = \left|\frac{5\sqrt{2}\pi\times10^{-2}}{4}\sin\left(\frac{\pi t}{4} - \frac{3\pi}{4}\right)\right|$ m/s.

当 $t = 0$ 时，质点在 A 点，速率为

$$v = \left|\frac{5\sqrt{2}\pi\times10^{-2}}{4}\sin\left(-\frac{3\pi}{4}\right)\right| \approx 3.93\times10^{-2}\ \text{m/s}.$$

例 3 （2010 年，南京大学附加题）如图所示，质量为 m 的物块静止在桌面上，上接一根劲度系数为 k 的轻质弹簧. 现施加一力在弹簧上端，使其以速度 v 匀速上升.

(1) 经过多长时间物块脱离地面？

(2) 物块速度第一次达到最大值时，求力 F 做的功.

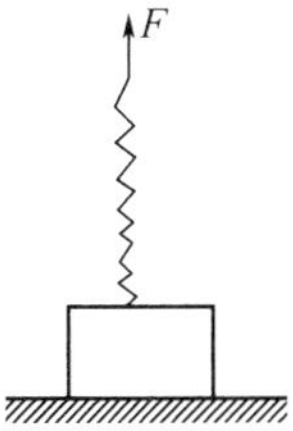

解：(1) 由 $kvt=mg$，得 $t=\frac{mg}{kv}$.

(2) 物块离开桌面以后做简谐运动，振动周期 $T=2\pi\sqrt{\frac{m}{k}}$.

物块刚要离开桌面时弹簧的伸长量为 x_0，满足 $kx_0=mg$.

此后将问题转换到以速度 v 竖直向上运动的参照系内，物块 m 将要离开桌面时以速度 v 向下运动，经过半个周期后变为以速度 v 向上运动，但回到地面参照系中看，物块速度达到最大，为 $2v$. 弹簧长度则没有变化，物块相应上升

$$h=v\cdot\frac{T}{2}=\pi v\sqrt{\frac{m}{k}}.$$

$$W_F=mgh+\frac{1}{2}kx_0^2+\frac{1}{2}m(2v)^2=mg\pi v\sqrt{\frac{m}{k}}+\frac{m^2g^2}{2k}+2mv^2.$$

例4 如图所示，质量分别为 m_1 和 m_2 的木块用劲度系数为 k 的轻弹簧连接起来，同时用两根绳子拉紧两物体，使弹簧压缩，某时刻将绳子烧断，求两木块的振动周期.（不计摩擦）

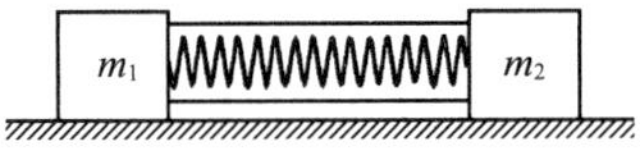

解：建立固连在木块 m_1 上、沿弹簧方向的 x 轴，原点 O 与静止时 m_1 的位置相距为弹簧的自然长度 L_0，如右图所示，m_2 的位置坐标的大小与弹簧的形变量 ΔL 相等. 取 m_1 为参照物，绳断后任一瞬间，m_1 对地的加速度 $a_1=-\frac{k\Delta L}{m_1}$，$m_2$ 对地的加速度 $a_2=\frac{k\Delta L}{m_2}$，则 m_2 相对 m_1 的加速度 a' 为

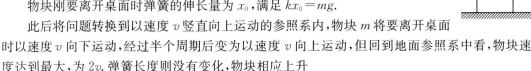

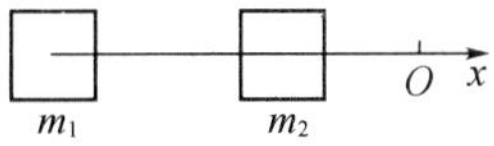

$$a'=a_2-a_1=k\Delta L\left(\frac{1}{m_1}+\frac{1}{m_2}\right)=-kx\left(\frac{1}{m_1}+\frac{1}{m_2}\right).$$

设 F' 为在 m_1 系中 m_2 的受力，则有

$$F'=m_2a'=-\left[\frac{k(m_1+m_2)}{m_1}\right]x=-k'x.$$

式中，x 等效为 m_1 系中 m_2 相对坐标原点 O 的位移. 因此，在 m_1 系中，可认为 m_2 在线性回复力 F' 的作用下做简谐振动，其振动周期 T' 为

$$T'=2\pi\sqrt{\frac{m_2}{k'}}=2\pi\sqrt{\frac{m_1m_2}{k(m_1+m_2)}}.$$

由参考系变换和等时性，可知在地面参考系中，m_1，m_2 系统的振动周期 T 与 T' 相等，即

$$T=T'=2\pi\sqrt{\frac{m_1m_2}{k(m_1+m_2)}}.$$

注：容易看出式子中存在两体问题约化质量的表达式，也就是说从两体问题单体化角度看这个结果是显然的. 实际上本题如用质心知识来解也很简单. 因质心位置不动，将弹簧一分为二，由 $\frac{k_1}{k_2}=\frac{x_2}{x_1}$，$m_1x_1=m_2x_2$，$\frac{1}{k}=\frac{1}{k_1}+\frac{1}{k_2}$，可得 k_1 值，代入 $\frac{1}{T}=2\pi\sqrt{\frac{m_1}{k_1}}$ 可方便得解. 清华大学 2006 年

的考题实际上只讨论了 $m_1=m_2$ 的情况.

例5 一单摆的悬线长 $l=1.5$ m,在顶端固定点的铅直下方 0.45 m 处有一小钉,如图所示,设其左右摆动的角度均较小,问:单摆的左右两方振幅之比 $\frac{A_1}{A_2}$ 为多少?

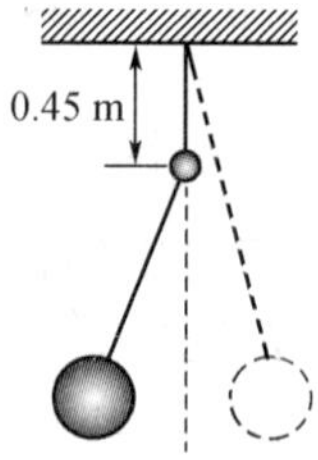

解:左右摆长分别为

$$l_1=(1.5-0.45)\text{m}=1.05\text{ m},l_2=1.5\text{ m}.$$

在摆动过程中能量守恒,有

$$\frac{1}{2}m(\omega_1A_1)^2=\frac{1}{2}m(\omega_2A_2)^2.$$

因单摆的 $\omega=\sqrt{\frac{g}{l}}$,故有

$$\frac{A_1}{A_2}=\frac{\omega_2}{\omega_1}=\sqrt{\frac{l_1}{l_2}}=\sqrt{\frac{1.05}{1.5}}\approx0.84.$$

例6 如图所示,电荷量分别为 $4q$ 和 $-q$ 的小球 A,B 固定在水平放置的光滑绝缘细杆上,相距为 d,在杆上套一个带电小环 C,带电体 A,B 和 C 均可视为点电荷.

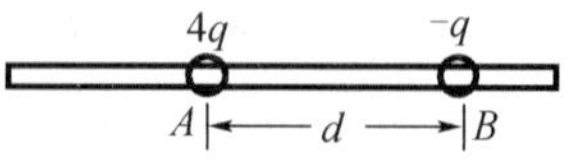

(1) 求小环 C 的平衡位置.

(2) 若小环 C 的电荷量为 q,将小环拉离平衡位置微小位移 $x(|x|\ll d)$ 后由静止释放,试判断小环 C 能否回到平衡位置.(回答"能"或"不能"即可)

(3) 若小环 C 的电荷量为 $-q$,将小环拉离平衡位置微小位移 $x(|x|\ll d)$ 后由静止释放,试证明小环 C 将做简谐运动.$\left(\text{提示:当}\ \alpha\ll1\ \text{时,有}\frac{1}{(1+\alpha)^n}=1-n\alpha.\right)$

解:(1) 设 C 在 A,B 连线的延长线上距离 B 为 l 处达到平衡,电荷量为 Q,据库仑定律 $F=k\frac{qQ}{r^2}$,得平衡条件

$$\frac{4kqQ}{(d+l)^2}=\frac{kqQ}{l^2}.$$

解得 $l=d$.(另一解 $l=-\frac{d}{3}$,舍去)

所以平衡位置距离 B 球为

$$l=d.$$

(2) 不能.

(3) 小环 C 的电荷量为 $-q$,平衡位置不变,拉离平衡位置微小位移 x 后,设向右为正方向,小环 C 受力

$$F_C=\frac{-4kq^2}{(2d+x)^2}+\frac{kq^2}{(d+x)^2}.$$

当 $\alpha\ll1$ 时,$\frac{1}{(1+\alpha)^n}\approx1-n\alpha$,利用这个近似关系化简得

$$F_C=-\frac{kq^2}{d^3}x.$$

所以小环 C 将做简谐运动.

例 7　(2012 年,东南大学夏令营)空间 $x=0$ 和 $x=0.2$ m 之间的区域存在大小为 $B=0.5$ T,方向垂直纸面向里的磁场(不考虑重力场).一质量为 $m=0.1$ kg,自感为 $L=1.0\times10^{-3}$ H,边长为 $l=0.8$ m 的正方形线框 $abcd$,在 $t=0$ 时刻以速度 $v_0=4$ m/s 从左边 $x=0$ 处进入磁场区域,试确定 $t=\frac{\pi}{36}$s 时线框的位置 x.

解:设线框的 dc 段进入磁场区域 x 处,由于切割磁场线,将产生动生电动势,从而在线框回路中产生的电流为

$$I=\frac{\Phi}{L}=\frac{Blx}{L}.$$

由楞次定律,容易判定 dc 段所受安培力与其运动方向相反,于是可得线框所受外力为

$$F=-IlB=-\frac{B^2l^2x}{L}=-kx.$$

其中 $k=\frac{B^2l^2}{L}$.

这表明线框所受外力为线性回复力,线框将进行简谐运动,其圆频率、周期和振幅分别为

$$\omega=\sqrt{\frac{k}{m}}=\frac{Bl}{\sqrt{mL}}=40\ \text{rad/s},$$

$$T=\frac{2\pi}{\omega}=\frac{\pi}{20}\ \text{s},$$

$$A=\frac{v_0}{\omega}=0.1\ \text{m}.$$

振幅小于磁场区域的宽度 0.2 m,线框不会向右超出磁场区域,则线框做简谐运动半个周期后向左离开磁场区域,然后做速度为 $v=-v_0$ 的匀速直线运动,从而可知在 $t=\frac{\pi}{36}$ s 时线框的位置为

$$x=-v_0\left(t-\frac{T}{2}\right)=-4\times\left(\frac{\pi}{36}-\frac{\pi}{40}\right)=-0.035\ \text{m}.$$

例 8　一水平放置在光滑地面上的轻弹簧,原长为 l_0,弹性系数为 k,一端固定在左面墙壁 L 上,另一端系一质量为 M 的滑块 A,A 旁又有一质量为 m 的滑块 B,如图所示.若用外力将 A,B 一起推压使弹簧压缩距离为 Δl 而静止(假设 $\Delta l<l_0$),然后撤销外力.

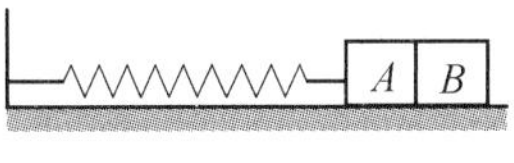

(1) 求 B 离开 A 时的位置 x 和速度 v.(以弹簧原长处为 x 轴原点,不计滑块尺寸)

(2) 假若 A 运动到距左面墙壁 L 最远处时,正好与弹性碰撞右面墙壁 R 返回的 B 发生弹性正碰,试求两边墙壁的最短距离 $d_{\min}$ 以及碰撞后 A 的速度 V.

(3) 若 $m=M$,确定 A,B 再次碰撞的时间 t,并分析此后 A,B 的运动情况.

解:(1) 取弹簧原长处为原点 O,则脱离位置 $x=0$,据能量守恒,有

$$\frac{1}{2}k\Delta l^2=\frac{1}{2}(M+m)v^2.$$

于是可得

$$v=\sqrt{\frac{k}{M+m}}\Delta l.$$

(2) 脱离后,由$\frac{1}{2}kA^2=\frac{1}{2}Mv^2$,可得 M 振幅为

$$A=\sqrt{\frac{M}{M+m}}\Delta l.$$

M 从 O 点向右运动到最大位移处所需最短时间为

$$t=\frac{T}{4}=\frac{\pi}{2}\sqrt{\frac{M}{k}}.$$

由运动学可知

$$(d_{\min}-l_0)+(d_{\min}-l_0-A)=vt.$$

于是可得

$$d_{\min}=l_0+\left(1+\frac{\pi}{2}\right)\frac{1}{2}\sqrt{\frac{M}{M+m}}\Delta l.$$

B,A 弹性正碰时,动量和能量守恒,即有

$$-mv=MV+mv',$$

$$\frac{1}{2}mv^2=\frac{1}{2}MV^2+\frac{1}{2}mv'^2.$$

联立两式,解得

$$V=-\frac{2m}{M+m}v,\ v'=\frac{M-m}{M+m}v.$$

(3) 若 $m=M$,则 $V=-v$,$v'=0$. B 停住,A 将做简谐运动. 设其振幅为 A',则

$$\frac{1}{2}kA'^2=\frac{1}{2}Mv^2+\frac{1}{2}kA^2=2\times\frac{1}{2}kA^2.$$

于是可得

$$A'=\sqrt{2}A=\Delta l.$$

由旋转矢量图易知,A 再回到碰撞处所需时间为

$$t'=\frac{3}{4}T=\frac{3\pi}{2}\sqrt{\frac{M}{k}}.$$

再碰后,M 和 m 速度互换,它们继续的运动过程正好是第一次分离到第一次正碰过程的逆过程. 它们将在第一次分离处靠在一起,然后回复到最初的状态. 这样又会开始新一轮的周期运动.

练 习

1. 当质点以频率 f 做简谐振动时，它的动能的变化频率为 （ ）

A. f　　B. $2f$　　C. $\frac{f}{2}$　　D. $4f$

2. 一简谐振动曲线如右图所示，则振动周期是 （ ）

A. 2.62 s　　B. 2.40 s

C. 0.42 s　　D. 0.382 s

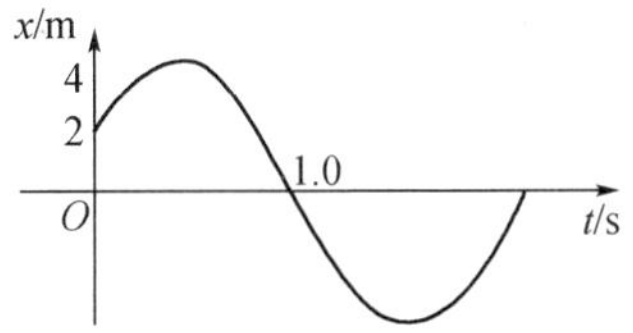

3. (2009 年，浙江大学)一个单摆的原始周期为 T，放置于一电梯内. 试求当电梯向上加速、向下加速和匀速运动时的单摆周期.

4. (2009 年，同济大学)金字塔形(四棱锥)的冰山浮于海水中，平衡时塔尖离水面的高度为 h，冰的密度为 ρ_1，海水的密度为 ρ_2，有 $\rho_1<\rho_2$，略去运动方向上的所有阻力，试求冰山自身高度 H 和冰山在平衡位置附近做竖直方向小振动的周期 T.

5. (2011 年，华约)物体 x 在平面上做简谐运动，A，B 两点相距 16 cm，物体 x 由 A 运动到 B 用时 1 s，并在 A，B 两点有相同的速率，物体 x 在 1 s 后再次通过 B 点，求其周期与振幅.

参考答案

1. B　2. B　3. $\sqrt{\frac{g}{g+a}}T$　$\sqrt{\frac{g}{g-a}}T$　T　4. $h\sqrt{\frac{1}{1-\frac{\rho_1}{\rho_2}}}$　$2\pi\sqrt{\frac{h}{3\left(\frac{\rho_2}{\rho_1}-1\right)g}}$

5. $T=4$ s　$A=8\sqrt{2}$ cm

9.2 波　　动

振动的传播形成波动，这种传播也就是相位的传播，从波形上说是波形的传播. 最简单的波是简谐波，可用余弦函数表示，具有时间周期 T 和空间周期 λ(即波长). 沿 x 轴正向传播的简谐波的波函数为

$$y=A\cos\left[\omega\left(t-\frac{x}{u}\right)+\varphi\right]=A\cos\left[2\pi\left(\frac{t}{T}-\frac{x}{\lambda}\right)+\varphi\right]=A\cos\left[\omega t-\frac{2\pi x}{\lambda}+\varphi\right].$$

其中 $u=\frac{\lambda}{T}$ 为波速.

当波源运动时，波的波长(即两个波峰间的距离)会发生变化，而当观察者运动时，接收到的完整波数也会发生变化，这就产生了多普勒效应

$$\nu'=\frac{u+v_0}{u+v_s}\nu.$$

注意：① 介质静止，观察者和波源沿着它们的连线运动；② 注意其中速度正负号的规定，沿着 OS(观察者到波源)方向为正，反之为负.

当一个物体(如子弹、飞机等)在介质中以超声速运动时，会激起冲击波，其波前的包络面是

一个圆锥面，圆锥的顶角 $\sin\varphi=\dfrac{v}{u}$，式中物体的运动速度为 u，声波的运动速度为 v.

对波而言最重要的特性是相干叠加性，表现为干涉和衍射等现象. 当波从波疏介质垂直入射到波密介质时，反射波在分界处产生 π 的相位跃变，相当于损失了半个波长的波程差，称为半波损失.

例 1 （2009 年，清华大学）如下图所示，波源 S_1 在绳的左端发出一个时间跨度为 T_1，振幅为 A_1 的三角波 a；同时，波源 S_2 在绳的右端发出一个时间跨度为 T_2，振幅为 A_2 的三角波 b. 已知 $T_1>T_2$，若波沿绳的传播速度为 u，P 点为两波源连线的中点，则下列选项中错误的是（　　）

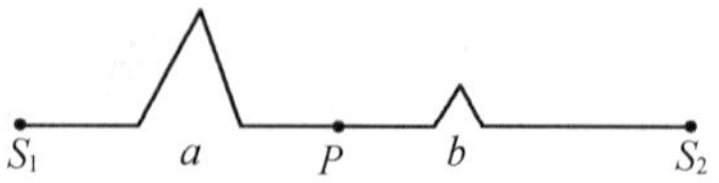

A. 两列波在 P 点叠加时，P 点的位移最大可达 A_1+A_2

B. a 波的波峰达到 S_2 时，b 波的波峰尚未到达 S_1

C. 两列波的波峰相遇的位置在 P 点左侧

D. 要使两列波的波峰在 P 点相遇，两列波发出的时间差为 $\dfrac{1}{8}(T_1-T_2)$

解：两波同时由波源发出，且波速相等，因此两波的波前同时到达 P 点，a 波的波峰将晚于 b 波的波峰到达 P 点，两波峰将在 P 点左侧相遇. 可见 P 点的最大位移不可能达到 A_1+A_2. 欲使两列波的波峰在 P 点相遇，a 波须提前 $\dfrac{T_1-T_2}{2}$ 发出. 本题应选 ABD.

例 2 如下图所示，声源 S 和观察者 A 都沿 x 轴正方向运动，相对于地面的速率分别为 v_S 和 v_A，空气中声音传播的速率为 v_P，设 $v_S<v_P$，$v_A<v_P$，空气相对于地面没有流动.

(1) 若声源相继发出两个声信号，时间间隔为 Δt，请根据发出的这两个声信号从声源传播到观察者的过程，确定观察者接收到这两个声信号的时间间隔 $\Delta t'$.

(2) 请利用(1)的结果，推导出此情形下观察者接收到的声波频率与声源发出的声波频率间的关系式.

解：(1) 设发出第一个信号时，S，A 相距 s，则 A 接收到第一个信号的时间为

$$t_1=\frac{s}{v_P-v_A}.$$

过 Δt 后，S，A 相距 $s-(v_S-v_A)\Delta t$，则 A 接收到第二个信号的时间为

$$t_2=\frac{s-(v_S-v_A)\Delta t}{v_P-v_A}.$$

$$\Delta t'=t_2+\Delta t-t_1=\Delta t-\frac{(v_S-v_A)\Delta t}{v_P-v_A}=\frac{(v_P-v_S)\cdot\Delta t}{v_P-v_A}.$$

(2) 由

$$\frac{1}{\nu'}=\frac{v_P-v_S}{v_P-v_A}\cdot\frac{1}{\nu},$$

得

$$\nu'=\frac{v_P-v_A}{v_P-v_S}\nu.$$

注:本题是江苏的一道高考题,实际上可以看成是换了个角度来证明由多普勒效应给出的频率关系公式.

例3　(2009年,东南大学)一频率 $f=100$ Hz的波源,以速度 $v=500$ m/s做匀速直线运动,且以相等的时间间隔向各个方向同时发出机械波.某一时刻,发出的机械波在运动平面上到达的最远位置如右图所示(图中每个小正方格的边长相等),则该机械波的波长约为　(　　)

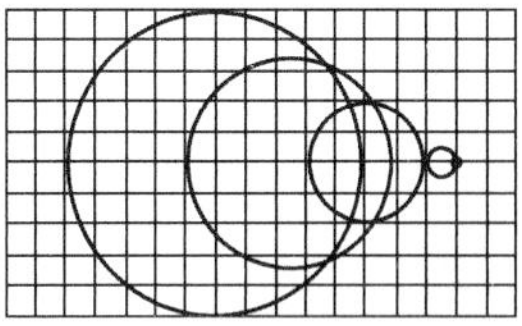

A. 1 m　　B. 3 m　　C. 5 m　　D. 7 m

解:t 时刻发出的波在图示时刻已传至半径为 $5a$ 处(a 为一个小方格的边长),而这段时间内波源运动的距离约为 $8a$,故

$$\frac{8a}{v}=\frac{5a}{u},$$
$$u=f\lambda.$$

联立得

$$\lambda=\frac{5v}{8f}\approx 3\text{ m}.$$

故答案应选B.

例4　(2012,卓越联盟)通过荧光光谱分析可以探知元素的性质,荧光光谱分析仪是通过测量电子从激发态跃迁到基态时释放的光子频率来实现的.激发态的原子可以采用激光照射基态原子的方法来获得.现用激光照射迎着激光而来的一离子束,使其电子从基态跃迁到激发态,已知离子质量为 m,电荷量为 $e(e>0)$,假设该离子束处于基态时的速度分布如图所示,v_0 为该离子束中离子的最大速度($v_0\ll c$).

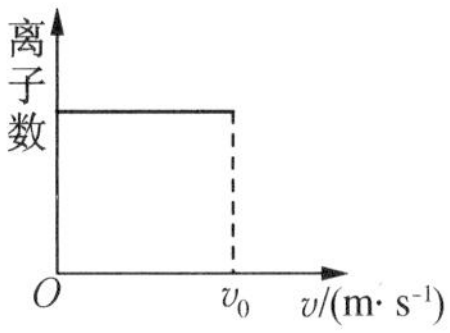

(1) 速度为 v 的离子束迎着发射频率为 ν 的激光运动时,根据经典多普勒效应,接收到此激光的频率为 $\nu'=\nu\left(1+\frac{v}{c}\right)$,其中 c 为光速.设波长为 λ_0 的激光能够激发速度 $v=0$ 的基态离子,若要激发全部离子,试推断激光的波长范围.

(2) 若用电压为 U 的加速电场加速处于基态的离子束,试推断离子束的速度分布的范围是变大了还是变小了;加速后的基态离子束再被激发,那么激光的波长范围与(1)问的结论相比如何变化?

解:(1) 因为波长为 λ_0 的激光能够激发速度 $v=0$ 的基态离子,因此,以速度为 v 运动的离子若要被激发,该离子接收到的激光波长(即在以速度 v 运动的参考系上测到的激光波长)也必须是 λ_0.由经典多普勒效应,迎着激光以速度 v 运动的离子束接收到激光的频率为 $\nu'=\nu\left(1+\frac{v}{c}\right)$,因此,离子能被激发的频率是

$$\nu'=\frac{c}{\lambda_0}. \quad ①$$

设激发速度为 v 的离子束的激光波长为 λ,则

$$\lambda=\lambda_0\left(1+\frac{v}{c}\right). \quad ②$$

若要激发全部离子，激光的波长范围为

$$\lambda_0 \leqslant \lambda \leqslant \lambda_0\left(1+\frac{v_0}{c}\right). \qquad ③$$

(2) 设初速度为 v 的离子经加速电场后的速度为 v'，由动能定理得

$$eU=\frac{1}{2}mv'^2-\frac{1}{2}mv^2. \qquad ④$$

$$v'=\sqrt{v^2+\frac{2e}{m}U}. \qquad ⑤$$

原来速度为 0 的离子加速后的速度最小，速度为 v_0 的离子加速后的速度最大，设加速后速度分布的范围为 $\Delta v'$，则

$$\Delta v'=\sqrt{v_0^2+\frac{2e}{m}U}-\sqrt{\frac{2e}{m}U}.$$

整理得

$$\Delta v'=\frac{v_0^2}{\sqrt{v_0^2+\frac{2e}{m}U}+\sqrt{\frac{2e}{m}U}}. \qquad ⑥$$

加速前离子的速度分布范围为 $\Delta v=v_0-0$，所以

$$\Delta v'<\Delta v. \qquad ⑦$$

离子束经加速电场后，速度分布的范围变小了.

设(1)问中激光的波长范围为 $\Delta\lambda_0$，有

$$\Delta\lambda_0=\lambda_0\left(1+\frac{v_0}{c}\right)-\lambda_0=\frac{\lambda_0}{c}v_0. \qquad ⑧$$

设经加速电场加速后所需激光的波长范围为 $\Delta\lambda$，综合②⑤⑥式得

$$\Delta\lambda=\frac{\lambda_0}{c}\Delta v'. \qquad ⑨$$

由⑦⑧⑨式得

$$\Delta\lambda<\Delta\lambda_0. \qquad ⑩$$

因此，为激发经加速电场后的全部离子，激光的波长范围变小.

例 5 (2009 年，清华大学)如右图所示，位于 y 轴上的 S_1，S_2 是两个振动相位、振幅和振动方向均相同的点状波源，相距 4.2 cm. 两波源发射的电磁波的波长均为 1.0 cm. 一点状检波器沿 Ox 方向由 S_1 向 x 正方向移动. 检波器检测到信号极弱的小区域的个数为 ( )

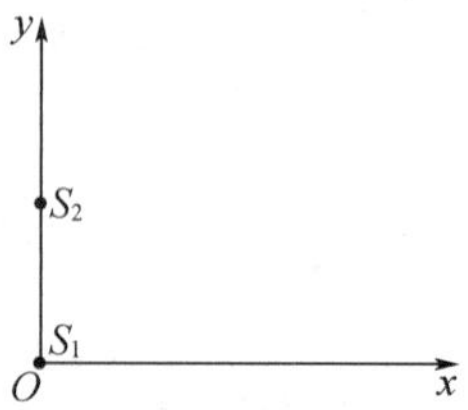

A. 无穷多　　　　B. 2

C. 4　　　　D. 6

解：根据波的干涉原理，设在 Ox 轴上某点 P 到 S_1 的距离为 r_1，到 S_2 的距离为 r_2. 信号极弱点

满足的条件是

$$r_2 - r_1 = (2k+1) \cdot \frac{\lambda}{2}. \quad (k = 0,1,2,\cdots)$$

根据三角形的特点

$$r_2 - r_1 \leqslant S_1S_2 = 4.2\ \mathrm{cm}.$$

即

$$(2k+1)\frac{\lambda}{2} \leqslant 4.2\ \mathrm{cm}.$$

所以 $k \leqslant 3.7$,即 $k = 0,1,2,3$. 故答案为C.

练　习

1. (2013年,北约)简谐机械波在同一种介质中传播时,下述结论中正确的是　(　　)

A. 频率不同时,波速不同,波长也不同

B. 频率不同时,波速相同,波长则不同

C. 频率不同时,波速相同,波长也相同

D. 频率不同时,波速不同,波长则相同

2. (2010年,清华大学等5校联考)如图所示,在 xOy 平面内有一列沿 x 轴传播的简谐波,频率为2.5 Hz. 在 $t=0$ 时,P 点位于平衡位置,且速度方向向下,Q 点位于平衡位置下方的最大位移处,则在 $t=0.35$ s时,P,Q 两质点的　(　　)

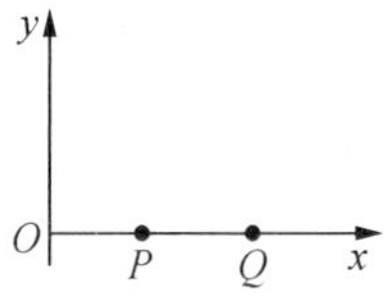

A. 位移大小相等,方向相反　　B. 速度大小相等,方向相同

C. 速度大小相等,方向相反　　D. 加速度大小相等,方向相反

3. 如图所示的实线和虚线分别表示两个波长和振幅都相同的简谐横波在同一根弹性绳上分别向左、向右传播时,某一时刻两列波的波形(各只画了半个波长),P,Q,S 表示弹性绳上的3个质点的平衡位置,下列说法正确的是　(　　)

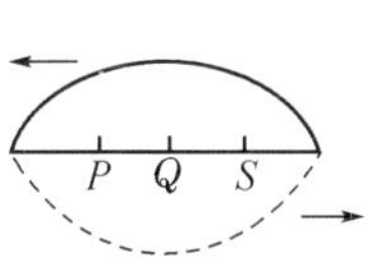

A. 该时刻 P,Q,S 都处于各自的平衡位置

B. 该时刻 P,Q,S 的速度都为0

C. 该时刻 P 点的速度向上,Q 点的速度为0,S 点的速度向下

D. 该时刻 P 点的速度向下,Q 点的速度为0,S 点的速度向上

4. 如图所示,两列波长为 λ 的相干波在 P 点相遇. S_1 点的初相位是 φ_1,S_1 点到 P 点的距离是 r_1;S_2 点的初相位是 φ_2,S_2 点到 P 点的距离是 r_2. 以 k 代表0或正负整数,则 P 点是干涉极大点的条件为　(　　)

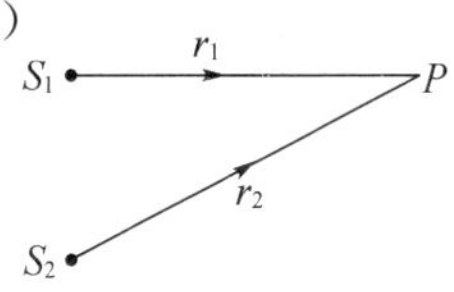

A. $r_2 - r_1 = k\lambda$

B. $\varphi_2 - \varphi_1 = 2k\pi$

C. $\varphi_2 - \varphi_1 + 2\pi(r_2 - r_1)\dfrac{1}{\lambda} = 2k\pi$

D. $\varphi_2 - \varphi_1 + 2\pi(r_1 - r_2)\dfrac{1}{\lambda} = 2k\pi$

5. 如右图所示，原点 O 是波源，振动方向垂直纸面，波长是 λ，AB 为波的反射平面，反射时无半波损失. O 点位于 A 点的正上方，$|AO|=h$，Ox 轴平行于 AB. 求 Ox 轴上干涉加强点的坐标.（限于 $x\geqslant 0$）

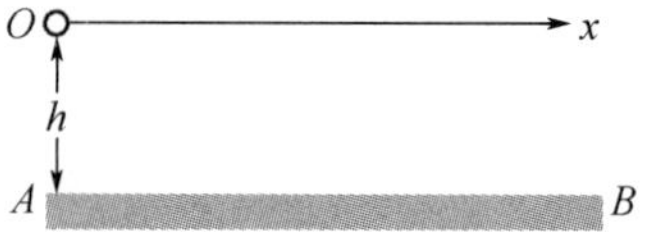

6. (2014 年，卓越联盟) 如右图所示，某空间中的两个机械波波源 A，B 的振动同步且振幅相同，已知 A，B 间距为两倍波长，考察空间中一点 C 的干涉情况，其中，C 到 A 的距离为 1.5 倍波长，且 AC 垂直于 AB. 设 C 点的振动频率是 A 点振动频率的 m 倍，C 点振幅是 A 点振幅的 n 倍，则下列选项成立的是（　　）

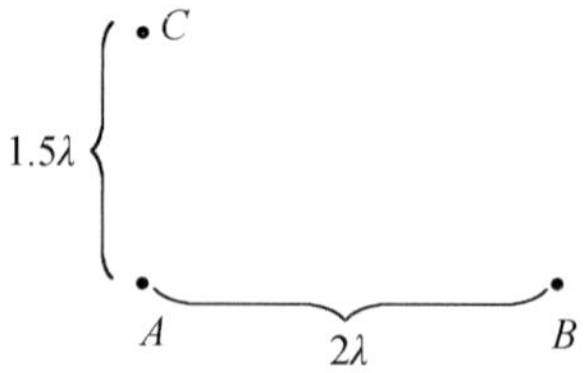

A. $m=1$　　B. $m=2$

C. $n=1$　　D. $n=2$

参考答案

1. B　2. ABD　3. AC　4. D　5. $x=\dfrac{4h^2-(k\lambda)^2}{2k\lambda}$ $\left(k=1,2,\cdots,\text{且 } k<\dfrac{2h}{\lambda}\right)$　6. AD

第10章 经典光学

光学和力学一样有着古老的历史.在中国的《墨经》中就有一些有关光学知识的记载,例如小孔成像等,这些基本属于几何光学的范畴,光被看成光线来处理.惠更斯则用波的图像来解释光的干涉、衍射和偏振现象,后来麦克斯韦在电磁场理论的基础上确认光是电磁波,这部分内容往往称为波动光学或物理光学.几何光学和波动光学统称为经典光学,与之相对的是量子光学,在与物质相互作用的过程中,必须把光看成光量子.这一章我们仅限于讨论经典光学,量子光学则在下一章讨论.

10.1 几何光学

几何光学的实验基础是光的直线传播、反射和折射定律,在此基础上可以上升到费马原理,即光总是沿最平稳(最小、最大)的路径传播,这个路径是可逆的.依靠这些定律,并借助几何知识和近似公式,就可以解决几何光学的基本问题.在这个部分,要注意全反射的应用,这是现代光纤光学的一个重要基础.

在几何光学基本定律的基础上,可以推导出光学成像理论.对于单个光学元件(薄透镜、球面镜和平面镜),近轴光线的成像都可以表示为高斯公式

$$\frac{1}{u}+\frac{1}{v}=\frac{1}{f}.$$

其中:u 为物距,实物取正,虚物取负;v 为像距,实像为正,虚像为负;f 为透镜或面镜的焦距,凸透镜和凹面镜取正,凹透镜和凸面镜取负.

当平行于光学元件主轴的光线入射时,透镜的透射光线或面镜的反射光线将会聚或发散,会聚光线或发散光线的反向延长线的交点称为焦点,焦点与元件的距离则为焦距.对于透镜的焦距可用制镜者公式计算(参考本节练习第5题),对于球面镜则为其曲率半径的一半,而平面镜的焦距则视为无穷大.

在成像作图中,要注意一些特殊光线.与主轴平行的光线,透射或反射后将会通过(或反向延长线通过)焦点;通过(或反向延长线通过)焦点的光线,透射或反射后将会与主轴平行.这两种光线都与焦点有关,其行为显然符合光路可逆原理.另外,对于透镜,通过光心的光线通过透镜后仍沿原传播方向直线传播;对于球面镜,通过曲率中心的入射光线,其反射光线和入射光线重合但方向相反.

例 1 如图所示，巡查员站立于一空的贮液池边，检查池角处出液口的安全情况. 已知池宽为 L，照明灯到池底的距离为 H，若保持照明光束方向不变，向贮液池中注入某种液体，当液面高为 $\frac{H}{2}$ 时，池底的光斑距离出液口 $\frac{L}{4}$.

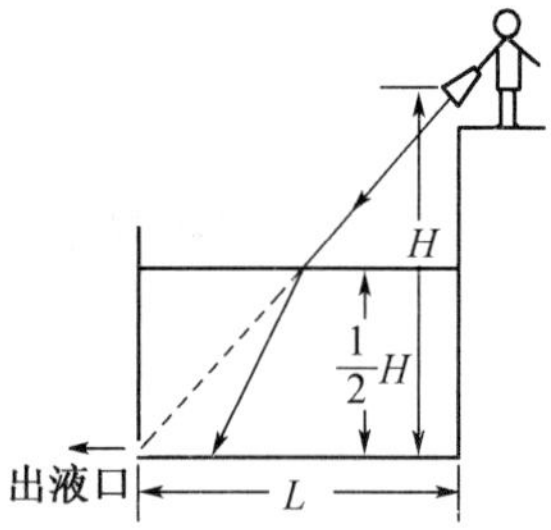

(1) 试求当液面高为 $\frac{2H}{3}$ 时，池底的光斑到出液口的距离 x.

(2) 控制出液口缓慢地排出液体，使液面以 v_0 的速率匀速下降，试求池底的光斑移动的速率 v_x.

解:(1) 如右图所示，设当液面高为 $h'=\frac{2H}{3}$ 时，池底的光斑到出液口的距离为 x'，由几何比例关系知

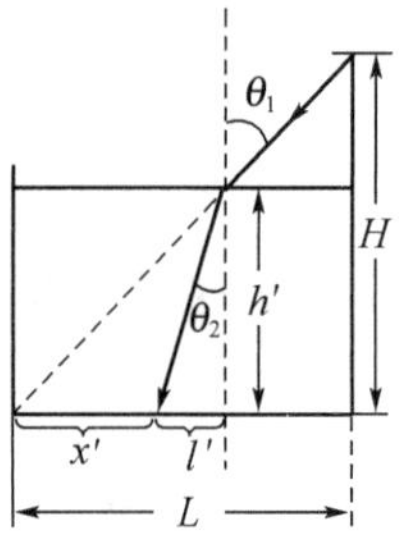

$$x'+l'=\frac{2L}{3}.$$

液面高度变化，因照明光束方向不变，入射角不变，故折射角不变，有 $\theta'_2=\theta_2$，$\tan\theta'_2=\tan\theta_2$，即

$$\frac{l'}{h'}=\frac{l}{h}.$$

将 $h=\frac{H}{2}$，$l=\frac{L}{4}$，$h'=\frac{2H}{3}$ 代入上式，得

$$l'=\frac{L}{2H}\cdot\frac{2}{3}H=\frac{L}{3}.$$

解得
$$x'=\frac{L}{3}.$$

(2) 设液面匀速下降的某一时刻，池底光斑到出液口的距离为 x，相应的液面高为 h，由几何关系知

$$\frac{x+l}{h}=\frac{L}{H}.$$

液面高度变化，入射角不变，故折射角不变，有

$$\tan\theta'_2=\tan\theta_2，即\frac{l}{h}=\frac{\frac{1}{4}L}{\frac{1}{2}H}=\frac{L}{2H}.$$

由以上两式消去 l，得
$$x=\frac{L}{2H}h,$$

所以光斑移动的速率
$$v_x=\frac{L}{2H}v_0.$$

注:本题联系生产实际，涉及数学知识运用的能力：① 运用几何知识灵活分析光路；② 运用数学“微分”方法求光斑速率.

例 2 (2010 年，南京大学强化班)如图所示，一束间距为 R 的光线沿平行于某一直径的方向对称地射入半径为 R 的均匀介质球中.

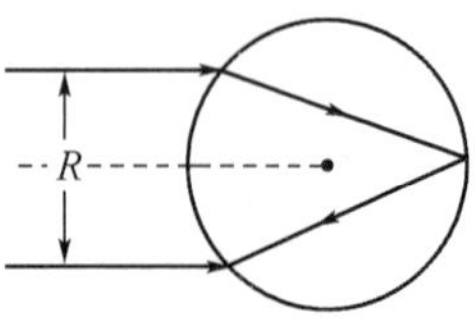

(1) 为何光不会在后表面发生全发射?

(2) 假如有一束光的光路图如右图所示，求均匀介质球的折射率.

解:(1) 如图甲所示，设光在 A 处折射的入射角为 i，折射角为 γ，且射

到球面的 B 点，由于 $OA=OB$，故 $\angle ABO=\gamma$，据对称性，光线在 B 处的折射角必为 i，即一定不会发生全反射.

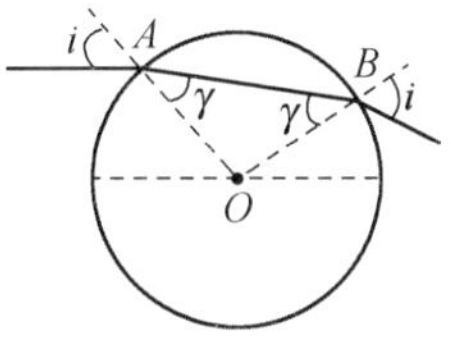

图甲

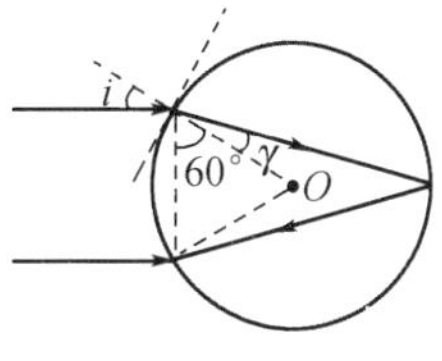

图乙

(2) 在图乙所示的光路中，由几何关系得 $i=30^\circ$，同时 $\gamma=\frac{i}{2}=15^\circ$.

由 $\sin i=n\sin\gamma$，得 $\sin 30^\circ=n\sin 15^\circ$，即 $n=2\cos 15^\circ\approx 1.93$.

例 3　(2009 年，清华大学；2017 年，东南大学)顶角为 φ 的三棱镜，折射率为 n. 一束光从其一侧面以入射角 i 射入，求从另一侧面射出光束的偏转角 δ 的一般表达式，进而求出：

(1) 若 $\varphi=60^\circ$，$n=\sqrt{2}$，入射光线平行于等边三棱镜的底面，且镜内折射光线未射到底面上，求偏转角.

(2) 若 φ 很小，棱镜成一尖劈，入射光线以小入射角入射时，偏转角为多大?

解：光路如右图所示，根据折射定律有

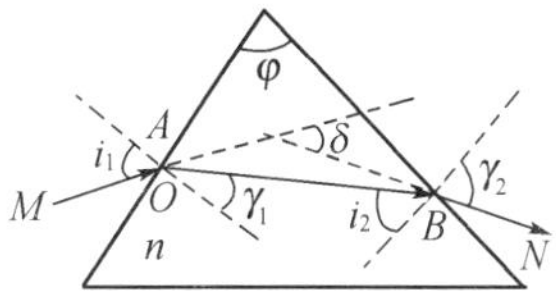

$$\sin i_1=n\sin\gamma_1,\qquad ①$$

$$\sin\gamma_2=n\sin i_2.\qquad ②$$

又根据几何关系知

$$\gamma_1+i_2=\varphi.\qquad ③$$

入射光线 MO 的延长线与出射光线 BN 的反向延长线的夹角 δ 即为偏转角，其大小为

$$\delta=(i_1-\gamma_1)+(\gamma_2-i_2)=(i_1+\gamma_2)-(\gamma_1+i_2).$$

代入③式得

$$\delta=i_1+\gamma_2-\varphi.\qquad ④$$

其中 γ_2 可由①②③式算出

$$\begin{aligned}\sin\gamma_2&=n\sin i_2=n\sin(\varphi-\gamma_1)\\&=n(\sin\varphi\cos\gamma_1-\cos\varphi\sin\gamma_1)\\&=\sin\varphi\sqrt{n^2-\sin^2 i_1}-\cos\varphi\sin i_1.\end{aligned}\qquad ⑤$$

根据④⑤式，就可由已知的 φ，i_1，n 求出偏转角 δ.

(1) 若 $\varphi=60^\circ$，$n=\sqrt{2}$，入射光线平行于三棱镜的底面，即 $i_1=\frac{\varphi}{2}=30^\circ$. 将此值代入⑤式，得

$$\sin\gamma_2=\frac{\sqrt{3}}{2}\sqrt{2-\frac{1}{4}}-\frac{1}{2}\cdot\frac{1}{2}=\frac{1}{4}(\sqrt{21}-1)\approx 0.8956,$$

$$\gamma_2\approx 63.6^\circ.$$

由④式求得

$$\delta=i_1+\gamma_2-\varphi=30^\circ+63.6^\circ-60^\circ=33.6^\circ.$$

注:2017 年,东南大学考了三棱镜折射率的实验测量原理。在 $i_1=\gamma_2$ 时,偏转角取最小值 $\delta_{\min}$,这时 $i_1=\frac{\delta_{\min}+\varphi}{2}$, $i_2=\frac{\varphi}{2}$,折射率的公式即可表示为

$$n=\frac{\sin\left(\frac{\delta_{\min}+\varphi}{2}\right)}{\sin\left(\frac{\varphi}{2}\right)}.$$

(2) φ 很小,入射角 i_1 很小,则 γ_1,i_2,γ_2 均为小角.利用小角近似 $\sin i\approx i$ 和折射定律,①②式可近似为

$$i_1\approx n\gamma_1,\gamma_2\approx ni_2,$$

将以上两式代入④式,再代入③式,得偏转角

$$\delta=i_1+\gamma_2-\varphi\approx n(\gamma_1+i_2)-\varphi=(n-1)\varphi.$$

例 4 (2007 年,南京大学)光导纤维是利用全反射传导信号的装置,如右图所示为一光导纤维,AB 为其一端面,纤维内芯材料的折射率为 $n_1=1.3$,外层材料的折射率为 $n_2=1.2$,在如图所示的情况下,入射角 i 在什么范围内,光线可在此光纤内传递?

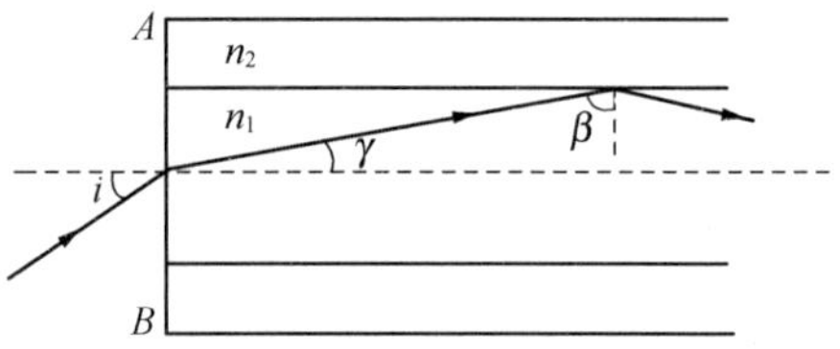

解:设光导纤维内芯与外层材料之间的临界角为 α,则

$$\sin\alpha=\frac{n_2}{n_1}.$$

欲将光线限制在光纤内传递,则图中所示的 β 角应满足 $\beta\geqslant\alpha$.

用 γ 表示光线由光导纤维的截面处射入时的折射角,则

$$\beta+\gamma=90^\circ.$$

根据折射定律

$$\frac{\sin i}{\sin\gamma}=n_1,$$

代入数据,联立解得

$$\sin i\leqslant 0.5.$$

故 $i\leqslant 30^\circ$.

例 5 (2013 年,华约)如图所示,在光学用直导轨型支架上,半径为 R 的球面反射镜放置在焦距为 f 的凸透镜右侧,其中心位于凸透镜的光轴上,并可沿凸透镜的光轴左右调节.

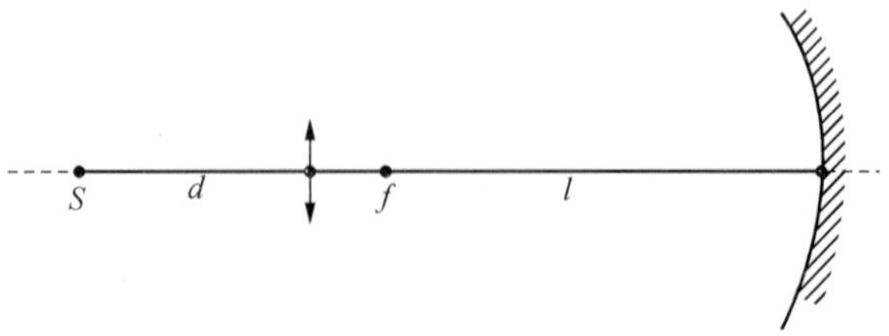

(1) 固定凸透镜与反射镜之间的距离 l，将一点光源放置于凸透镜的左侧光轴上，调节光源在光轴上的位置，使该光源的光线经凸透镜→反射镜→凸透镜后，成实像于点光源处. 该点光源与凸透镜之间的距离 d 可能是多少？

(2) 根据(1)的结果，若固定距离 d，调节 l 以实现同样的实验目的，则 l 的调节范围是多少？

解：(1) 可分下列三种情况讨论。

第一种情况：调节光源与透镜之间的 d 值，使 $d>f$，如下图所示.

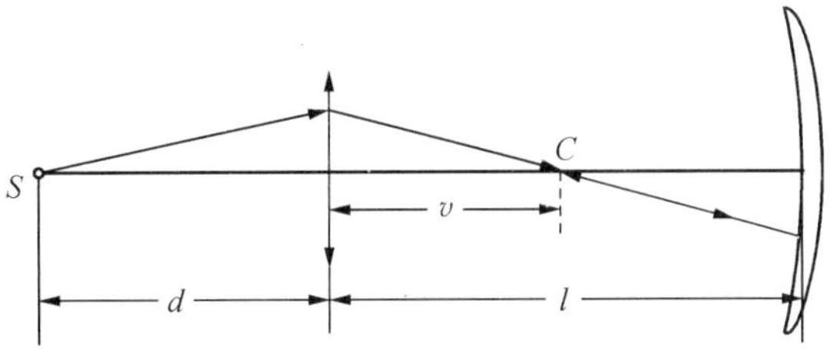

当 $v+R=l$ 时，即由光源发出的任意光线穿过透镜后，点光源成实像于透镜右侧光轴上的 C 点，而 C 点正好处在反射镜的球心位置上，光线会沿反射镜的半径方向入射到它上面，并将沿同一路径反射回去，所有这样的光线都将会聚于光源所在点.

由
$$\frac{1}{d}+\frac{1}{v}=\frac{1}{f},$$

解得
$$d=\frac{fv}{v-f}=\frac{f(l-R)}{l-R-f}.$$

第二种情况：调节左侧光源与透镜之间的 d 值，使 $d<f$，如下图所示.

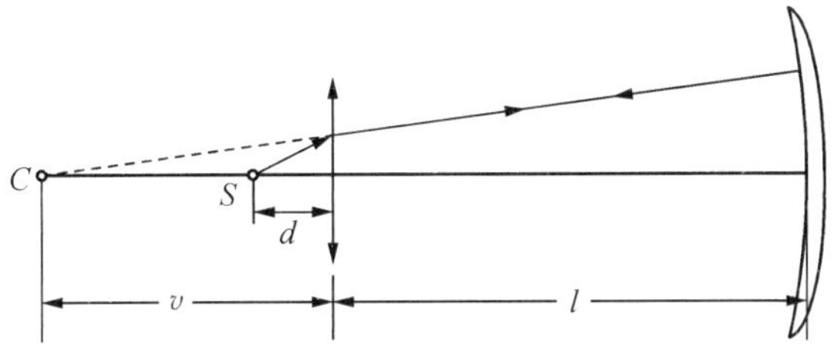

当 $v+R=l$，$v<0$ 时，即由点光源发出的光线穿过透镜后，点光源成虚像于透镜左侧光轴上的 C 点，而 C 点正好处在反射镜的球心位置上，光线会沿反射镜的半径方向入射到它上面，并将沿同一路径反射回去，所有这样的光线都将会聚于光源所在点.

由
$$\frac{1}{d}+\frac{1}{v}=\frac{1}{f},$$

解得
$$d=\frac{fv}{v-f}=\frac{f(l-R)}{l-R-f}=\frac{f(R-l)}{R+f-l}.$$

第三种情况：如正好有条件 $R=l$，调节左侧光源与透镜之间的 d 值，使 $d>f$，如下图所示.

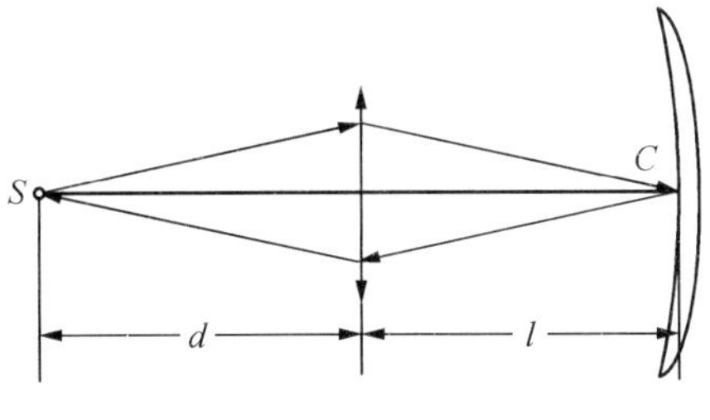

当 $v=R=l$ 时，即由点光源发出的光线通过透镜后，点光源成实像于透镜右侧光轴上的 C 点，C 点正好处在反射镜的对称中心，光线可被反射镜对称反射，再经凸透镜后，形成如图光路（由上到下或由下到上），也将会聚于光源所在点.

由
$$\frac{1}{d}+\frac{1}{v}=\frac{1}{f},$$

解得
$$d=\frac{fv}{v-f}=\frac{fR}{R-f}=\frac{fl}{l-f}.$$

(2) 对应于(1)中的三种情况.

对应于第一种情况，即根据 $d>f$，当
$$d=\frac{fv}{v-f}=\frac{f(l-R)}{l-R-f},$$
实现实验目的，l 可调节的范围是 $l>R+f$.

对应于第二种情况，即根据 $d<f$，当
$$d=\frac{fv}{v-f}=\frac{f(l-R)}{l-R-f}=\frac{f(R-l)}{R+f-l},$$
实现实验目的，l 可调节的范围是 $l<R$.

对应于第三种情况，即根据 $d>f$，$R=l$，当
$$d=\frac{fv}{v-f}=\frac{fR}{R-f},$$
实现实验目的，需调节 $l=R$.

例 6 (2014 年，华约)蜡烛与光屏的间距为 1.8 m. 从蜡烛处开始移动透镜，第一次在光屏上出现清晰的像之后，又向前移动了 0.72 m 时，再一次出现了清晰的像. 求透镜的焦距 f.

解：令光源蜡烛与光屏的间距为 L，两次成像时，物距（光源与透镜距离）分别为 u_1，u_2，像距分别为 v_1，v_2，两次透镜间距为 d，则由成像公式有
$$\frac{1}{u_1}+\frac{1}{v_1}=\frac{1}{f}. \qquad ①$$

由对称性（或光路可逆性），交换蜡烛与光屏位置，则成像时透镜在同样位置，故
$$u_1=v_2,\ u_2=v_1.$$

又
$$\begin{cases}u_1+v_1=L, & ②\\ u_2-u_1=d=v_1-u_1. & ③\end{cases}$$

由②③相加、相减，消去 u_1，v_1，代入①，整理可得
$$f=\frac{u_1v_1}{u_1+v_1}=\frac{\frac{L+d}{2}\cdot\frac{L-d}{2}}{\frac{L+d}{2}+\frac{L-d}{2}}=\frac{L^2-d^2}{4L}=0.378\text{ m}.$$

注：此方法在实验中称为位移法测透镜焦距，也叫二次成像法.

练　习

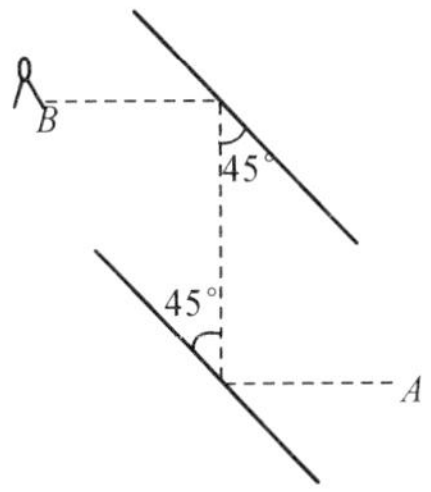

1. (2013年,北约)人在平面镜前看到站在自己身边的朋友在镜中的像时,虽然上下不颠倒,左右却互换了.今将两块相互平行的平面反射镜如图放置,观察者A在图示右侧位置可看到站在图示左侧位置的朋友B,则A看到的像必定是　(　　)

A. 上下不颠倒,左右不互换

B. 上下不颠倒,左右互换

C. 上下颠倒,左右不互换

D. 上下颠倒,左右互换

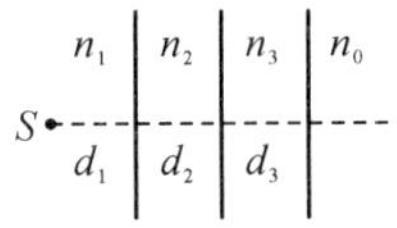

2. (2011年,北京大学保送生考试)厚度分别为d_2,d_3,折射率分别为n_2,n_3的无限大透明介质平板紧靠并放置于无限大透明液体中,d_2左侧液体的折射率为n_1,d_3右侧液体的折射率为n_0,点光源S置于左侧液体中,并到平板前侧面的距离为d_1,求在d_3右界面上光斑的面积.已知$n_1>n_2>n_3>n_0$.

3. (2009年,复旦大学)已知介质1中的光速是介质2中的光速的$\frac{3}{4}$,当一束黄光从介质1射入介质2中时,应该有　(　　)

A. 频率不变,波长变长　　B. 频率变小,波长变短

C. 频率变小,波长不变　　D. 频率变大,波长变短

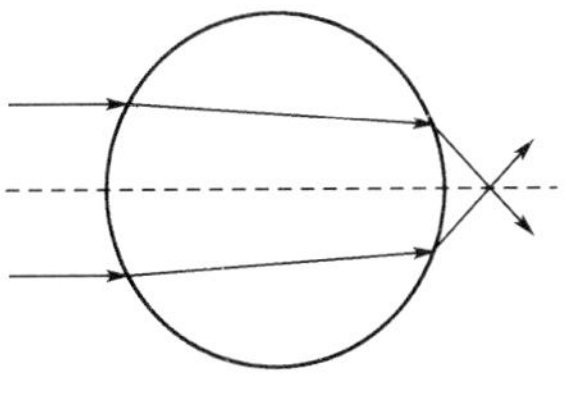

4. 如图所示,空气中有一个半径为R、折射率$n>1$的玻璃球,两细束相距$d<2R$的平行光线相对球心对称地射到球上,且两细束光线与球心共面.

(1) 为使两细束光线在球内有实交点,d和n之间必须满足什么条件?

(2) 为使两细束光线对任何d值($0<d<2R$)均在球外有实交点,试求n的取值范围.

5. 一个薄的凸透镜,两个球面曲率半径分别为r_1和r_2.一束平行光沿透镜轴向射向透镜,在透镜另一侧会聚于一点,该点称为透镜的焦点F.焦点F与透镜中心O点之间的距离称为焦距f.假设玻璃和空气的折射率分别为n和1,试推导出焦距f的表达式(制镜者公式).

参考答案

1. A　2. $S=\pi n_0^2\left[\frac{d_1}{\sqrt{n_1^2-n_0^2}}+\frac{d_2}{\sqrt{n_2^2-n_0^2}}+\frac{d_3}{\sqrt{n_3^2-n_0^2}}\right]^2$　3. A　4. (1) $n>\sqrt{2+\sqrt{4-\left(\frac{d}{R}\right)^2}}$

(2) $1<n<\sqrt{2}$　5. $f=\frac{1}{n-1}\cdot\frac{r_1r_2}{r_1+r_2}$

10.2　波动光学

光是电磁波,是横波,故有偏振现象.但更重要的是光也体现了波的一般性质,即相干叠加性,表现为干涉现象和衍射现象.

光的干涉分为两种:波前干涉,典型装置是杨氏双缝干涉,其明纹位置由$d\sin\theta=\pm k\lambda$确定;

振幅干涉，例如薄膜干涉就是典型. 在解决光的干涉问题时，要注意半波损失：当光波从光疏介质垂直入射光密介质时，反射光在分界处产生 π 的相位跃变，相当于出现了半个波长的波程差，称为半波损失.

对于衍射，单缝衍射最简单，可由半波带法得到暗纹公式：$b\sin\theta=\pm k\lambda(k=1,2,3,\cdots)$. 如果认为光大部分集中在中央明纹区域，我们可进一步分析得到不确定关系：

$$\Delta x\Delta p_x\geqslant h,$$

这在量子物理中非常重要.

结合双缝干涉和单缝衍射的基本原理，可以推广应用到多缝干涉和光栅衍射，其基本原理可以理解为单缝衍射出的光在缝与缝之间相互干涉形成衍射条纹。这样就容易理解，当满足所谓缺级条件时，即 $\frac{d}{b}=\frac{k}{k'}$ 时，会出现缺级现象.

例 1 （2008 年，南京大学）如图所示，在洛埃镜实验中，点光源 S 在镜面上方 2 mm 处，反射镜 AB 位于光源与屏幕的正中间，镜长 $L=40$ cm，屏到光源的距离 $D=1.5$ m，波长为 5×10^{-7} m，试求：

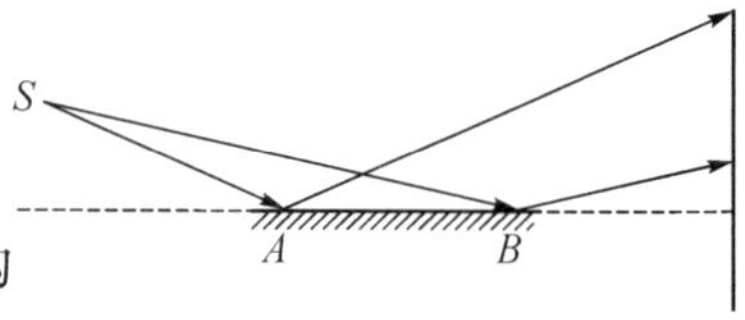

(1) 条纹间距.

(2) 屏幕上干涉条纹的范围.

(3) 干涉条纹数目.

解：(1) 洛埃镜实验中，点光源 S 和它在平面镜中的像 S' 构成两相干光源，故在屏上形成的条纹间距为

$$\Delta x=\frac{D\lambda}{d}=\frac{5\times10^{-7}\times1.5}{2\times2\times10^{-3}}\text{ m}=0.1875\text{ mm}.$$

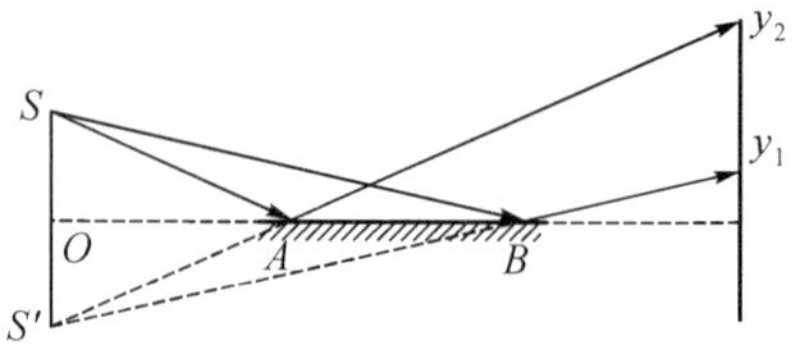

(2) 设干涉区域的下、上端离平面镜延长线与屏交点的距离分别为 y_1,y_2，如右图所示，由相似三角形知识得

$$\frac{y_1}{OS'}=\frac{\frac{D-L}{2}}{\frac{D-L}{2}+L},\frac{y_2}{OS'}=\frac{\frac{D-L}{2}+L}{\frac{D-L}{2}}.$$

解得 $y_1=1.16$ mm，$y_2=3.46$ mm.

(3) 干涉条纹数目为 $n=\frac{y_2-y_1}{\Delta x}=12.27$，取 $n=12$.

注：利用洛埃镜也可形成相干波源，但要注意干涉条纹区域只在屏中心以上部分. 与单纯 S，S' 双缝干涉相比，条纹间距不变，但明暗交替（因为半波损失）.

例 2 （2012 年，北约）如图所示，在杨氏双缝实验中，光源到两小孔的距离为 R，两个小孔到屏的观察距离为 D，两小孔的间距为 d，光的波长为 λ.

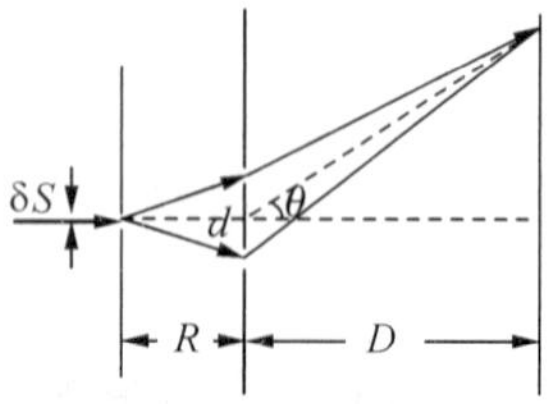

(1) 求观察屏上的条纹宽度 ΔL.

(2) 当光源宽到 δS 时条纹刚好消失，求 δS.

(3) 接第(2)问，在光源大小给定的情况下，如何操作可以使得条纹出现？

解：本题涉及光场的空间相关性问题.

（1）由双缝发出的两束光聚于屏上一点（x 为该点到光源两小孔中点连线的距离），当它们之间的光程差满足

$$d\sin\theta \approx d\frac{x}{D} = \pm k\lambda (k = 1,2,3,\cdots),$$

这两束光干涉形成明纹. 条纹宽度 ΔL 即为两条纹间距 Δx，对应于 $\Delta k=1$，从而可得

$$\Delta L = \lambda\frac{D}{d}.$$

（2）如图所示，当光源为线光源时，通过双缝的两束光在屏中央形成中央明纹. 若光源扩展到宽度 δS，假设光源上端到达双缝的两束光的光程差刚好为半个波长，即

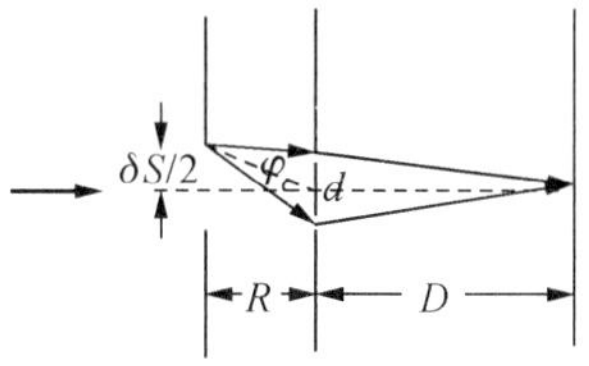

$$d\sin\varphi \approx d\frac{\delta S}{2R} = \frac{\lambda}{2},$$

这时它们在屏中央干涉形成暗纹，与光源中心出射光束形成的中央明纹刚好重合，于是整个干涉条纹正好消失. 这样，我们得到条纹刚好消失时光源的宽度为

$$\delta S = \lambda\frac{R}{d}.$$

（3）在光源大小给定的情况下，可以增大 R 或者减小 d 来减小光程差，使得条纹出现.

例 3　如图所示，牛顿环装置中平凸透镜与平板玻璃间有一小间隙 e_0，现用波长为 λ 的单色光垂直入射，求：

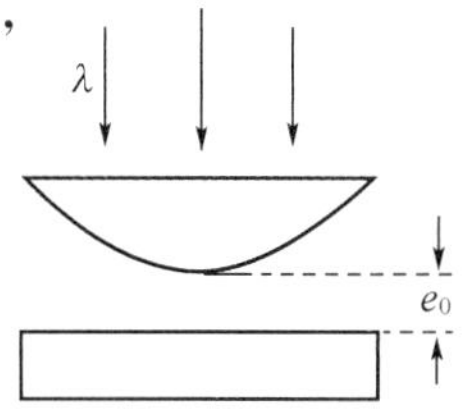

（1）任一位置处的光程差.

（2）反射光形成的牛顿环暗环的表述式.（设透镜的曲率半径为 R）

解：（1）如右下图所示，在 A 处，两束反射光的光程差为

$$\Delta d = 2(e_0 + e) + \frac{\lambda}{2}.$$

（2）形成暗环的条件为

$$2(e_0 + e) + \frac{\lambda}{2} = (2k+1)\frac{\lambda}{2}.$$

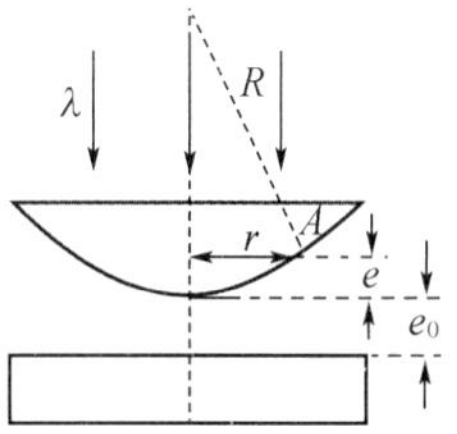

由图示几何关系知（设 A 处环半径为 r）

$$r^2 = R^2 - (R-e)^2 = R^2 - R^2 + 2Re - e^2 \approx 2Re.$$

所以　$$e = \frac{r^2}{2R}.$$

代入上式得　$$r = \sqrt{R(k\lambda - 2e_0)},$$

其中，k 为正整数，且 $k > \frac{2e_0}{\lambda}$.

例 4　如图所示，一雷达位于路边 15 m 处，它的射束与公路成 15°角. 假如发射天线的输出口宽度 $b=0.10$ m，发射的微波波长是 18 mm，则在它监视范围内的公路长度大约是多少?

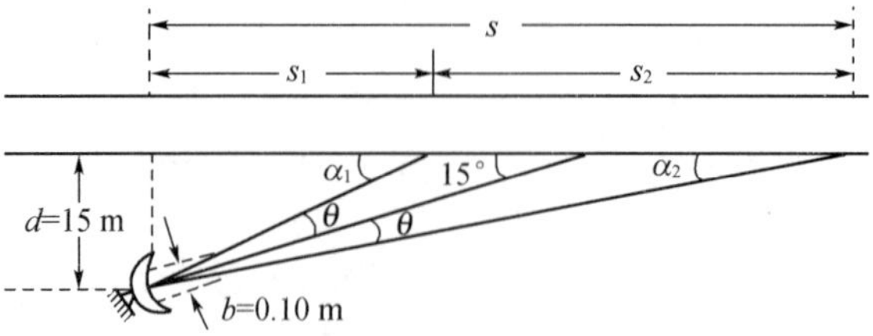

解:将雷达天线输出口看成是发出衍射波的单缝,衍射波能量主要集中在中央明纹范围内.

根据暗纹条件,有 $b\sin\theta=\lambda, \theta=\arcsin\dfrac{\lambda}{b}\approx 10.37°$.

$$s_2=s-s_1=d(\cot\alpha_2-\cot\alpha_1)=d[\cot(15°-\theta)-\cot(15°+\theta)]\approx 153\ \text{m}.$$

练 习

1. 光程是 ( )

A. 光在介质中传播的几何路程

B. 光在介质中传播的几何路程乘以介质的折射率

C. 在相同时间内,光在真空中传播的路程

D. 真空中光的波长乘以介质的折射率

2. 一双缝装置的一个缝被折射率为 1.40 的薄玻璃片遮盖,另一个缝被折射率为 1.70 的薄玻璃片遮盖.在玻璃片盖上以后,屏上原来条纹的中央极大所在处,现变为第 5 级明纹.假定 $\lambda=480$ nm,且两玻璃片厚度均为 d,求 d.

3. 为测定 SiO_2 膜的厚度,通常将其磨成如图所示的劈尖状,然后用光的干涉法测量.若以 $\lambda=590$ nm 的光垂直入射,看到 7 条暗纹,且第 7 条位于 N 处,则该膜厚多少?

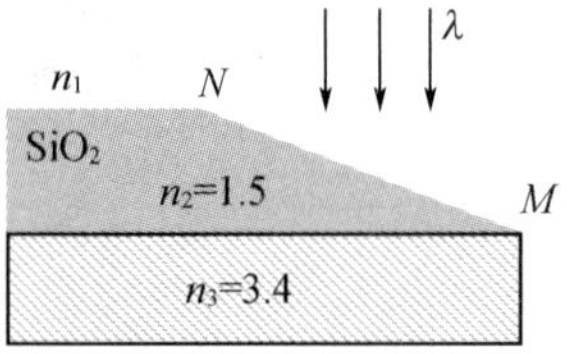

4. (2010 年,复旦大学)单缝衍射中,缝隙宽度越窄,则衍射条纹 ( )

A. 越稀 B. 越密

C. 中央明纹变窄,其他条纹不变 D. 条纹位置与缝宽无关

参考答案

1. BC 2. 8.0 μm 3. 1.27×10^5 nm 4. A

第11章 量子物理

量子物理对人类思想的冲击远甚于相对论，到现在其理论基础还在探索发展之中. 量子物理在高中和大学阶段主要包含两个部分：一是理论框架，主要是波粒二象性；二是物质结构，主要是原子理论.

11.1 量子论

量子论的概念基础和实验基础是波粒二象性：辐射量子性，从而有光子的概念，由此解释光电效应、康普顿效应和黑体辐射(光子气)；另一方面是实物粒子的波动性，从而有概率波的概念，进一步有电子干涉和衍射等现象.

例1 (2008年，同济大学改编)波长为 λ 的一束光以入射角 i 照射在平面镜上并完全反射. 设光束中单位体积中的光子数为 n，则每一光子的能量为________，动量的大小为________，静止质量为________，光束对平面镜产生的光压强为________.

解：光子的能量为 $\varepsilon=h\nu=\dfrac{hc}{\lambda}$，动量为 $p=\dfrac{h}{\lambda}$，质量为 $m=0$.

单个光子以入射角 i 射到镜面后被完全反射，传递给镜子的动量为

$$\Delta p=\frac{2h}{\lambda}\cos i.$$

在 Δt 时间内，截面积为 S 的光束射到镜面的光子数为

$$N=nSc\Delta t\cos i.$$

由动量定理，有

$$F\Delta t=N\Delta p.$$

利用以上结果，可得光压强为

$$p=\frac{F}{S}=\frac{2nhc}{\lambda}\cos^2 i.$$

例2 (2007年，北京大学)设有功率 $P=1\ \mathrm{W}$ 的光源，离点光源 $R=3\ \mathrm{m}$ 处有一薄钾片. 假定薄钾片中的电子可以在半径约为原子半径 $r=0.5\times10^{-10}\ \mathrm{m}$ 的圆面积范围内收集能量，已知一个电子脱离钾表面所需的能量约为 $W=1.8\ \mathrm{eV}$.

(1) 试求电子从照射到逸出所需要的时间 t.

(2) 如果光源发出波长为 $\lambda=5.89\times10^{-7}\,\text{m}$ 的单色光,试求单位时间内打到钾片上的光子数 n.

解:(1) 电子吸收能量的面积为 $S_1=\pi r^2$,由光源发射的辐射均匀分布在以点光源为中心的球形波阵面上,该波阵面的面积为 $S_2=4\pi R^2$,所以钾片电子每秒钟吸收光源的能量为

$$E=\frac{S_1}{S_2}P=\frac{r^2}{4R^2}P\approx 7\times10^{-23}\ \text{J/s}.$$

假定这些能量全部为电子吸收,则所需的时间

$$t=\frac{W}{E}\approx 4\ 000\ \text{s}.$$

但在实验中,没有测得这样长的滞后时间,按现代的实验断定,可能的滞后时间不会超过 10^{-9} s.

(2) 每个光子的能量

$$E_0=\frac{hc}{\lambda}=3.4\times10^{-19}\ \text{J}.$$

因此单位时间内打到钾片上的光子数为

$$n=\frac{E}{E_0}\approx 2\times10^{-4}/\text{s}.$$

例 3 (2008 年,清华大学)假设太阳和地球都可看成黑体,各有其固定的表面温度,地球的热辐射能源全部来自太阳.现取地球表面的温度 $T_E=300$ K,地球的半径 $R_E=6\ 400$ km,太阳半径 $R_S=6.95\times10^5$ km,太阳与地球中心之间的距离 $D=1.496\times10^8$ km,试求太阳的温度.

解:地球单位时间辐射的总能量即太阳在单位时间辐射到地球上的能量,因而有

$$\sigma T_E^4\cdot 4\pi R_E^2=\sigma T_S^4\cdot\frac{4\pi R_S^2}{4\pi D^2}\cdot\pi R_E^2$$

得

$$T_S=T_E\left(\frac{2D}{R_S}\right)^{\frac{1}{2}}=6.22\times10^3\ \text{K}.$$

注:热辐射是指能量以电磁波的形式从物体发射出去的现象.温度为 T(热力学温度)的物体表面,单位时间、单位面积上辐射出去的能量 E_0 可用斯特藩公式 $E_0=\varepsilon\sigma T^4$ 表示,式中的 $\sigma=5.67\times10^{-8}\,\text{W/(m}^2\cdot\text{K}^4)$,$\varepsilon$ 叫表面辐射系数,其值在 0 和 1 之间,由物体表面性质决定,黑体为 1.

例 4 一维简谐振子的能量可表示为

$$E=\frac{p_x^2}{2m}+\frac{1}{2}m\omega^2x^2,$$

试根据不确定关系求其零点振动能.

解:由于对称性,可知 $\overline{x}=0$,$\overline{p}_x=0$,从而

$$\Delta x^2=\overline{x^2},\Delta p_x^2=\overline{p_x^2},$$

于是能量平均值可表示为

$$\overline{E}=\langle\frac{p_x^2}{2m}\rangle+\langle\frac{1}{2}m\omega^2x^2\rangle=\frac{\Delta p_x^2}{2m}+\frac{1}{2}m\omega^2\Delta x^2.$$

由 $a^2+b^2\geqslant 2ab$，有

$$\overline{E}\geqslant 2\sqrt{\frac{\Delta p_x^2}{2m}\cdot\frac{1}{2}m\omega^2\Delta x^2}=\Delta x\cdot\Delta p_x\cdot\omega.$$

由测不准关系有 $\Delta x\cdot\Delta p_x\geqslant\frac{\hbar}{2}$，从而有

$$\overline{E}\geqslant\frac{1}{2}\hbar\omega,$$

可知 $\overline{E}_{\min}=\frac{1}{2}\hbar\omega$，此即零点振动能.

例 5　(2014 年，卓越联盟)考虑一个光子和一个静止的电子发生碰撞，光子的出射方向与入射方向的夹角(散射角)为 θ，求光子在碰撞前后波长的改变量. 已知电子的质量为 m，普朗克常量为 h，光速为 c.

解：设频率为 ν_0 的光子沿 x 轴方向入射，碰撞后，频率为 ν 的散射光子沿与 x 轴成 θ 角的方向散射，同时电子获得了反冲速率 u，并沿与 x 轴成 φ 角的方向运动，

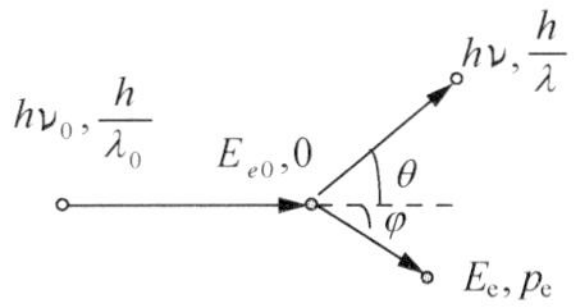

假设在微观的单个碰撞事件中，动量和能量守恒律仍然成立，且为弹性碰撞，有

$$h\nu_0+m_0c^2=h\nu+mc^2,$$

即

$$mc^2=h(\nu_0-\nu)+m_0c^2.$$

$$\frac{h\nu_0}{c}=\frac{h\nu}{c}\cos\theta+mu\cos\varphi,$$

$$\frac{h\nu}{c}\sin\theta=mu\sin\varphi.$$

消去 φ 可得

$$(mu)^2=\left(\frac{h\nu_0}{c}\right)^2+\left(\frac{h\nu}{c}\right)^2-\frac{2h^2\nu\nu_0\cos\theta}{c^2}.$$

再将能量式除以 c 后两端平方，并与上式相减，消去频率的平方项，化简可得

$$m^2c^4(1-u^2/c^2)=m_0^2c^4-2h^2\nu_0\nu(1-\cos\theta)+2m_0c^2h(\nu_0-\nu).$$

由相对论质量与速度关系 $m=m_0/\sqrt{1-u^2/c^2}$，上式化为

$$\frac{c}{\nu}-\frac{c}{\nu_0}=\frac{h}{m_0c}(1-\cos\theta),$$

即

$$\Delta\lambda=\lambda-\lambda_0=\frac{h}{m_0c}(1-\cos\theta)=\lambda_C(1-\cos\theta).$$

此式给出了散射光波长与散射角 θ 之间的变化关系. 式中 $\lambda_C=\frac{h}{m_0c}=2.43\times10^{-12}$ m，称作康普顿波长，它表示了散射波长改变量的数量级. 散射角 θ 越大，散射波波长比入射波波长越长；只有当散射角 θ 恰为 0 时，散射波波长才等于入射波波长.

练　习

1. 1961 年有人从高为 $H=22.5$ m 的大楼上向地面发射频率为 ν_0 的 γ 光子，并在地面测量

接收到的 γ 光子的频率，值为 ν，与 ν_0 不同，与理论预计一致，试从理论上求出$\frac{\nu-\nu_0}{\nu_0}$的值.

2. (2009 年，清华大学)以 $\lambda=491$ nm 的光照射金属，其遏止电压为 0.71 V，当以 $\lambda=364$ nm 的光照射时，求其遏止电压. 普朗克常量 $h=6.6\times10^{-34}$ J·s，元电荷 $e=1.6\times10^{-19}$ C.

3. 试估计 27 ℃时氧分子的德布罗意波长.

4. 氦氖激光器发出的红光波长为 $\lambda=632.8$ nm，谱线宽度为 $\Delta\lambda=10^{-18}$ m，当这种光子沿 x 轴方向传播时，它的 x 坐标不确定度有多大?

参考答案

1. 2.5×10^{-15}　2. 1.59 V　3. 2.6×10^{-2} nm　4. $\frac{\lambda^2}{\Delta\lambda}\approx4\times10^5$ m

11.2　原　子　论

原子结构是核式结构，核外电子的排布决定了它的大部分性质，玻尔模型最先解释了光谱性质，其电子结构的完善说明要依赖真正的量子理论；对于原子核，则主要着眼于核反应中的守恒定律和核能利用.

例 1　(2008 年，上海交通大学)金刚石的密度为 $\rho=3.5\times10^3$ kg/m³，经估算碳原子的直径为________.

解：设碳原子数密度为 n，每个原子的质量为 m，原子的摩尔质量为 M，则

$$\rho=nm=n\cdot\frac{M}{N_A},$$

可得

$$n=\frac{\rho N_A}{M}.$$

设碳原子的直径为 d，则其数密度 $n\approx\frac{1}{d^3}$，于是可估计原子的直径为

$$d\approx\sqrt[3]{\frac{M}{\rho N_A}}=\sqrt[3]{\frac{12\times10^{-3}}{3.5\times10^3\times6.02\times10^{23}}}\text{ m}\approx1.8\times10^{-10}\text{ m}.$$

例 2　(2011 年，华约)根据玻尔原子理论，一个氢原子核外电子吸收一个光子后　(　　)

A. 氢原子能级下降　　B. 氢原子电势能增加

C. 电子绕核运动的半径变小　　D. 电子绕核运动的动能增加

解：电子在库仑力作用下，绕核做圆周运动. 由牛顿第二定律，可得

$$\frac{1}{4\pi\varepsilon_0}\frac{Ze^2}{r^2}=m\frac{v^2}{r},$$

由此，总能量可表示为

$$E=\frac{1}{2}mv^2-\frac{1}{4\pi\varepsilon_0}\frac{Ze^2}{r}=\frac{1}{2}\left(-\frac{1}{4\pi\varepsilon_0}\frac{Ze^2}{r}\right)=-\frac{1}{2}mv^2.$$

玻尔由对应原理得到角动量是量子化的，即

$$L=rmv=n\hbar=n\frac{h}{2\pi}.$$

这样总能量是量子化的，为

$$E_n=\frac{Z^2}{n^2}\left(-\frac{1}{2}\alpha^2mc^2\right).$$

其中 $\alpha=\frac{e^2}{4\pi\varepsilon_0\hbar c}$，为精细结构常数.

当一个氢原子核外电子吸收一个光子后，其能级升高，半径变大. 根据总能量与势能、动能之间的关系，可知动能变小，势能变大. 所以本题答案为 B.

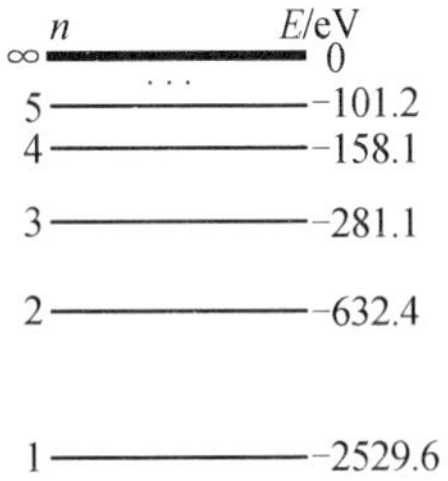

例 3　μ 子与氢原子核(质子)构成的原子称为 μ 氢原子(hydrogen muon atom)，它在原子核物理的研究中有重要作用. 右图为 μ 氢原子的能级示意图，假定光子能量为 E 的一束光照射容器中大量处于 $n=2$ 能级的 μ 氢原子，μ 氢原子吸收光子后，发出频率为 $\nu_1, \nu_2, \nu_3, \nu_4, \nu_5$ 和 ν_6 的光，且频率依次增大，则 E 等于　(　　)

A. $h(\nu_3-\nu_1)$　　B. $h(\nu_5+\nu_6)$

C. $h\nu_3$　　D. $h\nu_4$

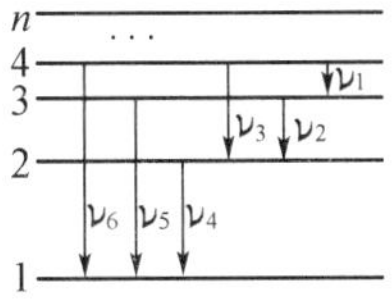

解：设能量为 E 的光照射后，μ 氢原子能量的最大量子数为 n，跃迁能发出的光子种类为 6 种，得 $n=4$，发出光子的频率大小相对应的能级跃迁如右图所示. 能量为 E 的光照射到 $n=2$ 的 μ 氢原子上，E 应该等于 μ 氢原子从 $n=2$能级跃迁到 $n=4$ 能级所吸收的能量，$E=h\nu_3$，选项 C 正确.

例 4　(1) 已知基态 He^+ 的电离能为 $E=54.4$ eV，为使处于基态的静止的 He^+ 跃迁到激发态，入射光子所需的最小能量为多少?

(2) 静止的 He^+ 从第一激发态跃迁到基态时，考虑离子的反冲，与不考虑反冲相比，发射出的光子波长相差的百分比为多少?(He^+ 的能级 E_n 和 n 的关系与氢原子能级公式类似. 电子电荷量的大小取为 1.60×10^{-19} C，质子和中子质量均取为 1.67×10^{-27} kg)

解：(1) $E_n=\frac{E_1}{n^2}$，$\Delta E=E_2-E_1=\frac{E_1}{4}-E_1=-\frac{3}{4}E_1=-\frac{3}{4}\times(-54.4)\ \text{eV}=40.8\ \text{eV}$.

(2) 无反冲时，有　$\Delta E=h\nu=h\frac{c}{\lambda_0}$，$\lambda_0=\frac{hc}{\Delta E}$.

有反冲时，反冲核是 He^+，共两个质子和两个中子，设 He^+ 的反冲速度为 v，由动量及能量守恒可得

$$\frac{h}{\lambda_1}=4mv,$$

$$\Delta E=h\nu_1+\frac{1}{2}\cdot 4mv^2,$$

$$\nu_1=\frac{c}{\lambda_1}.$$

联立以上 3 式，解得波长(须大于 0)为

$$\lambda_1=\frac{hc\left(1+\sqrt{1+\frac{\Delta E}{2mc^2}}\right)}{2\Delta E}.$$

于是

$$\frac{\Delta\lambda}{\lambda_0}=\frac{\lambda_1-\lambda_0}{\lambda_0}=\frac{\sqrt{1+\frac{\Delta E}{2mc^2}}-1}{2}\approx\frac{\left(1+\frac{1}{2}\cdot\frac{\Delta E}{2mc^2}\right)-1}{2}=\frac{\Delta E}{8mc^2}\approx 5.43\times10^{-7}\%.$$

例 5 铀原子核放出 7.68×10^6 eV 能量的 α 粒子去轰击金箔. 若假定它与金原子核做对心碰撞而被散射,试由此估算金原子核的平均密度(保留两位有效数字).

解: α 粒子与金原子核碰撞时,其动能完全转化为核电场中的电势能,则有

$$E=\frac{kQq}{r}.$$

式中 r 为 α 粒子离金原子核的最近距离,在估算中可认为等于金原子核的核半径,又

$$Q=79e,q=2e,$$

所以 $$r=\frac{kQq}{E}=\frac{79\times2\times9\times10^9\times(1.6\times10^{-19})^2}{7.68\times10^6\times1.6\times10^{-19}}\text{ m}\approx2.96\times10^{-14}\text{ m}.$$

金原子核的平均密度为

$$\rho=\frac{m}{V}=\frac{m}{\frac{4}{3}\pi r^3}=\frac{197\times10^{-3}/(6.02\times10^{23})}{\frac{4}{3}\pi\times(2.96\times10^{-14})^3}\text{ kg/m}^3\approx3.0\times10^{15}\text{ kg/m}^3.$$

例 6 据新华社报道,由我国自行设计、研制的世界第一套全超导核聚变实验装置(又称"人造太阳")已完成了首次工程调试. 下列关于"人造太阳"的说法中正确的是 ( )

A. "人造太阳"的核反应方程是 ${}_1^2\text{H}+{}_1^3\text{H}\longrightarrow{}_2^4\text{He}+{}_0^1\text{n}$

B. "人造太阳"的核反应方程是 ${}_{92}^{235}\text{U}+{}_0^1\text{n}\longrightarrow{}_{56}^{141}\text{Ba}+{}_{36}^{92}\text{Kr}+3{}_0^1\text{n}$

C. "人造太阳"释放的能量大小的计算公式是 $\Delta E=\Delta mc^2$

D. "人造太阳"核能大小的计算公式是 $E=mc^2$

解: "人造太阳"利用的是 ${}_1^2\text{H}$ 和 ${}_1^3\text{H}$ 聚变释放的大量能量,放出的能量可用爱因斯坦质能方程 $\Delta E=\Delta mc^2$ 求出,其中 Δm 为质量亏损,所以 A 和 C 项正确. 而 B 项核反应方程是 ${}_{92}^{235}\text{U}$ 的裂变方程,不是核聚变,所以 B 项错误. 爱因斯坦质能方程 $E=mc^2$ 是计算质量为 m 的粒子所具有的能量,并不是计算由于核反应中质量亏损而产生的能量,所以 D 项错误. 本题答案为 AC.

例 7 (2014 年,华约)在磁场中,一静核衰变成为 a,b 两核,开始分别做圆周运动. 已知两核圆周运动的半径和周期之比分别为 $R_a:R_b=45:1$,$T_a:T_b=90:117$. 此裂变反应质量亏损为 Δm.

(1) 求两核的电荷数之比 q_a/q_b.

(2) 求两核的质量数之比 m_a/m_b.

(3) 求静核的质量数和电荷数.

(4) 求 a 核的动能 E_{ka}.

解:(1) 由 $R=\frac{mv}{Bq}$,及动量守恒 $m_av_a=m_bv_b$,可得 $R_a:R_b=q_b:q_a$,故 $q_a:q_b=1:45$.

(2) 由 $T=\frac{2\pi m}{Bq}$,有

$$\frac{T_a}{T_b}=\frac{m_a}{m_b}\cdot\frac{q_b}{q_a},$$

$$\frac{m_a}{m_b}=\frac{q_aT_a}{q_bT_b}=\frac{1}{45}\cdot\frac{90}{117}=\frac{2}{117}.$$

(3) 由电荷与质量之比,可设

$$m_a+m_b=119m_0,q_a+q_b=46q_0.$$

其中 m_0,q_0 为定值,单位分别为一个原子质量单位和一个单位正电荷,可推测 $m_0=2$, $q_0=2$,此时静核为${}^{238}_{92}U$,则此衰变为${}^{238}_{92}U$的 α 衰变.

(3) 动能满足

$$E_{ka}=\frac{1}{2}m_av_a^2=\frac{p_a^2}{2m_a}.$$

同样

$$E_{kb}=\frac{p_b^2}{2m_b}.$$

其中 p_a,p_b 为两核动量.由动量守恒知 $p_a=p_b$,于是有

$$\frac{E_{ka}}{E_{kb}}=\frac{m_b}{m_a}=\frac{117}{2}.$$

因为 $\Delta mc^2=E_{ka}+E_{kb}$,所以 $E_{ka}=\frac{117}{119}\Delta mc^2$.

练　习

1. (2011年,卓越联盟)根据玻尔理论,氢原子核外电子在第一条轨道和第二条轨道上运动时　(　　)

A. 轨道半径之比为1∶4　　B. 氢原子能量的绝对值之比为2∶1

C. 运行周期之比为1∶4　　D. 电子的动能之比为1∶4

2. 氢介子原子是由一质子和一绕质子旋转的介子组成的,则介子处于第一轨道($n=1$)时离质子的距离为________.(介子的电荷量和电子相等,质量则为电子的210倍)

3. 用α粒子轰击铍核(${}^{9}_{4}Be$),发生的核反应可以用核反应方程式表示:${}^{9}_{4}Be+{}^{4}_{2}He\longrightarrow{}^{12}_{6}C+X$.式中的X是　(　　)

A. 正电子　　B. 质子　　C. 电子　　D. 中子

4. (2013年,华约)核聚变发电有望提供人类需要的丰富且清洁的能源.氢核聚变可以简化为4个氢核(${}^{1}_{1}H$)聚变生成氦核(${}^{4}_{2}He$),并放出2个正电子(${}^{0}_{1}e$)和2个中微子(${}^{0}_{0}\nu_e$).

(1) 请写出氢核的聚变反应方程式.

(2) 计算氢聚变生成一个氦核(${}^{4}_{2}He$)所释放出的能量.

(3) 计算1 kg氢(${}^{1}_{1}H$)完全聚变所释放的能量;它相当于多少质量的煤完全燃烧放出的能量?(1 kg煤完全燃烧放出的热量为3.7×10^7 J)

已知:$m_{{}^1_1H}=1.672\ 621\ 6\times10^{-27}$ kg,$m_{{}^4_2He}=6.644\ 647\ 7\times10^{-27}$ kg, $m_{{}^0_1e}=9.109\ 382\ 2\times10^{-31}$ kg,$m_{{}^0_0\nu}\approx0$,$c=2.997\ 924\ 58\times10^8$ m/s.

5. (2008年,东南大学)为了估测地球的年龄,科学家利用了天然放射性元素的衰变规律.铀岩石形成初期岩石中铀的含量是100%,通过对目前发现的最古老的岩石中铀和铅含量的测定,推算出该岩石中含有的铀是岩石形成初期时的一半.铀238衰变后形成铅206,铀238的相对含

量随时间的变化规律如右图所示，图中 N 为铀 238 的原子数，N_0 为铀和铅的总原子数. 由此可以判断出 （　　）

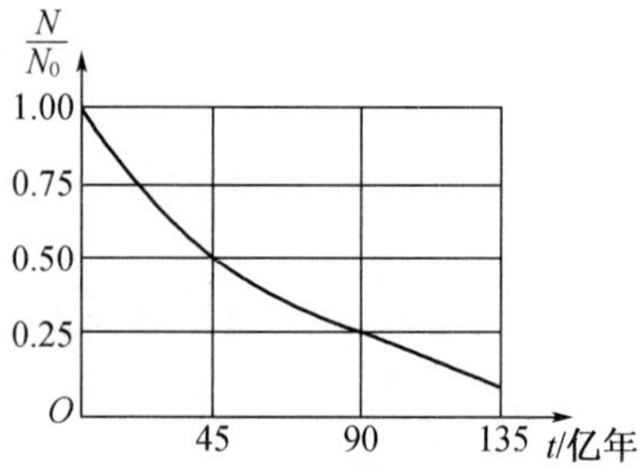

A. 铀 238 的半衰期为 90 亿年

B. 地球的年龄约为 45 亿年

C. 被测定的古老岩石样品在 90 亿年时的铀、铅比例约为 1∶4

D. 被测定的古老岩石样品在 90 亿年时的铀、铅比例约为 1∶3

参考答案

1. D　2. 2.52×10^{-13} m　3. D　4. (1) $4{}_{1}^{1}\text{H}\longrightarrow{}_{2}^{4}\text{He}+2{}_{1}^{0}\text{e}+2{}_{0}^{0}\nu_e$　(2) $\Delta E=3.79\times10^{-12}$ J　(3) $E=5.67\times10^{14}$ J　1.5×10^{7} kg　5. BD

第12章 热物理学

热物理学研究的对象是大量原子或分子构成的宏观物体与温度有关的热现象.研究的方法有两种途径:一种是从微观模型出发,由粒子的统计性质解释热现象,这就是分子气体动理论和统计力学的基本思想;另一种是从宏观的实验定律出发,由热力学第一、第二和第三定律演绎出基本理论,结果具有普遍意义.

12.1 气体动理论

气体动理论是初级的统计理论,它从分子运动的观念来解释气体的基本性质,利用分子碰撞机制解释了理想气体的状态方程:

$$pV = \nu RT = \frac{m'}{M}RT \text{ 或 } p = nkT.$$

其中,ν 为气体的摩尔数,$k=\frac{R}{N_A}$ 称为玻耳兹曼常量,$n=\frac{N}{V}$ 为气体分子数密度,m' 为气体的总质量.

把气体压强理解为大量分子碰撞的结果,借助简单的模型,就可以导出

$$p = \frac{1}{3}nm\overline{v^2} = \frac{2}{3}n\bar{\varepsilon}_k.$$

其中,m 为单个分子的质量.

比较状态方程和理论结果,可知

$$\bar{\varepsilon}_k = \frac{1}{2}m\overline{v^2} = \frac{3}{2}kT.$$

由此经典理论可推出每个自由度平均获得

$$\bar{\varepsilon}_{kx} = \frac{1}{2}kT.$$

进一步可以得到理想气体内能的表达式为

$$E = N \cdot i \cdot \frac{1}{2}kT = \nu \cdot \frac{i}{2}R \cdot T = \frac{i}{2}pV$$

式中 $i=t+r+2v$, t、r、v 分别为分子的平动、转动和振动的自由度.

这就是经典的能量均分定理，它可以解释单原子气体的热学性质，但对低温下双原子或多原子气体就失效了，这成了量子理论发展的一个源头. 虽然这个模型过于粗糙，但加深了我们对气体压强和温度的微观理解.

例 1 (2011 年，华约)在压强不太大、温度不太低的情况下，气体分子本身的大小比分子间的距离小很多，因而在理想气体模型中通常忽略分子的大小. 已知液氮的密度 $\rho=808.3\ \text{kg}\cdot\text{m}^{-3}$，氮气的摩尔质量 $M=28\times10^{-3}\ \text{kg}\cdot\text{mol}^{-1}$. 假设液氮可看成由立方体分子堆积而成，根据所给数据对标准状态下的氮气进行估算，说明结论的合理性.

解：标准状态下气体分子数密度为(N_A 为阿伏加德罗常数，V_m 为标准状况下 1 mol 气体的体积)

$$n=\frac{N_A}{V_m}=\frac{6.023\times10^{23}}{22.4\times10^{-3}}\ \text{m}^{-3}\approx2.69\times10^{25}\ \text{m}^{-3},$$

则可估算氮气分子的平均间距为

$$\bar{d}\approx\frac{1}{\sqrt[3]{n}}\approx\frac{1}{\sqrt[3]{2.69\times10^{25}}}\ \text{m}\approx3.34\times10^{-9}\ \text{m}.$$

液氮的质量密度与分子数密度的关系为(m 为每个氮分子的质量)

$$\rho=nm=n\frac{M}{N_A}.$$

假设在液氮中分子是紧密靠在一起的，则可估计得到分子的直径大约为

$$d\approx\sqrt[3]{\frac{M}{\rho N_A}}=\sqrt[3]{\frac{28\times10^{-3}}{808.3\times6.023\times10^{23}}}\ \text{m}=\sqrt[3]{\frac{280}{0.8083\times6.023}}\times10^{-10}\ \text{m}=3.86\times10^{-10}\ \text{m}.$$

可见气体分子间距比分子直径大一个数量级，在理想气体模型中忽略分子的大小是合理的.

例 2 (2009 年，清华大学)如右图所示，一根一端封闭的玻璃管，长度 $l=96$ cm，开口竖直向上，内有一段长度 $h=20$ cm 的水银柱. 当温度为 27 ℃时，被封闭气体的长度 $H=60$ cm. 温度至少升到多高时，水银柱才能从管中全部溢出？(大气压 $p_0=76$ cmHg)

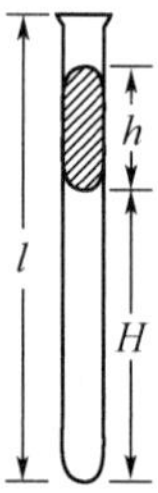

解：设封闭气体处于稳定状态的最高温度为 T_m，此时管内尚有长度为 x 的水银柱，根据理想气体状态方程，有(此题式子中字母不代入单位)

$$\frac{(p_0+h)HS}{T_0}=\frac{(p_0+x)(l-x)S}{T_m}.$$

将已知数据代入上式并整理得 $\frac{96\times60}{300}=\frac{(76+x)(96-x)}{T_m}$.

因 $(76+x)+(96-x)=172$(常量)，故当 $76+x=96-x$，即 $x=10$ cm 时，气体的 pV 值最大，所以 $T_m=385.2$ K. 达此温度后，气体处于不稳定状态，会继续等温膨胀，水银自动全部溢出.

例 3 一容器内储有温度为 27 ℃、压强为 1 个标准大气压的氧气. 试求：

(1) 单位体积内的氧分子数.

(2) 氧气的密度.

(3) 氧分子的质量.

(4) 氧分子的平均平动动能.

解:(1) $p = nkT, n = \frac{p}{kT} = \frac{1\times 10^5}{1.38\times 10^{-23}\times 300}$ 个/m³ $\approx 2.4\times 10^{25}$ 个/m³.

(2) $pV = \frac{m}{M}RT, \rho = \frac{pM}{RT} = \frac{10^5\times 32\times 10^{-3}}{8.31\times 300}\ \text{kg/m}^3 \approx 1.28\ \text{kg/m}^3$.

(3) $\mu = \frac{M}{N_A} = \frac{32}{6.02\times 10^{23}}\ \text{g} \approx 5.3\times 10^{-23}\ \text{g}$.

(4) $\bar{\varepsilon}_k = \frac{3}{2}kT = \frac{3}{2}\times 1.38\times 10^{-23}\times 300\ \text{J} = 6.21\times 10^{-21}\ \text{J}$.

例 4　(2007 年,复旦大学)确定一个物体的位置所需的独立坐标数,称为这个物体的自由度数.如果一个质点在空间自由运动,则它的位置需要用 3 个独立坐标来确定,如 x, y, z,所以这个质点有 3 个自由度.若 4 个质点 m_1, m_2, m_3, m_4 由不计质量的刚性杆(不会产生形变)连接成四面体,则该四面体有　(　　)

A. 3 个自由度　　B. 6 个自由度　　C. 9 个自由度　　D. 12 个自由度

解:这是个刚体,确定质心位置要 3 个自由度,确定转轴要 2 个自由度,还要有 1 个自由度确定其转动角度,故要 3+2+1=6 个自由度.

从另一个角度看,确定 1 个质点的空间位置要 3 个自由度,现在有 4 个质点,共 12 个自由度但这 4 个质点相互刚性连接,共有 6 个约束方程,故独立自由度数为 12－6=6.本题答案为 B.

练　习

1. 两容积不等的容器内分别盛有可视为理想气体的氦气和氮气,如果它们的温度和压强相同,则两气体　(　　)

A. 单位体积内的分子数必相同　　B. 单位体积内的质量必相同

C. 单位体积内分子的平均动能必相同　　D. 单位体积内气体的内能必相同

2. 关于温度的意义,有下列几种说法,其中正确的是　(　　)

① 气体的温度是分子平均平动动能的量度

② 气体的温度是大量气体分子热运动的集体表现,具有统计意义

③ 温度的高低反映了物质内部分子运动剧烈程度的不同

④ 从微观上看,气体的温度表示每个气体分子的冷热程度

A. ①②④　　B. ①②③　　C. ②③④　　D. ①③④

3. (2009 年,清华大学)氧气瓶的容积为 $3.2\times 10^{-2}\ \text{m}^3$,其中氧气的压强为 1.30×10^7 Pa,氧气厂规定压强降到 1.00×10^6 Pa 时,就应重新充气.某小型吹玻璃车间,平均每天用去 0.40 m³ 压强为 1.01×10^5 Pa 的氧气,问一瓶氧气能用多少天?(设使用过程中温度不变)

4. (2012 年,复旦大学)氮气和氧气装在两个容器里,它们密度相同,分子的平均动能相同,则这两个容器的气体　(　　)

A. 温度不同,压强不同　　B. 温度相同,氮气的压强大于氧气的压强

C. 温度相同,压强相同　　D. 温度相同,氧气的压强大于氮气的压强

参考答案

1. A　2. B　3. 9.7 天　4. B

12.2 热　力　学

热力学通过大量观察和实验总结出了两个有关能量的实验定律:热力学第一和第二定律,并在此基础上建立了热力学理论体系,借助数学方法推导了一些具有普遍意义的热力学函数和公式,并应用于广泛的物质.

一、热力学第一定律

系统从外界吸收的热量,一部分使系统的内能增加,另一部分使系统对外界做功,即

$$\mathrm{d}Q=\mathrm{d}E+\mathrm{d}W=\mathrm{d}E+p\mathrm{d}V.$$

这实际上就是能量守恒定律. 利用热力学第一定律,知道功就是 $p-V$ 图上过程曲线下面的面积,并注意到具体热力学过程的特点,就可以定性地解决很多问题.

原子或分子理想气体在某个过程中的摩尔热容量定义为

$$C_{n,m}=\frac{(\mathrm{d}Q)_n}{\nu\mathrm{d}T}$$

式中,n 代表某过程,ν 为气体的摩尔数。在等体过程中,气体对外不做功,因而由第一定律,有

$$\mathrm{d}Q_V=\mathrm{d}E=\nu\cdot\frac{i}{2}R\cdot\mathrm{d}T$$

按摩尔热容量定义,可知等体过程的摩尔热容量为 $C_{V,m}=\frac{i}{2}R$, 于是理想气体内能可以表达为

$$E=N\cdot i\cdot\frac{1}{2}kT=\nu\cdot\frac{i}{2}R\cdot T=\nu C_{V,m}T$$

在等压过程中,压强 p 不变,则有

$$\mathrm{d}Q_p=\mathrm{d}E+p\mathrm{d}V=\nu\cdot C_{V,m}\cdot\mathrm{d}T+\mathrm{d}(pV)=\nu\cdot(C_{V,m}+R)\cdot\mathrm{d}T$$

按摩尔热容量定义,可知等压过程的摩尔热容量为

$$C_{p,m}=C_{V,m}+R=\frac{i+2}{2}R$$

这就是有关分子理想气体摩尔热容量的迈耶公式。于是可得两个摩尔热容量之比为

$$\gamma=\frac{C_{p,m}}{C_{V,m}}=\frac{i+2}{i}$$

容易证明,摩尔热容量为常数 ($C_{n,m}=C$) 的过程遵循多方过程方程

$$pV^n=C$$

其中,n 为多方指数,可表达为

$$n=\frac{C_{n,m}-C_{p,m}}{C_{n,m}-C_{V,m}}$$

当 $n=0, 1, \gamma, \infty$ 时，分别对应等压、等温、绝热和等体过程。

理想气体经历一系列过程又回到初始状态的过程叫做热力学循环过程，在 p-V 图上表现为一个闭合曲线。如果是顺时针方向进行，即为正循环，对外做功，例如热机的工作循环过程；如果是逆时针方向进行，即为逆循环，外界对系统做功，例如制冷机和热泵的工作循环过程。理论上最重要的循环过程是卡诺循环，由两个等温和两个绝热过程组成，卡诺热机的效率为

$$\eta = 1 - \frac{|Q_L|}{|Q_H|} = 1 - \frac{T_L}{T_H}$$

式中 T_H 和 T_L 分别为高温和低温热源的温度，Q_H 和 Q_L 分别是一次循环过程中气体从高温热源吸收的热量和释放给低温热源的热量。利用热力学第二定律可以证明：工作于相同高温和低温热源间的任意工作介质的可逆热机，具有相同的工作效率；而一切不可逆热机的效率必小于可逆卡诺热机的效率。

例 1 (2009 年，上海交通大学)心脏是血液循环的动力装置. 心脏中的右心房接收来自全身的静脉血，静脉血经过心脏瓣膜进入右心室，再通过右心室的压缩进入肺动脉. 肺动脉把静脉血输入肺脏，进行氧和二氧化碳的交换后，富含氧气的动脉血通过肺静脉流入心脏的左心房，再进入左心室，通过左心室的压缩，动脉血经由主动脉和通往身体各部位的大动脉被输送到全身的毛细血管. 正常成年人在安静时心跳频率平均为每分钟 75 次，主动脉收缩压平均为 120 mmHg，肺动脉收缩压为主动脉的 $\frac{1}{6}$. 在左右心室收缩前，心室中的血液压强接近于 0(相对于大气压强). 心脏中的左右心室在每个搏动周期的血液搏出量均约为 70 mL. 试估算正常成年人心脏的功率.(全血的比重为 1.05～1.06 g/cm^3，主动脉、肺动脉内径约为 20 mm，在一个心脏搏动周期中左右心室的收缩时间约为 0.2 s)

解：心脏在一个搏动周期内，左心室收缩压出血液所做的体积功为

$$W_1 = p_1 \Delta V = \left(120 \times \frac{1.05 \times 10^5}{760}\right) \times (70 \times 10^{-6})\ \text{J} \approx 1.16\ \text{J}.$$

心脏在一个搏动周期内，右心室收缩压出血液所做的体积功为

$$W_2 = p_2 \Delta V = \left(\frac{120}{6} \times \frac{1.05 \times 10^5}{760}\right) \times (70 \times 10^{-6})\ \text{J} \approx 0.19\ \text{J}.$$

心脏在一个搏动周期内，左右心室压出的血液具有的动能为

$$\begin{aligned} E_k &= 2 \times \frac{1}{2} \Delta m \times v^2 \\ &= 2 \times \frac{1}{2}(70 \times 10^{-6} \times 1.05 \times 10^3) \times \left\{\frac{70 \times 10^{-6}}{[\pi \times (10 \times 10^{-3})^2] \times 0.2}\right\}^2\ \text{J} \\ &\approx 0.09\ \text{J}. \end{aligned}$$

心脏功率为

$$P = \frac{(W_1 + W_2 + E_k) \times 75}{60\ \text{s}} = \frac{(1.16 + 0.19 + 0.09) \times 75}{60}\ \text{W} = 1.8\ \text{W}.$$

例 2 (2009 年，上海交通大学)对于一定量的气体，下列违反热力学第一定律的是（　　）

月过程中所需消耗燃料的质量 Δm 是多少？已知：$m=1.20\times10^4$ kg，$h=100$ km，月球半径 $R=1\,700$ km，月球上的重力加速度 g 取 $1.62\ \text{m}\cdot\text{s}^{-2}$.

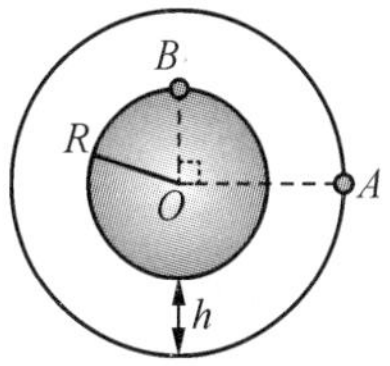

解：如右图所示，设喷气之前飞船在点 A 的速度大小为 v_0，月球质量为 M，由万有引力定律和牛顿第二定律，得

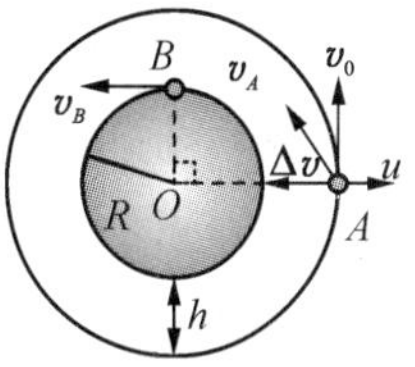

$$G\frac{Mm}{(R+h)^2}=m\frac{v_0^2}{R+h},\qquad ①$$

$$g=G\frac{M}{R^2}.\qquad ②$$

由①②式可求出

$$v_0=\left(\frac{R^2g}{R+h}\right)^{\frac{1}{2}}.\qquad ③$$

由②式，可求出 $$M=\frac{gR^2}{G}.\qquad ④$$

飞船在 A 点以相对速度 u 向外喷气的短时间里，飞船的质量减少了 Δm 而为 m'，并获得速度增量 $\Delta\boldsymbol{v}$，使飞船的速度变为 $\boldsymbol{v}_A$，其大小为

$$v_A=(v_0^2+\Delta v^2)^{\frac{1}{2}}.\qquad ⑤$$

飞船（质量 m'）在 A 点飞往 B 点的过程中只受万有引力作用，角动量和机械能都守恒，则有

$$m'v_0(R+h)=m'v_BR,\qquad ⑥$$

$$\frac{1}{2}m'v_A^2-G\frac{Mm'}{R+h}=\frac{1}{2}m'v_B^2-G\frac{Mm'}{R}.\qquad ⑦$$

由⑤式可得 $$\Delta v=(v_A^2-v_0^2)^{\frac{1}{2}}\qquad ⑧$$

由⑥式可得 $$v_B=\frac{v_0(R+h)}{R}.\qquad ⑨$$

由⑦式可得 $$v_A^2=v_B^2+2G\frac{M}{R+h}-2G\frac{M}{R}.\qquad ⑩$$

飞船在 A 点喷出气体前后动量守恒，有

$$m\boldsymbol{v}_0=m'\boldsymbol{v}_A+\Delta m(\boldsymbol{v}_A+\boldsymbol{u}).$$

分量式为 $$mv_0=m'v_0+\Delta m(v_0+0),$$

$$0=m'\Delta v+\Delta m(\Delta v-u).$$

上式即为 $$(\Delta m)u=(m'+\Delta m)\Delta v=m\Delta v.$$

化简得 $$\Delta m=\frac{m\Delta v}{u}.$$

将③④⑧⑨⑩式代入上式，得

$$\Delta m=\frac{m}{u}\sqrt{\frac{gh^2}{R+h}}\approx114\ \text{kg}.$$

A. 在恒温条件下,气体绝热膨胀

B. 气体从外界吸收热量而保持温度不变

C. 在绝热条件下,体积不变而温度升高

D. 气体对外做功的同时向外界放出热量

解:热力学第一定律是包含热量在内的能量守恒定律.气体绝热膨胀将对外做功,因此内能必然减少,温度不可能保持不变,A选项违反热力学第一定律.若要保持体积不变而温度升高,则气体必须从外界吸热,因此C选项违反热力学第一定律.本题答案为AC.

例3 如图所示,理想气体在Ⅰ→Ⅱ→Ⅲ的过程中,应是 ( )

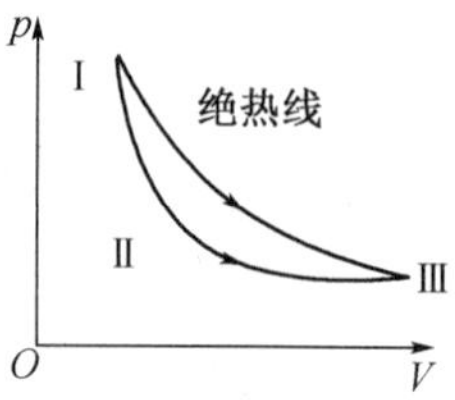

A. 气体从外界净吸热,内能增加

B. 气体从外界净吸热,内能减少

C. 气体向外界净放热,内能增加

D. 气体向外界净放热,内能减少

解:图中标记Ⅰ→Ⅲ为绝热线,即在Ⅰ→Ⅲ过程中,理想气体与外界没有热量交换,故有

$$\Delta Q=\Delta E+\Delta W=0.$$

在Ⅰ→Ⅱ→Ⅲ过程中,初始和终了状态与Ⅰ→Ⅲ过程一样,故内能改变还是ΔE,则由热力学第一定律有

$$\Delta Q'=\Delta E+\Delta W'.$$

从图中可以看出,Ⅰ→Ⅱ→Ⅲ曲线下面包围的面积比绝热线Ⅰ→Ⅲ包围的面积要小,按照功的几何解释,可知

$$\Delta W'<\Delta W.$$

于是我们得到

$$\Delta Q'=\Delta E+\Delta W'<\Delta E+\Delta W=\Delta Q=0.$$

这意味着在Ⅰ→Ⅱ→Ⅲ过程中气体向外界净放热,同时从图中知道该过程对外做正功,由热力学第一定律也就是能量守恒定律可知,内能减少.所以本题正确答案是D.

例4 (2012年,华约)如图所示,从两个相同厚度的铁板上,剪出A和B两个面积一样、质量也一样的圆环,但A环外半径R_A比B环外半径R_B小,即$R_A<R_B$.把它们竖立在绝热水平桌面上进行加热,若两环吸收相同的热量,它们升高的温度分别为ΔT_A和ΔT_B,则两者的大小关系是 ( )

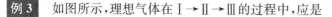

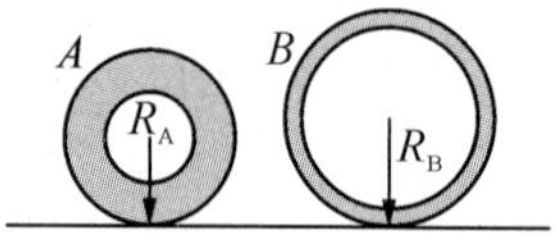

A. $\Delta T_A>\Delta T_B$ B. $\Delta T_A=\Delta T_B$ C. $\Delta T_A<\Delta T_B$ D. 不能确定

解:竖立在绝热水平桌面上、质量为m、外半径为R的铁环受热后,温度上升ΔT,同时会发生膨胀,它的质心会增加一个高度,为

$$\Delta h=R\times\alpha\Delta T,$$

其中α为铁环的线膨胀系数.

根据能量守恒,外界传给铁环的热量Q,一部分变为内能$\Delta U=cm\Delta T$,另一部分用来提高它

的重力势能 $\Delta E_p = mg\Delta h = mgR \times \alpha\Delta T$(忽略动能)，因而有

$$Q = \Delta U + \Delta E_p = cm\Delta T + mgR \times \alpha\Delta T = m(c + g\alpha R)\Delta T.$$

其中 c 为铁环的比热容. 由此可得

$$\Delta T = \frac{Q}{m(c + g\alpha R)}.$$

可见，半径小的铁环升高的温度会更大. 所以本题答案为 A.

例 5　(2013 年，华约)自行车轮胎充足气后骑起来很轻快. 由于慢撒气(缓慢漏气)，车胎内的气压下降了 $\frac{1}{4}$，求漏出的气体占原气体的比例 η. 假设漏气过程是绝热的，一定质量的气体在绝热过程中满足 $pV^{\gamma} = C$，其中 γ 是与胎内气体本身有关的一个常数.

解：设原来气体的压强为 p_0，体积为 V_0，绝热膨胀后压强为 p，体积为 V，则由绝热方程可得

$$p_0 V_0^{\gamma} = pV^{\gamma}.$$

由于慢撒气，最后剩下的体积仍然为 V_0，漏出的气体占原气体的比例则为

$$\eta = \frac{V - V_0}{V} = 1 - \frac{V_0}{V}.$$

注意到漏气后气压下降了 $\frac{1}{4}$，则可得

$$p = \left(1 - \frac{1}{4}\right)p_0 = \frac{3}{4}p_0.$$

联立以上各式，即得

$$\eta = 1 - \left(\frac{3}{4}\right)^{\frac{1}{\gamma}}.$$

对于大气，可以将其看成是双原子分子气体，绝热指数 $\gamma = \frac{7}{5}$，代入上式，可得

$$\eta = 1 - \left(\frac{3}{4}\right)^{\frac{1}{\gamma}} \approx 18.6\%.$$

例 6　(2010 年，北京大学)如右图所示，一定质量的理想气体，从 A 状态等温变化到 B 状态，再从 B 状态等压变化到 C 状态，然后从 C 状态等容变化回到 A 状态. 问：

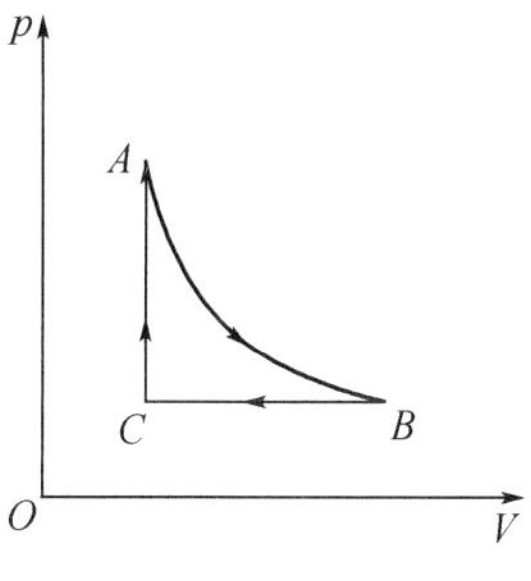

(1) 哪个过程气体对外做功的绝对值最大?

(2) 哪个过程内能增加，哪个减少?

(3) BC 和 CA 过程中，吸热和放热的绝对值哪个大? 为什么?

解：(1) 因 $p-V$ 图线下方的面积即为做功多少，故状态 A 到状态 B 过程做功最多.

(2) $A \to B$ 过程中，内能不变；$B \to C$ 过程中，外界对气体做功，且由于温度降低，相应气体内能减少，在此过程中内能减少，会放热；$C \to A$ 过程中，做功为 0，但气体内能增加，故需要吸收

热量.

(3) $B\to C\to A$ 过程中总内能不变，但外界对气体做功，故放热的绝对值大于吸热的绝对值.

例 7 (2010 年，北京大学)如图所示，有一定量的理想气体，从初状态 $a(p_1,V_1)$开始，经过一个等容过程达到压强为$\frac{p_1}{4}$的 b 状态，再经过一个等压过程达到 c 状态，最后经过等温过程而完成一个循环. 求该循环过程中系统对外做的功 W 和净吸收热量 Q.(已知1 mol 气体在温度为 T 的等温膨胀过程中，体积由 V_1 膨胀到 V_2，对外做的功可用公式 $W=RT\ln\frac{V_2}{V_1}$计算)

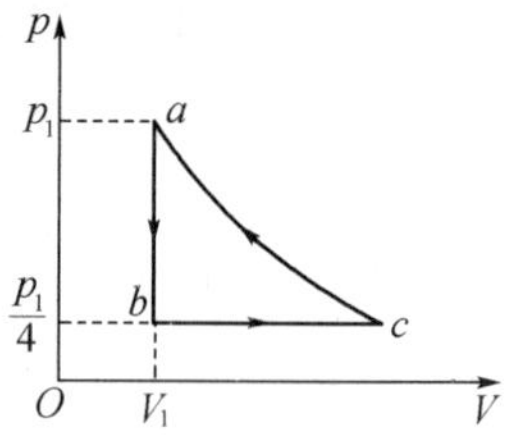

解:设 c 状态的体积为 V_2，则由于 a,c 两状态的温度相等，故

$$p_1V_1=\frac{p_1}{4}V_2,\text{得 }V_2=4V_1.$$

循环过程 $\Delta E=0$，故 $Q=W$.

在 $a\to b$ 等容过程中 $W_1=0$.

在 $b\to c$ 等压过程中 $W_2=\frac{p_1}{4}(V_2-V_1)=\frac{p_1}{4}(4V_1-V_1)=\frac{3}{4}p_1V_1$.

在 $c\to a$ 等温过程中 $W_3=-p_1V_1\ln\frac{V_2}{V_1}=-p_1V_1\ln 4$.

故 $$Q=W=W_1+W_2+W_3=\left(\frac{3}{4}-\ln 4\right)p_1V_1\approx-0.64p_1V_1.$$

负号说明外界对系统做功、系统对外放热.

例 8 摩尔数为 $\nu=1$ mol 的单原子分子理想气体，从初态 A 出发，经历如图所示的循环过程，求：

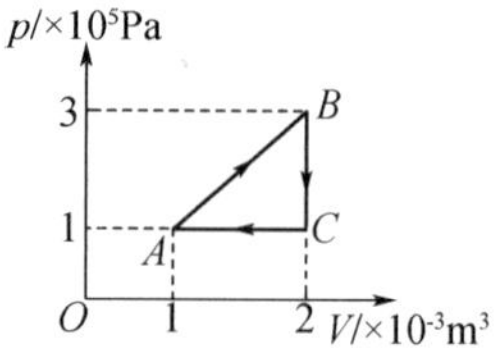

(1) 各过程系统做功 W、内能变化 ΔE、吸热量 Q.

(2) 该循环的效率.

解:(1) 在 $A\to B$ 过程中：

$$W_{AB}=\frac{1}{2}(p_A+p_B)(V_B-V_A)=200\text{ J},$$

$$\Delta E_{AB}=\nu C_{V,m}(T_B-T_A)=\nu\frac{3}{2}R(T_B-T_A)=\frac{3}{2}(p_BV_B-p_AV_A)=750\text{ J},$$

式中，$C_{V,m}$为摩尔等容热容量.

$$Q_{AB}=\Delta E_{AB}+W_{AB}=950\text{ J}.$$

在 $B\to C$ 等容过程中：

$$W_{BC}=0,$$

$$\Delta E_{BC}=\frac{3}{2}(p_CV_C-p_BV_B)=-600\text{ J},$$

$$Q_{BC}=\Delta E_{BC}+W_{BC}=-600\text{ J}.$$

在 $C\to A$ 等压过程中：

$$W_{CA}=p_A(V_A-V_C)=-100\ \text{J},$$

$$\Delta E_{CA}=\frac{3}{2}(p_AV_A-p_CV_C)=-150\ \text{J},$$

$$Q_{CA}=\Delta E_{CA}+W_{CA}=-250\ \text{J}.$$

(2) 在一个循环中，对外做的总功为

$$W=W_{AB}+W_{BC}+W_{CA}=100\ \text{J}.$$

故整个过程的热机效率为

$$\eta=\frac{W}{Q_{吸}}=\frac{W}{Q_{AB}}=\frac{100}{950}\approx 10.5\%.$$

二、热力学第二定律

热力学第二定律有两种表述：

(1) 开尔文表述

不可能制造出这样一种循环工作的热机，它只使单一热源冷却来做功，而不放出热量给其他物体，或者说不使外界发生任何变化.

(2) 克劳修斯表述

不可能把热量从低温物体自动传到高温物体而不引起外界的变化.

这两个表述都说明自然界的自发过程具有不可逆性，具有时间方向性，即从较为有序的状态发展到更无序的状态，因此，熵作为无序度的一种量度，对于孤立体系，总是永远增加的，这就是所谓的熵增原理.

对热力学第二定律和熵增原理要能从概念上加以把握，并联系具体例子获得直观的理解.

例 9　根据热力学第二定律，下列说法正确的是　(　　)

A. 热量能从高温物体传到低温物体，但不能从低温物体传到高温物体

B. 功可以全部变为热，但热不能全部变为功

C. 气体能够自由膨胀，但不能自由压缩

D. 有规则运动的能量能够变为无规则运动的能量，但无规则运动的能量不能够变为有规则运动的能量

解： 根据热力学第二定律的两个表述，热量从低温物体传到高温物体，或者功完全转化为热，如果不引起外界的变化，则是不可能的，但 A 和 B 选项没有这个条件，故不正确；无规则运动的热能是可以转变为有序功的，例如热机，D 也不对；只有 C 正确，气体自由膨胀是可能的，这时熵增加，但反过来自由压缩是不可能的，因为这意味着孤立系统的有序度自发增加，违背第二定律. 故正确选项是 C.

注： 在理想气体自由膨胀的过程中，熵增加，但系统不对外做功. 如果是绝热自由膨胀，则内能和温度不变，压强则由于体积变大而减小.

例 10　一气缸内盛有一定量的刚性双原子分子理想气体，气缸活塞的面积 $S=0.05\ \text{m}^2$，活塞与气缸壁之间不漏气，摩擦忽略不计. 活塞右侧通大气，大气压强 $p_0=1.0\times10^5$ Pa. 劲度系数 $k=5\times$

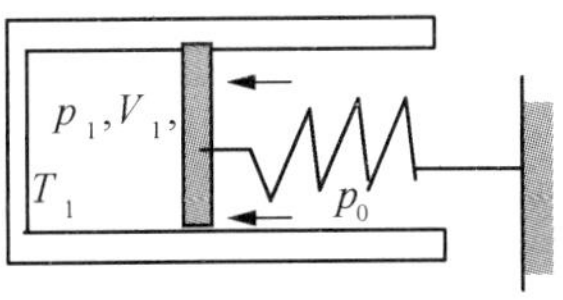

10^4 N/m的一根弹簧的两端分别固定于活塞和一固定板上(如图). 开始时气缸内气体处于压强、体积分别为 $p_1=p_0=1.0\times10^5$ Pa, $V_1=0.015$ m³的初态. 今缓慢加热气缸, 缸内气体缓慢地膨胀到 $V_2=0.02$ m³. 求在此过程中气体从外界吸收的热量.

解: 由题意可知气体处于初态时, 弹簧为原长. 当气缸内气体体积由 V_1 膨胀到 V_2 时, 弹簧被压缩, 压缩量为

$$l=\frac{V_2-V_1}{S}=0.1\ \text{m}.$$

气体末态的压强为

$$p_2=p_0+k\frac{l}{S}=2\times10^5\ \text{Pa}.$$

气体内能的改变量为

$$\Delta E=\nu C_{V,m}(T_2-T_1)=i(p_2V_2-p_1V_1)/2=6.25\times10^3\ \text{J}.$$

缸内气体对外做的功为

$$W=p_0Sl+\frac{1}{2}kl^2=750\ \text{J}.$$

缸内气体在这个膨胀过程中从外界吸收的热量为

$$Q=\Delta E+W=6.25\times10^3+0.75\times10^3\ \text{J}=7\times10^3\ \text{J}.$$

例 11 (2014 年, 华约) 假设房间向环境传递热量的速率正比于房间和环境之间的温度差, 暖气片向房间传递热量的速度也正比于暖气片与房间之间的温度差. 暖气片温度恒为 T_0, 当环境温度为−5℃时, 房间温度保持在 22℃. 当环境温度为−15℃时, 房间温度保持为 16.5℃.

(1) 求暖气片的温度 T_0.

(2) 给房子加一层保温材料, 使得温差一定时房间散热的速率下降 20%, 求环境温度为−15℃时房间的温度.

解: (1) 设两次房间温度分别为 $T_1=22$℃, $T_1'=16.5$℃, 环境温度分别为 $T_2=-5$℃, $T_2'=-15$℃; 设暖气片向房间的散热系数为 k_1, 房间向环境的散热系数为 k_2, 当房间温度平衡时暖气片向房间的散热速率与房间向环境的散热速率相同, 则有

$$\begin{cases}k_1(T_0-T_1)=k_2(T_1-T_2), & ①\\ k_1(T_0-T_1')=k_2(T_1'-T_2'). & ②\end{cases}$$

两式相比可得

$$\frac{(T_0-T_1)}{(T_0-T_1')}=\frac{(T_1-T_2)}{(T_1'-T_2')}.$$

整理, 得

$$T_0=\frac{T_2T_1'-T_2'T_1}{T_1'-T_2'-(T_1-T_2)}=\frac{-5\times16.5-(-15)\times22}{16.5-(-15)-[22-(-5)]}℃=55℃.$$

(2) 设此时房间的温度为 T''_1, 则

$$k_1(T_0-T''_1)=(1-20\%)k_2(T''_1-T_2'). \quad ③$$

由①式可知

$$\frac{k_1}{k_2}=\frac{T_1-T_2}{T_0-T_1}=\frac{22-(-5)}{55-22}=\frac{9}{11}.$$

由③得

$$T''_1=\frac{k_1T_0+0.8k_2T'_2}{k_1+0.8k_2}=\frac{9\times55+0.8\times11\times(-15)}{9+0.8\times11}℃\approx20.4℃.$$

练　习

1. (2009 年，清华大学)4 个物体，其中 3 个物体的物理性质完全相同，以 A 表示，另一个物体以 B 表示. 若把 1 个 A 和 B 放在一起时，经过充分的热量交换，A 和 B 组成的系统温度比 B 的温度高了 5℃. 再把 1 个 A 和 $A+B$ 系统放在一起时，经过充分的热量交换，$A+A+B$ 的系统温度比$A+B$的温度高了 3℃. 若把第 3 个 A 和 $A+A+B$ 系统放在一起时，经过充分的热量交换，$A+A+A+B$ 系统温度比 $A+A+B$ 高________℃.(不考虑系统与外界的热量交换)

2. 一定量的理想气体，经历某过程后，它的温度升高了，则根据热力学定理，下列正确的是　(　　)

① 该理想气体系统在此过程中做了功
② 在此过程中外界对该理想气体系统做了正功
③ 该理想气体系统的内能增加了
④ 在此过程中理想气体系统既从外界吸了热，又对外做了正功

A. ①③　　B. ②③　　C. ③
D. ③④　　E. ④

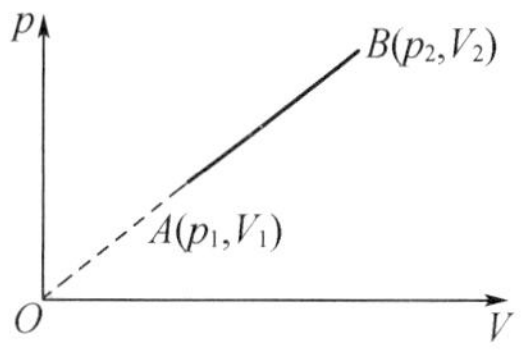

3. 1 mol 的单原子分子理想气体从初态 $A(p_1,V_1)$开始沿如右图所示的直线变到末态 $B(p_2,V_2)$时，其内能的改变量为__________，从外界吸热为__________，对外界做功为__________.

4. 关于热功转换和热量传递有下面一些叙述，这些叙述中正确的是　(　　)

① 功可以完全变为热量，而热量不能完全变为功
② 一切热机的效率都小于 1
③ 热量不能从低温物体传到高温物体
④ 热量从高温物体传到低温物体是不可逆的

A. 只有②④
B. 只有②③④
C. 只有①③④

5. (2013 年，北约)在一个绝热的竖直气缸里面放有一定质量的理想气体，绝热的活塞原来是固定的. 现拆去销钉(图中未画出)，气体因膨胀把活塞及重物举高后如图所示，则在此过程中气体的　(　　)

A. 压强不变，温度升高
B. 压强不变，温度降低
C. 压强减小，温度升高
D. 压强减小，温度降低

6. (2014 年，北约)有下列过程：

a. 水在 1 atm，25℃蒸发；

b. 冰在 1 atm，25℃熔化；

c. 理想气体准静态绝热膨胀；

d. 理想气体准静态等温膨胀；

e. 理想气体准静态等压加热；

f. 理想气体向真空绝热膨胀.

其中系统对外做正功的是 (　　)

A. a，c，d，e

B. a，b，c，e

C. b，d，e，f

D. b，c，d，f

7. 如图，bca 为理想气体绝热过程，$b1a$ 和 $b2a$ 是任意过程，则上述两过程中气体做功与吸收热量的情况是 (　　)

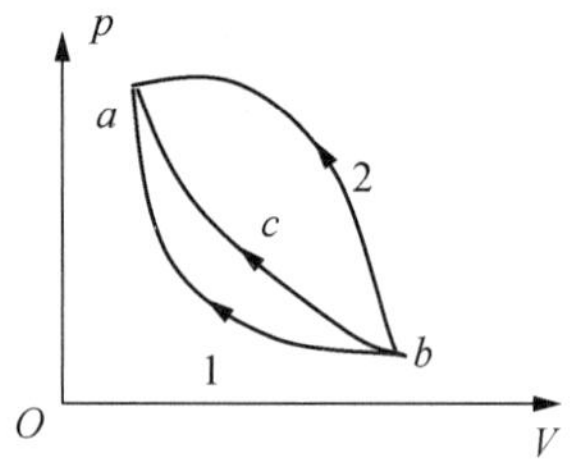

A. $b1a$ 过程放热，做负功；$b2a$ 过程放热，做负功

B. $b1a$ 过程吸热，做负功；$b2a$ 过程放热，做负功

C. $b1a$ 过程吸热，做正功；$b2a$ 过程吸热，做负功

D. $b1a$ 过程放热，做正功；$b2a$ 过程吸热，做正功

8. (2014 年，北约)在一个空的可乐瓶中压入高压理想气体，在打开瓶盖后的短时间内，外界对气体做________(填“正功”“负功”或“不做功”)，瓶内气体温度________(填“升高”“降低”或“可能升高也可能降低”).

参考答案

1. 2　2. C　3. $\frac{3}{2}(p_2V_2-p_1V_1)$　$2(p_2V_2-p_1V_1)$　$\frac{1}{2}(p_2V_2-p_1V_1)$　4. A　5. D　6. A　7. B　8. 负功　降低

第13章 复习与模拟

13.1 复 习 题

一、选择题

1. 根据我们的生活常识,可以推算地球的自转角速度为 ( )

A. 7.272×10^{-4} rad/s　　B. 7.272×10^{-5} rad/s

C. 7.292×10^{-5} rad/s　　D. 7.272×10^{-6} rad/s

2. 如右图所示,质量为M、长为$2l$的梯子AB,A端靠在光滑的竖直墙壁上,B端置于地面,与地面的静摩擦因数为μ,杆身与竖直方向成θ角.一人质量为m,他可能爬到的最高高度为 ( )

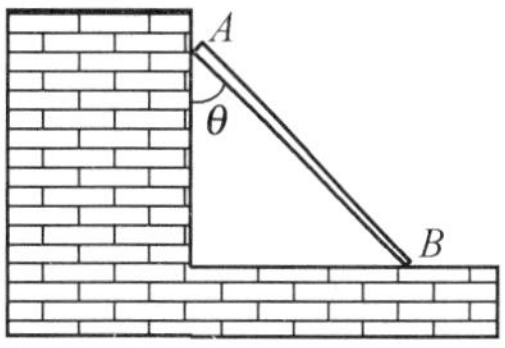

A. $h=l\left[2\mu\left(1+\frac{M}{m}\right)\cos\theta-\frac{M}{m}\sin\theta\right]$

B. $h=2\mu l\left(1+\frac{M}{m}\right)\frac{\cos^2\theta}{\sin\theta}$

C. $h=l\cos\theta\left[2\mu\left(1+\frac{M}{m}\right)\cot\theta-\frac{M}{m}\right]$

D. $h=\frac{l}{m}[2\mu(m+M)\cos\theta-1]$

3. 如右图所示,一只质量为m的小猴,原来抓住一根用绳吊在天花板上的质量为M的直杆,悬线突然断开,小猴则沿杆竖直向上爬以保持它离地面的高度不变,此时猴与直杆的质心的加速度为 ( )

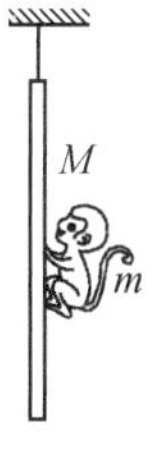

A. g　　B. $\frac{mg}{M}$

C. $\frac{(M+m)g}{M}$　　D. $\frac{(M+m)g}{M-m}$

E. $\frac{(M-m)g}{M}$

4. 右图中3条曲线分别表示简谐振动中的位移x、速度v、加速度a,下面说法中正确的是 ( )

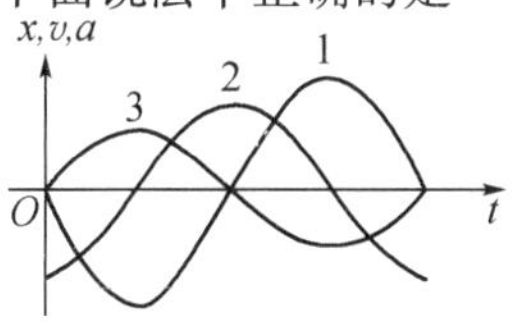

A. 曲线3,1,2分别表示x,v,a曲线

B. 曲线2,1,3分别表示x,v,a曲线

C. 曲线1,3,2分别表示x,v,a曲线

D. 曲线2,3,1分别表示x,v,a曲线

E. 曲线1,2,3分别表示x,v,a曲线

5. 一沿x轴负方向传播的平面简谐波在$t=2$ s时的波形曲线如图所示,则原点O的振动方程为 (　　)

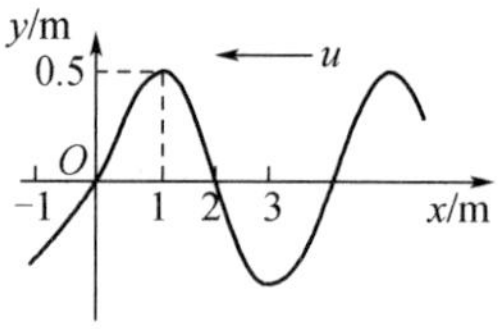

A. $y=0.50\cos\left(\pi t+\frac{1}{2}\pi\right)$ m

B. $y=0.50\cos\left(\frac{1}{2}\pi t-\frac{1}{2}\pi\right)$ m

C. $y=0.50\cos\left(\frac{1}{2}\pi t+\frac{1}{2}\pi\right)$ m

D. $y=0.50\cos\left(\frac{1}{4}\pi t+\frac{1}{2}\pi\right)$ m

6. 在狭义相对论中,下列说法中正确的是 (　　)

① 一切运动物体相对于观察者的速度都不能大于真空中的光速

② 质量、长度、时间的测量结果都是随物体与观察者的相对运动状态而改变的

③ 在一惯性系中发生于同一时刻、不同地点的两个事件在其他一切惯性系中也是同时发生的

④ 惯性系中的观察者观察一个相对其做匀速运动的时钟时,会看到这个时钟比相对其静止的相同的时钟走得慢些

A. ①③④　　B. ①②④

C. ①②③　　D. ②③④

7. 如右图所示,一定量的理想气体从体积V_1膨胀到体积V_2分别经历的过程是:$A\to B$等压过程,$A\to C$等温过程,$A\to D$绝热过程. 其中吸热最多的 (　　)

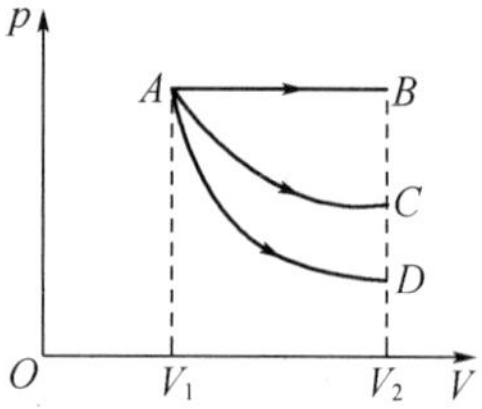

A. 是$A\to B$过程

B. 是$A\to C$过程

C. 是$A\to D$过程

D. 既是$A\to B$,也是$A\to C$,两者一样多

8. 两无限大带电平面平行放置,设它们的电荷均匀分布,电荷密度分别为$+\sigma_0$,$-\sigma_0$,则两者单位面积上的作用力为 (　　)

A. $\frac{\sigma_0^2}{2\varepsilon_0}$,斥力　　B. $\frac{\sigma_0^2}{\varepsilon_0}$,斥力　　C. $\frac{\sigma_0^2}{2\varepsilon_0}$,引力　　D. $\frac{\sigma_0^2}{\varepsilon_0}$,引力

9. 一带电小球固定于相对地面做匀速直线运动的车上. 车上坐着一个观察者甲,地面上站着另一个观察者乙,则 (　　)

A. 甲观察到空间既不存在电场也不存在磁场,乙观察到空间存在磁场但不存在电场

B. 甲观察到空间存在电场但不存在磁场,乙观察到空间存在磁场但不存在电场

C. 甲观察到空间不存在电场但存在磁场,乙观察到空间存在电场但不存在磁场

D. 甲观察到空间存在电场但不存在磁场,乙观察到空间既存在电场也存在磁场

10. 在圆柱形空间内有一磁感应强度为$\boldsymbol{B}$的均匀磁场,如右图所示,$\boldsymbol{B}$的大小以速率$\frac{dB}{dt}$变化. 有一长度为L_0的金属棒先后放在磁场的两个不同位置ab和$a'b'$,那么,金属棒在这两个位置时棒内的感应电动势的大小关系为 (　　)

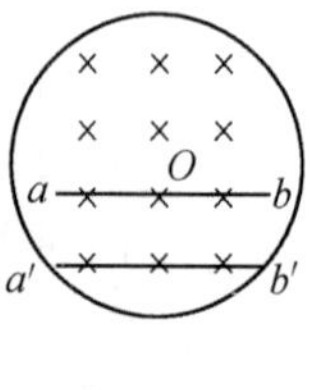

A. $\varepsilon_{ab}=\varepsilon_{a'b'}\neq 0$　　B. $\varepsilon_{a'b'}>\varepsilon_{ab}$

C. $\varepsilon_{a'b'}<\varepsilon_{ab}$　　D. $\varepsilon_{ab}=\varepsilon_{a'b'}=0$

11. 如图所示，用波长为 λ 的单色光照射双缝干涉实验装置，若将一折射率为 n、劈角为 α 的透明劈尖 b 插入光线 2 中，则当劈尖 b 缓慢地向上移动时（只遮住 S_2），屏 C 上的干涉条纹将　（　　）

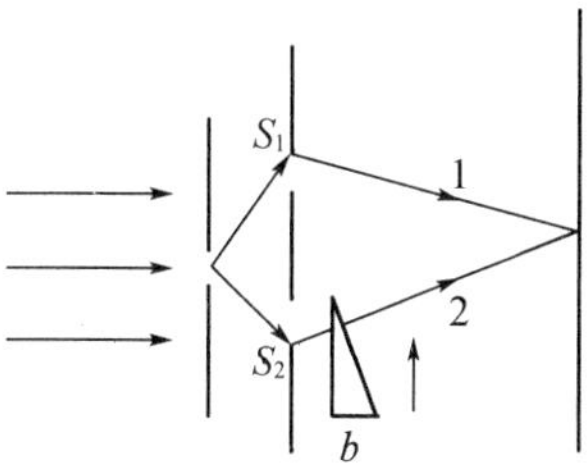

A. 间隔变大，向下移动

B. 间隔变小，向上移动

C. 间隔不变，向下移动

D. 间隔不变，向上移动

12. 一束波长为 λ 的单色光由空气垂直入射到折射率为 n 的透明薄膜上，透明薄膜放在空气中，要使反射光得到干涉加强，则薄膜最小的厚度为　（　　）

A. $\dfrac{\lambda}{4}$　　B. $\dfrac{\lambda}{4n}$　　C. $\dfrac{\lambda}{2}$　　D. $\dfrac{\lambda}{2n}$

13. 已知用一束某种波长的平行光照射一小块某种金属能产生光电效应，光电子的最大初动能为 E_1，单位时间内产生了 N_1 个光电子. 现用同一束光经凸透镜会聚后照射该金属，光电子的最大初动能为 E_2，单位时间内产生了 N_2 个光电子，则　（　　）

A. $E_1=E_2, N_1<N_2$　　B. $E_1<E_2, N_1>N_2$

C. $E_1>E_2, N_1<N_2$　　D. $E_1=E_2, N_1<N_2$

14. 静止质量不为 0 的微观粒子做高速运动，这时粒子的物质波的波长 λ 与速度 v 之间满足　（　　）

A. $\lambda\propto v$　　B. $\lambda\propto\dfrac{1}{v}$

C. $\lambda\propto\sqrt{\dfrac{1}{v^2}-\dfrac{1}{c^2}}$　　D. $\lambda\propto\sqrt{c^2-v^2}$

15. (2009 年，清华大学）一个能量为 $h\nu$ 的光子被一个质量为 M 的静止原子核所吸收，则该原子核所获得的内能为　（　　）

A. $h\nu$　　B. $\dfrac{h^2\nu^2}{2Mc^2}$

C. $\left(1+\dfrac{h\nu}{2Mc^2}\right)h\nu$　　D. $\left(1-\dfrac{h\nu}{2Mc^2}\right)h\nu$

二、填空题

16. 一做斜抛运动的物体，在最高点炸裂为质量相等的两块，最高点距地面 19.6 m. 爆炸后 1 s，第一块落到爆炸点的正下方的地面，此处距抛出点 100 m. 第二块落地点距抛出点的距离为________.（空气阻力不计）

17. 水平面上一个半径为 R 的硬币在 $t=0$ 时由静止开始做无滑动的直线滚动，假如质心加速度为 a，那么到 t 时刻硬币绕质心的角速度为________，触地点的加速度为________.

18. 如右图所示，圆锥摆的摆球质量为 m，速率为 v，圆半径为 R，当摆球在轨道上运动半周时，摆球所受重力冲量的大小为________.

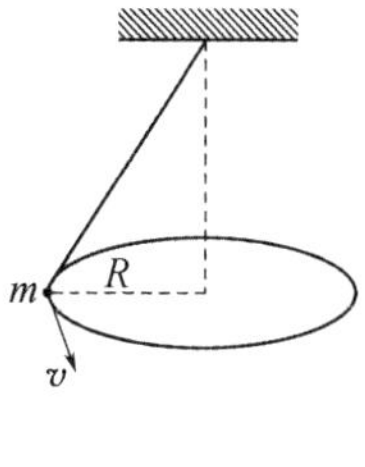

19. 电荷均匀分布在半球面上，球面半径为 R，电荷密度为 σ，将点电荷 q 由球心移至无限远处，外力做功为________.

20. 一块电荷量为 q_1 的金属板与另一块电荷量为 q_2 的金属板平行放置，

面积都为 S，则这两块板的外侧表面电荷密度为________.

21. 一个金属丝构成的立方体，每条边的电阻均为 R，则对角线方向两个顶点间的等效电阻为________，相邻两个顶点间的等效电阻为________.

22. 如图所示，一磁感应强度为 B 的均匀磁场分布在半径为 R 的无限长圆柱体内，设 $B=B_0t(B_0>0)$. 现有一半径也为 R、电阻均匀分布且总电阻为 r 的金属圆环，放在垂直于磁场的平面内，金属圆环中心在均匀磁场的对称轴上. 金属圆环上有两个相距为 R 的端点 a 和 b，则此两点间的电势差 U_a-U_b 为________.（设感应电流产生的磁场可以忽略）

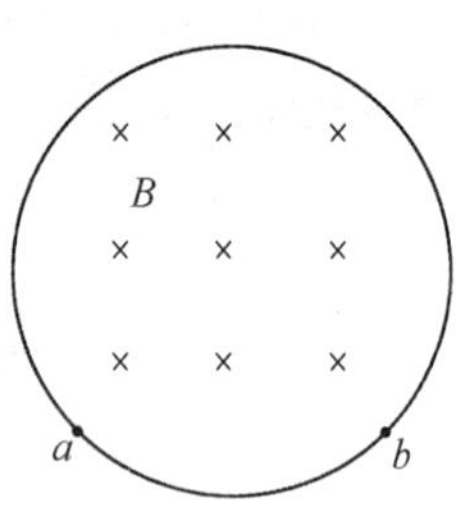

23. 在静止的小车中，长度为 l 的单摆的振动周期为 T_0，当小车以加速度 $a=\dfrac{g}{2}$ 在水平方向运动时，摆的振动周期 $T=$____________.

24. 如右图所示单缝夫琅禾费衍射示意图中，所画出的各条正入射光线间距相等，则光线 1 与 2 在屏上 P 点相遇时的相位差为________，P 点应为________点.

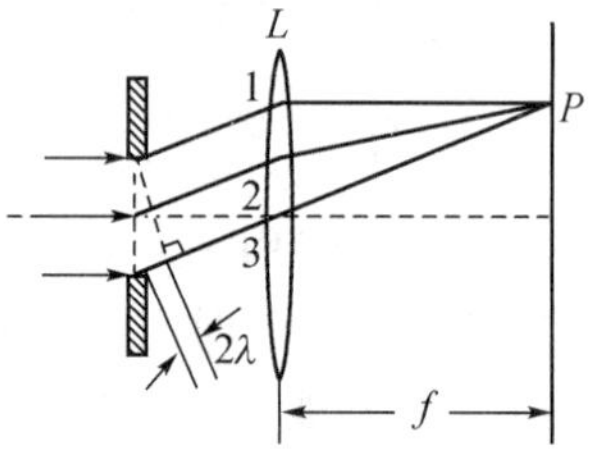

25. 一组氢原子处于 $n=4$ 的激发态，则可观察的谱线总数目为________，其中最短的光波长为________.

三、论述题

26. 试通过一个简单的模型推证分子气体的压强与分子数密度、平均平动动能的关系，说明你做的假设和可以进一步修正的地方.

27. 有什么实验能够说明引力质量和惯性质量是相等的？这个事实让爱因斯坦确信非惯性系加速度和引力场在局域是等效的，这对光的传播来说，有什么可能的效应？

28. (1) 用 3 个不同的电阻可以构成多少种不同的电阻？最大的是多大？当把最大电阻接在电路中时，你能不能证明欧姆定律保证电流或电压分配使电路中的能量损耗最低？试证之.

(2) 请设计一个方案，说明你怎么通过实验来检查由这 3 个电阻构成的一个三端网络是 Y 形接法还是△形接法.

四、计算题

29. 如图所示，在竖直平面内半径为 R 的一段光滑圆弧形轨道上，放一小物体，使其静止于轨道的最低处，然后轻碰一下此物体，使其沿圆弧形轨道来回做小幅度运动，试证：

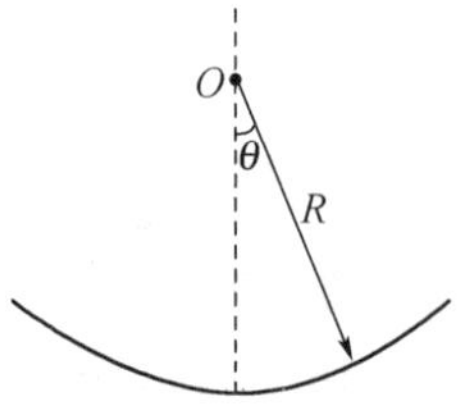

(1) 此物体做简谐振动.

(2) 此简谐振动的周期 $T=2\pi\sqrt{\dfrac{R}{g}}$.

(3) 如果 $R\to\infty$，你认为会出现什么结果？你认为应该怎么处理？

30. (2011 年，华约) 如右图所示，光滑地面上，靠近墙面 C 处放置用一劲度系数为 k 的弹簧连接的两个物体 A 和 B，一开始处于自由状态. 用手挤压物体，做功 W 后释放. 问：

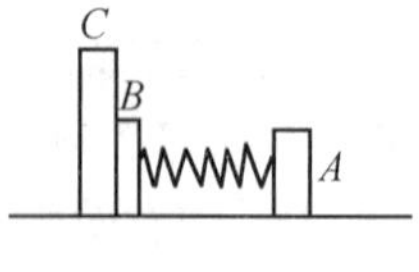

(1) 从开始释放到 B 离开墙，墙对 B 的冲量是多少？

(2) 在 A 和 B 运动过程中，A 和 B 的最小速度是多大？

31. (2010 年，清华大学等 5 校联考) 水平光滑细杆上穿一质量为 m 的小环，环上系有长度为 l 的细绳，其另一端挂一质量为 M 的小球. 用手将小球拉到杆的高度，并将绳拉直，然后将小球自静止释

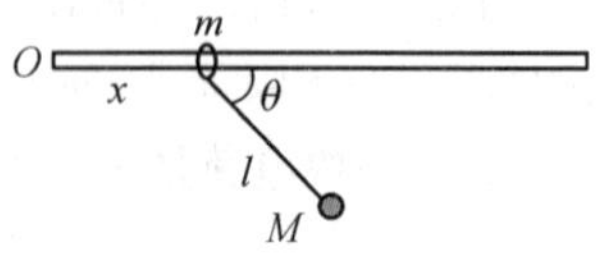

放. 当绳与杆角度为 θ 时，试求：

(1) 小环离开出发点的距离 x.

(2) 此时绳的角速度 ω.

32. 在完成登陆任务后，登陆艇自某行星表面升空与飞船会合，一起绕行星做圆周运动，其速率为 v. 飞船与登陆艇的质量均为 m，行星的质量为 M，引力常量为 G. 在启动返程时，飞船上火箭做一短时间的喷射(喷出气体的质量可忽略)，使登陆艇和飞船分离，且分离方向与速度方向平行. 若分离后飞船恰能完全脱离行星的引力，求：

(1) 飞船与登陆艇绕行星做圆周运动的周期 T 和轨道半径 R.

(2) 刚分离后登陆艇的速率 u.

(3) 飞船和登陆艇在火箭喷射过程中共获得的机械能 E.

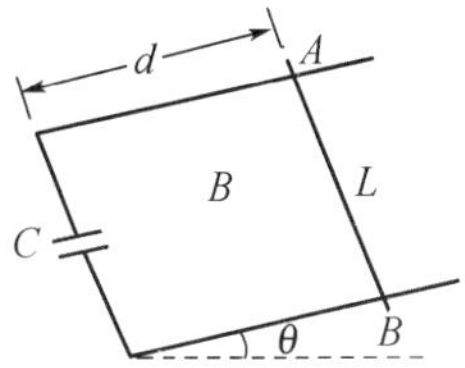

33. 如图所示，有一与电容器 C 串联的光滑矩形金属轨道，轨道宽度为 L，与地面成 θ 角放置. 轨道上有一质量为 m、长度方向与轨道垂直的金属杆 AB，可以在矩形轨道上自由滑动. 整个系统处于与轨道平面垂直的匀强磁场 B 中. 若金属杆 AB 原来处于离轨道底部距离为 d 的位置，忽略整个系统的电阻，求金属杆从静止开始滑动到矩形轨道底部所需要的时间.

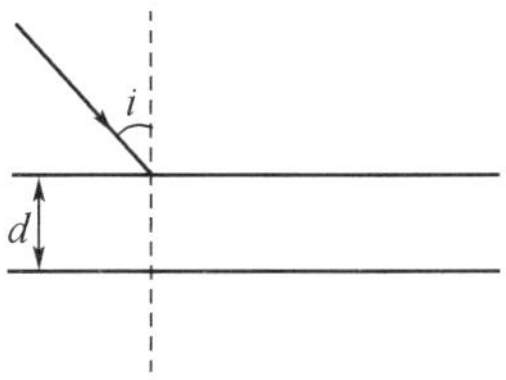

34. 如图所示，一块厚度为 d、折射率为 n_2 的均匀薄膜放在折射率为 n_1 的介质中($n_1<n_2$). 一束波长为 λ 的单色光以入射角 i 倾斜入射，问：

(1) 出射点偏离入射点的水平距离 Δx 是多大?

(2) 入射角 i 满足什么条件时，透射光加强? 这时反射光如何?

35. 对黑体辐射的物体，辐射的最大波长 λ 满足 $\lambda T=b$(T 为热力学温度，b 是常量)，辐射功率 $P=\sigma T^4$(σ 为常量). 已知人体辐射的 $\lambda=9.6\ \mu\text{m}$，太阳辐射的 $\lambda=500\ \text{nm}$.

(1) 有 4 块金属板依次排开，第 1 块温度为 T_1，第 4 块温度为 T_4，求第 2 块的温度 T_2.

(2) 火星距太阳 $400R$(R 是太阳半径)，认为火星的受热面积为 πr^2(r 为火星半径)，估算火星表面温度.

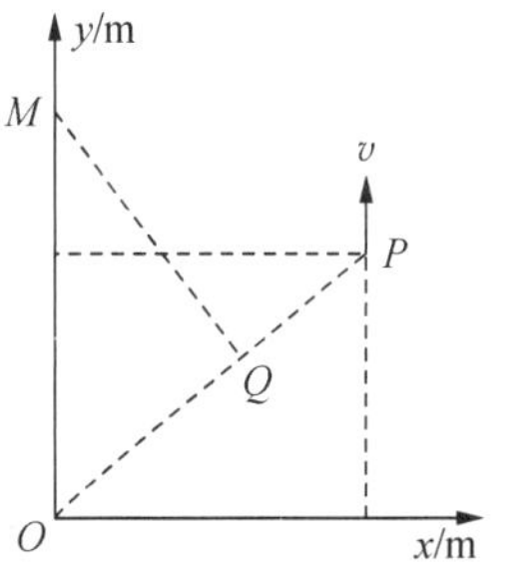

36. (2011 年，华约)在 xOy 平面内，$x>0$，$y>0$ 区域内存在匀强电场，场强大小为 $E=100\ \text{V/m}$，$x>0$，$y<3\ \text{m}$ 区域内存在垂直于 xOy 平面的匀强磁场. 现有一带负电的粒子($q=-2\times10^{-7}\,\text{C}$，$m=2\times10^{-6}\ \text{kg}$)从原点以一定的初动能射出，经过点 $P(4,3)$ 时动能变为初动能的 0.2 倍且速度方向平行于 y 轴，最后从点 $M(0,5)$ 射出，此时动能变为原来的 0.52 倍. 不考虑重力场.(坐标单位:m)

(1) 写出在线段 OP 上与 M 点等势的点 Q 的坐标.

(2) 求粒子从 P 点运动到 M 点所需的时间.

参考答案

一、1. C　2. C　3. A　4. E　5. C　6. B　7. A　8. C　9. D　10. B　11. C　12. B　13. D　14. C　15. D

二、16. 500 m　17. $\frac{at}{R}$　$\frac{a^2t^2}{R}$　18. $\frac{\pi Rmg}{v}$　19. $-\frac{q\sigma R}{2\varepsilon_0}$　20. $\frac{q_1+q_2}{2S}$　21. $\frac{5}{6}R$　$\frac{7}{12}R$

22. 0　23. $\sqrt{\frac{2}{5}\sqrt{5}}\,T_0$　24. 2π　暗　25. 6　97.5 nm

三、26. 假设分子数密度为 n，分子平均速率为 $\bar{v}$，则在 Δt 时间内到达表面 ΔA 的分子一定处在体积 $\Delta V=\Delta A\cdot\bar{v}\Delta t$ 范围内，但分子可向 6 个方向运动，因而到达 ΔA 的分子数为

$$\Delta N=\frac{1}{6}n\Delta A\bar{v}\Delta t.$$

每个分子与器壁碰撞后动量的改变量为 $2m\bar{v}$，因而器壁所受压强为

$$p=\frac{F}{\Delta A}=\frac{\Delta N\cdot 2m\bar{v}}{\Delta A\cdot\Delta t}=\frac{1}{3}nm\bar{v}^2.$$

若取 $\bar{v}^2\approx\overline{v^2}$，则可得

$$p=\frac{1}{3}nm\overline{v^2}=\frac{2}{3}n\cdot\frac{1}{2}m\overline{v^2}=\frac{2}{3}n\bar{\varepsilon}_{k,t}.$$

与理想气体状态方程 $p=nkT$ 比较，可知

$$\frac{1}{2}m\overline{v^2}=\frac{3}{2}kT.$$

在以上推导过程中，$\frac{1}{6}$ 是粗略的，$\bar{v}^2\approx\overline{v^2}$ 也是粗略的，把这两个乘在一起得到比较严格的结果. 对于理想气体所做的假设有：① 分子数目巨大；② 分子大小与分子间距相比可忽略；③ 分子间除碰撞外无相互作用. 进一步修正时要考虑分子大小和分子作用.

27. 伽利略自由落体实验就说明引力质量和惯性质量相等，后来牛顿用单摆实验验证了它. 对光而言，引力场 $\boldsymbol{g}$ 和加速度 $\boldsymbol{a}$ 在局域上等效，意味着光不再沿直线传播，即光在引力场作用下会发生偏折，与几何光学比较，这相当于光的传播速度变慢，这两方面都由实验得到了证实.

28. (1) 3 个不同电阻可单独使用，得 3 种电阻；两个一起使用，有串、并联两种方式，共有 $3\times2=6$ 种电阻；3 个一起使用，全串和全并有 2 种，两个并联和另一个串联，则有 3 种，两个串联和另一个并联，又有 3 种. 故总共可得

$$3+6+2+3+3=17(\text{种}).$$

其中最大的为串联，$R=R_1+R_2+R_3$. 接在电压 U 之间，每个电阻两端电压分别为 U_1，U_2，U_3，则有

$$U_1+U_2+U_3=U.$$

总的功率为

$$P=\frac{U_1^2}{R_1}+\frac{U_2^2}{R_2}+\frac{U_3^2}{R_3}.$$

据柯西不等式有

$$\begin{aligned}P^{\frac{1}{2}}R^{\frac{1}{2}}&=\left[\left(\frac{U_1}{\sqrt{R_1}}\right)^2+\left(\frac{U_2}{\sqrt{R_2}}\right)^2+\left(\frac{U_3}{\sqrt{R_3}}\right)^2\right]^{\frac{1}{2}}\left[(\sqrt{R_1})^2+(\sqrt{R_2})^2+(\sqrt{R_3})^2\right]^{\frac{1}{2}}\\&\geqslant\frac{U_1}{\sqrt{R_1}}\cdot\sqrt{R_1}+\frac{U_2}{\sqrt{R_2}}\cdot\sqrt{R_2}+\frac{U_3}{\sqrt{R_3}}\cdot\sqrt{R_3}=U.\end{aligned}$$

等号在 $\frac{U_1}{\sqrt{R_1}}/\sqrt{R_1}=\frac{U_2}{\sqrt{R_2}}/\sqrt{R_2}=\frac{U_3}{\sqrt{R_3}}/\sqrt{R_3}$ 时成立，即

$$\frac{U_1}{R_1}=\frac{U_2}{R_2}=\frac{U_3}{R_3}.$$

可见欧姆定律使得电压合理分配,保证能量耗散最小.

(2) 在已知 R_1,R_2,R_3 的情况下,可以用实验模拟的方法,把 R_1,R_2,R_3 按 Y 或△形接法接好,测量各端情况并与实际电路比较并判断是哪种接法,或者由理论导出两种接法每两端的等效电阻,并与实际电路测量结果比较.

四、29. (1)以轨迹最低点为势能零点,则总机械能守恒,为

$$E=\frac{1}{2}m(R\dot{\theta})^2+mgR(1-\cos\theta)$$
$$=\frac{1}{2}mR^2\dot{\theta}^2+mgR\cdot 2\sin^2\frac{\theta}{2}.$$

在小角度近似下有

$$E=\frac{1}{2}mR^2\cdot\dot{\theta}^2+\frac{1}{2}mgR\cdot\theta^2.$$

这与弹簧振子的能量

$$E=\frac{1}{2}mv^2+\frac{1}{2}kx^2=\frac{1}{2}m\dot{x}^2+\frac{1}{2}kx^2$$

是类似的,故该物体也做简谐运动.

(2) 周期也可类比弹簧振子得到:

$$T=2\pi\sqrt{\frac{m'}{k'}}=2\pi\sqrt{\frac{mR^2}{mgR}}=2\pi\sqrt{\frac{R}{g}}.$$

(3) 如果 $R\to\infty$,上式表明 $T\to\infty$,这从物理上讲是不对的,因为这时重力加速度 g 不再恒定.上式中的重力势能形式应改为万有引力势能形式,然后再小量近似,结果仍然是简谐振动,但周期公式变了,这儿不再深入讨论.

30. (1) 释放后,弹簧由压缩状态开始伸长,直到自由状态,这个过程中 B 一直不动,而 A 获得动量;弹簧由自由状态继续伸长时,B 才会开始运动.因此从释放到 B 离开墙,墙对 B 的作用力为变力 kx,作用总时间为 $\frac{T}{4}$,根据冲量定义还需要积分计算.不过墙对 B 的冲量最终转为 A 的动量,因而可以由 A 的动量得到墙对 B 的冲量.刚开始时,系统总能量为 W,过程中无外力和非保守力做功,因而能量守恒,故有

$$W=\frac{1}{2}m_A v_A^2=\frac{1}{2}\frac{p_A^2}{m_A}.$$

从而可得墙对 B 的冲量大小为

$$I=p_A=\sqrt{2m_A W}.$$

其方向沿水平方向向右.

(2) 在 A,B 离开墙后,水平方向无外力,故其质心速度 v_C 恒定,为

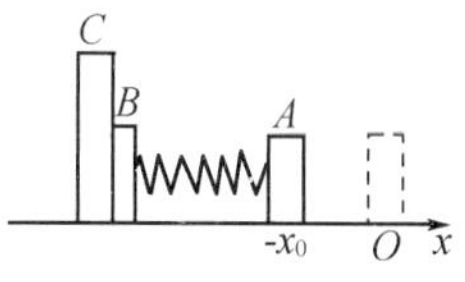

$$v_C=\frac{p_A}{m_A+m_B}=\frac{\sqrt{2m_AW}}{m_A+m_B}=\frac{m_A}{m_A+m_B}\sqrt{\frac{2W}{m_A}}.$$

在质心参照系中

$$m_Av'_A+m_Bv'_B=0.$$

能量守恒

$$\frac{1}{2}m_Av_A'^2+\frac{1}{2}m_Bv_B'^2+\frac{1}{2}kx^2=E=W-\frac{1}{2}(m_A+m_B)v_C^2$$
$$=\frac{m_B}{m_A+m_B}W.$$

显然在 $x=0$ 时，v'_A 和 v'_B 获得的最大速率为

$$v'_{A,\max}=\frac{m_B}{m_A+m_B}\sqrt{\frac{2W}{m_A}},v'_{B,\max}=\frac{m_A}{m_A+m_B}\sqrt{\frac{2W}{m_A}}.$$

于是

$$v'_{A,\min}=v_C-v'_{A,\max}=\frac{m_A-m_B}{m_A+m_B}\sqrt{\frac{2W}{m_A}},v'_{B,\min}=v_C-v'_{B,\max}=0.$$

31. (1) 小环 m 和小球 M 组成的系统在水平方向(x 方向)上不受外力，系统动量守恒，因而有

$$mv_m+Mv_{M,x}=0.$$

注意到 M 相对 m 的速度大小为 $v_{M,m}=l\omega$，则根据相对运动速度合成公式，有

$$v_{M,x}=v_{M,m,x}+v_m=-l\omega\sin\theta+v_m.$$

联立上面两式，可得

$$\frac{dx}{dt}=v_m=\frac{Ml\sin\theta}{m+M}\omega=\frac{Ml\sin\theta}{m+M}\frac{d\theta}{dt}.$$

两边消去 dt，并积分可得小环离开出发点的距离 x，为

$$x=l\frac{M}{m+M}(1-\cos\theta).$$

对于不太熟悉积分的读者，则直接可由质心运动定理得到小环离开出发点的距离 x. 由于在水平方向上不受外力，质心在水平方向上的坐标是不变的，则有

$$m\cdot 0+M\cdot l=mx+M(x+l\cos\theta).$$

解之，即得
$$x=l\frac{M}{m+M}(1-\cos\theta).$$

(2) 由水平方向动量守恒，得 $v_{M,x}=-\frac{m}{m+M}\omega l\sin\theta$. 注意到 m 在 y 方向没有运动，易得 $v_{M,y}=-l\omega\cos\theta$. 这样 M 在 x，y 方向的速度分量都有了.

在运动过程中，没有耗散力做功，系统机械能守恒. 取初始位置为势能零点，根据能量守恒，可得

$$\frac{1}{2}mv_m^2+\frac{1}{2}Mv_M^2-Mgl\sin\theta=0.$$

利用前面所给的 M 在 x,y 方向的速度分量与角速度 ω 之间的关系,即可求得

$$\omega=\sqrt{\frac{2(m+M)g\sin\theta}{l(m+M\cos^2\theta)}}.$$

把该角速度代回则可得 M 在 x,y 方向的速度分量,进而求出其速度的大小和方向,这正是原考题所要求解的.

32. (1) 由牛顿第二定律,得到

$$G\frac{M\cdot 2m}{R^2}=2m\cdot\frac{v^2}{R}.$$

从而可得

$$R=\frac{GM}{v^2}.$$

周期则为

$$T=\frac{2\pi R}{v}=\frac{2\pi GM}{v^3}.$$

(2) 设分离后飞船速度为 v',恰好能脱离行星时,则有

$$\frac{1}{2}mv'^2-\frac{GMm}{R}=0.$$

代入(1)中的 R,可得

$$v'=\sqrt{2}v.$$

在分离过程中,无外力作用,动量守恒,则有

$$2mv=mv'-mu.$$

于是,得刚分离后登陆艇的速率为

$$|u|=(2-\sqrt{2})v.$$

(3) 飞船和登陆艇在火箭喷射过程中共获得的机械能 E 即为前后动能之差,为

$$E=\frac{1}{2}mv'^2+\frac{1}{2}mu^2-\frac{1}{2}\cdot 2mv^2.$$

代入前面的 v' 和 u,可得

$$E=(3-\sqrt{2})mv^2.$$

33. 设 AB 棒的运动速度为 v,则棒中的动生电动势为

$$\varepsilon=BLv.$$

回路电压方程为

$$\frac{q}{C}=\varepsilon=BLv.$$

回路中的电流为

$$i=\frac{\Delta q}{\Delta t}=BLC\frac{\Delta v}{\Delta t}=BLCa.$$

AB 受到的安培力为

$$F_1=BiL=B^2L^2Ca.$$

AB 棒沿轨道方向的动力学方程为

$$mg\sin\theta-F_1=ma,$$

则

$$a=\frac{mg\sin\theta}{m+B^2L^2C}.$$

棒的运动时间为

$$t=\sqrt{\frac{2d}{a}}=\sqrt{\frac{2d(m+B^2L^2C)}{mg\sin\theta}}.$$

34. 光路如图所示.

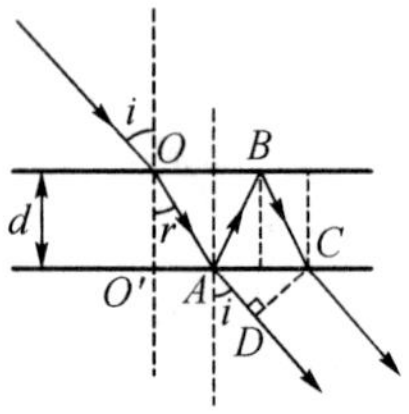

(1) 由折射定律,有

$$n_1\sin i=n_2\sin r.$$

出射点为 A,偏离入射点 O 的水平距离为

$$\Delta x=|O'A|=d\tan r=d\cdot\frac{n_1\sin i}{n_2\sqrt{1-\frac{n_1^2}{n_2^2}\sin^2 i}}.$$

$$=d\frac{n_1\sin i}{\sqrt{n_2^2-n_1^2\sin^2 i}}.$$

(2) 注意到 $n_1<n_2$ 时无附加光程差,透射光 ABC 和 AD 的光程差为

$$\begin{aligned}\Delta l&=n_2(AB+BC)-n_1AD\\&=2n_2\cdot\frac{d}{\cos r}-n_1\cdot AC\sin i\\&=2n_2\cdot\frac{d}{\cos r}-n_1 2d\tan r\cdot\sin i\\&=\frac{2d}{\cos r}(n_2-n_1\sin i\cdot\sin r).\end{aligned}$$

代入 $n_1\sin i=n_2\sin r$,则得

$$\begin{aligned}\Delta l&=\frac{2d}{\cos r}\cdot n_2(1-\sin^2 r)=2n_2d\cos r\\&=2n_2d\sqrt{1-\sin^2 r}=2d\sqrt{n_2^2-n_1^2\sin^2 i}.\end{aligned}$$

在 $\Delta l=k\lambda(k=1,2,\cdots)$ 时透射光加强,即

$$2d\sqrt{n_2^2-n_1^2\sin^2 i}=k\lambda.$$

有

$$\sin i=\frac{1}{n_1}\sqrt{n_2^2-\left(\frac{k\lambda}{2d}\right)^2}.\quad(k=1,2,\cdots)$$

这时根据能量守恒,透射光加强,反射光必相消.

35.

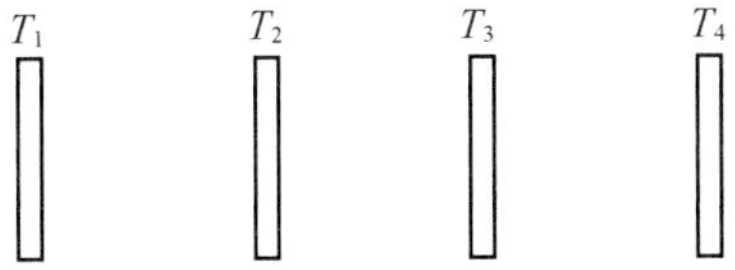

(1) 考虑第2块板,平衡时其左侧和右侧吸收和辐射的能量应达到平衡,即

$$\sigma T_1^4-\sigma T_2^4+\sigma T_3^4-\sigma T_2^4=0.$$

于是可得

$$T_2^4=\frac{T_1^4+T_3^4}{2}.$$

类似地,讨论第3块板,则有

$$T_3^4=\frac{T_2^4+T_4^4}{2}.$$

代入前式后可得

$$T_2=\sqrt[4]{\frac{2T_1^4+T_4^4}{3}}.$$

(2) 由维恩位移定律 $\lambda T=b$ 可知

$$\lambda_{太阳}\cdot T_{太阳}=\lambda_{人体}\cdot T_{人体}.$$

从而得

$$T_{太阳}=\frac{\lambda_{人体}}{\lambda_{太阳}}\cdot T_{人体}=\frac{9.6\times10^{-6}}{500\times10^{-9}}\times310\ \mathrm{K}=5.952\times10^3\ \mathrm{K}.$$

太阳辐射功率到火星时,有

$$P=\frac{R^2}{(400R)^2}\cdot\sigma T_{太阳}^4=\frac{1}{16}\times10^{-4}\sigma T_{太阳}^4.$$

设火星温度为 $T_{火星}$,则其辐射和吸收平衡,即

$$P\cdot\pi r^2=\sigma T_{火星}^4\cdot4\pi r^2.$$

从而得

$$T_{火星}=T_{太阳}\cdot\sqrt[4]{\frac{1}{64}\times10^{-4}}=T_{太阳}\times\frac{\sqrt{2}}{4}\times10^{-1}$$
$$=2.101\times10^2\ \mathrm{K}\approx210\ \mathrm{K}.$$

36. (1) 由于洛伦兹力不做功,故总能量守恒,有

$$qV_O+E_{kO}=qV_P+E_{kP}=qV_P+0.2E_{kO},$$
$$qV_O+E_{kO}=qV_M+E_{kM}=qV_M+0.52E_{kO}.$$

注意到 Q 点与 M 点等势,则由上面两式可得

$$V_P-V_O=0.8\frac{E_{kO}}{q},$$

$$V_Q - V_O = 0.48\,\frac{E_{kO}}{q}.$$

根据电势与电场的关系 $-\mathrm{d}V = \boldsymbol{E}\cdot\mathrm{d}\boldsymbol{l}$，注意到电场是匀强电场，则有

$$-(V_P - V_O) = \boldsymbol{E}\cdot\overrightarrow{OP},$$

$$-(V_Q - V_O) = \boldsymbol{E}\cdot\overrightarrow{OQ}.$$

注意到 Q 点就在线段 OP 上，则由以上诸式，可得

$$\frac{|OQ|}{|OP|} = \frac{V_Q - V_O}{V_P - V_O} = \frac{0.48}{0.8} = \frac{3}{5}.$$

于是 Q 点坐标为

$$(x_Q, y_Q) = \frac{3}{5}(x_P, y_P) = (2.4, 1.8).$$

(2) Q 点与 M 点等势，说明电场方向必然垂直于直线 QM. 容易验证直线 QM 和直线 OP 的斜率满足

$$k_{MQ}\cdot k_{OP} = \frac{5-1.8}{0-2.4}\cdot\frac{3}{4} = -1,$$

也就是说，直线 OP 垂直于直线 QM，则电场方向平行于直线 OP.

注意到 q 为负值，由 $V_P - V_O = 0.8\,\frac{E_{kO}}{q}$ 可知，P 点电势比 O 点电势低，则可判断电场方向为 $\overrightarrow{OP}$ 方向，其在 x 方向上的分量为

$$E_x = E\cdot\frac{4}{5} = 80\ \mathrm{V/m}.$$

粒子从 P 点出了磁场区，速度方向平行于 y 轴，而它所受电场力的方向沿 $\overrightarrow{OP}$ 反方向，注意到它最后经过 M 点，因而可以判断在从 P 点运动到 M 点的过程中，只受电场恒力作用. 粒子在 P 点时水平方向速度分量为 0，因此，根据匀加速直线运动的规律，有

$$x_M - x_P = \frac{1}{2}\cdot\frac{qE_x}{m}\cdot t^2.$$

代入数值，可得粒子从 P 点运动到 M 点所需的时间为

$$t = 1\ \mathrm{s}.$$

13.2 模 拟 题

一、选择题(每小题 4 分，共 32 分. 在给出的 4 个选项中，有 1 个或多个选项是正确的. 全部选对的得 4 分，选对但不全的得 2 分，选错或不答的得 0 分)

1. 在地球赤道上的 A 点处静止放置一个小物体，现设想地球对小物体的万有引力突然消失，则在数小时内，小物体相对于 A 点处的地面来说，将 ( )

A. 水平向东飞去　　　　B. 原地不动，物体对地面的压力消失

C. 向上并渐偏向东方飞去　　　　D. 向上并渐偏向西方飞去

2. 为估算池中睡莲叶面承受雨滴撞击产生的平均压强，小明在雨天将一圆柱形水杯置于露台，测得 1 h 内杯中水位上升了 45 mm. 查询得知，当时雨滴竖直下落的速度约为 12 m/s. 据此估算该压强约为（设雨滴撞击睡莲后无反弹，不计雨滴重力，雨水的密度为 $1\times10^3\,kg/m^3$）（　　）

A. 0.15 Pa　　B. 0.54 Pa　　C. 1.5 Pa　　D. 5.4 Pa

3. 下列关于光的说法中，正确的是（　　）

A. 有的光是波，有的光是粒子

B. 真空中光的速度不随观察者速度的改变

C. 光子是静止质量为 0 的粒子

D. 光是电磁纵波，因而有偏振现象

4. 如图所示，C 为中间插有电介质的电容器，a 和 b 为其两极板，a 板接地. P 和 Q 为两竖直放置的平行金属板，在两板间用绝缘线悬挂一带电小球；P 板与 b 板用导线相连，Q 板接地. 开始时悬线静止在竖直方向，在 b 板带电后，悬线偏转了角度 α. 在以下方法中，能使悬线的偏角 α 变大的是（　　）

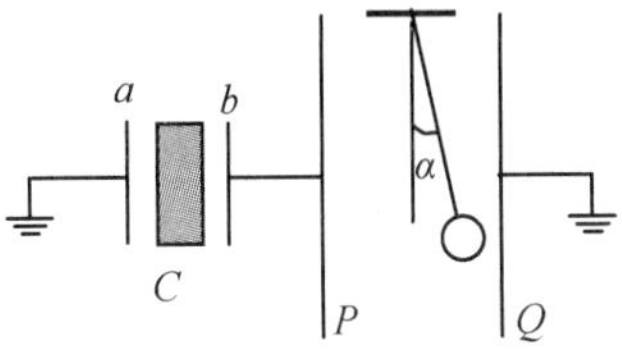

A. 缩小 a，b 间的距离

B. 加大 a，b 间的距离

C. 取出 a，b 两极板间的电介质

D. 换一块形状大小相同、介电常数更大的电介质

5. 设想地磁场是由地球内部的环形电流形成的，那么这一环形电流的方向应该是（　　）

A. 由东向西　　B. 由西向东　　C. 由南向北　　D. 由北向南

6. 一质点同时参加 x 和 y 两个垂直方向的简谐振动，它在 xOy 平面内，沿着一个椭圆做逆时针方向运动. 已知椭圆的轨迹方程为 $\frac{x^2}{a^2}+\frac{y^2}{b^2}=1$，$x$ 方向的振动方程为 $x=a\cos(\omega t+\varphi)$，则可知 y 方向的振动（　　）

A. 是简谐运动　　B. 振幅为 b

C. 周期为 $2\pi/\omega$　　D. 初相位为 $\varphi-\frac{\pi}{2}$

7. 在上下放置的双缝干涉实验中，若把下面一条缝封闭，并将一平面反射镜（镜面向上）平放在两缝的垂直平分线上，则在屏上（　　）

A. 干涉条纹的区域只在屏中心以上的部分

B. 干涉条纹的间距不变

C. 亮纹和暗纹的位置与原来的对换

D. 若将屏移向反射镜，接触处应为暗纹

8. 右图为一理想气体几种状态变化过程的 p-V 图，其中 MT 为等温线，MQ 为绝热线，在 AM，BM，CM 三种准静态过程中（　　）

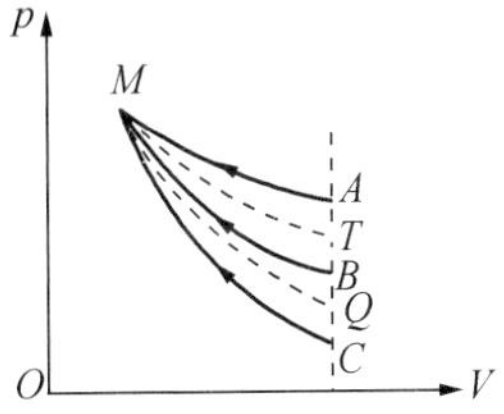

A. 温度升高的只有 BM 过程

B. 气体吸热的只有 CM 过程

C. 放热最多的是 AM 过程

D. 外界对气体做功最少的是 CM 过程

二、填空题(每小格 2 分,共 10 分)

1. 黑体辐射定律中出现的斯特藩-玻耳兹曼常量通过理论推导为 $\sigma=\frac{2\pi^5 k^4}{15h^3 c^2}$,其量纲为________(设 L,M,T,K 为长度、质量、时间、温度的量纲),估计其数量级为________.(已知 $h=6.626\times10^{-34}$ J·s,$c=3\times10^8$ m/s,$k=1.381\times10^{-23}$ J/K)

2. 如图所示,边长为 a 的等边三角形区域内有匀强磁场,磁感应强度 $\boldsymbol{B}$ 的方向垂直该竖直平面朝里.边长为 a 的等边三角形导体框架 ABC,在 $t=0$ 时恰好与磁场区的边界重合,而后以周期 T 绕其中心沿顺时针方向匀速旋转,于是在框架 ABC 中有感应电流.规定电流按 $A\to B\to C\to A$ 方向流动时电流为正,反向流动时为负.设框架 ABC 的总电阻为 R,则从 $t=0$ 到 $t_1=T/6$ 时间内平均电流 $I_1=$________.从 $t=0$ 到 $t_2=T/2$时间内平均电流 $I_2=$________.

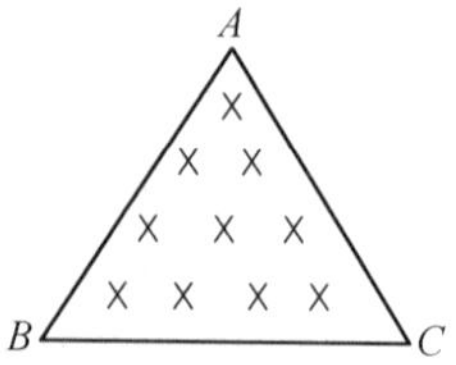

3. 某非理想气体发生绝热膨胀后,经等容过程回到初温状态,接着经等温过程回到初始状态,则绝热膨胀过程中气体所做的功 $W'=$________.[假设在等容过程中气体吸收热量 Q,在等温过程中气体做功 W,非理想气体内能 U 和压强 p 有如下关系 $U=p(T)V$ 和 $p=\frac{1}{3}p(T)$,式中 $p(T)$ 仅是温度的函数,V 是气体的体积]

三、实验题(14 分)

高精度测量电阻时,常采用惠斯顿电桥(电路如图示)来测量.

4 个电阻 R_1,R_2,R_S 和 R_X 构成一个四边形,B 和 D 之间连接检流计Ⓖ,BD 这条对角线就像是在 ABC 与 ADC 之间架起的一座“桥”,故称为“电桥”.4 个电阻称为“桥臂”.当 BD 两点电位相等时,桥路中的检流计Ⓖ中无电流通过($I_g=0$)时,称为电桥平衡.如果已知 R_1,R_2 和标准电阻 R_S,即可求出 R_X.

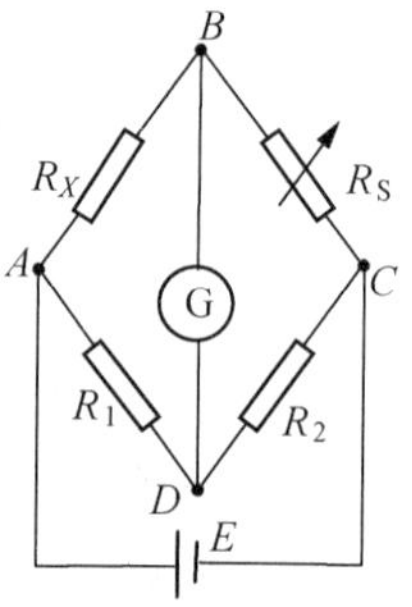

1. 在实验中,不改变 R_1,R_2,交换待测电阻和标准电阻位置后,电桥再平衡时,标准电阻值由 R_S 变为 R'_S,则可求得待测电阻 R_X 为________.这样做可以消除__________________造成的系统误差.

2. 正四面体 $abcd$ 中每条边电阻均为 r,则一边两个端点如 a,b 间的等效电阻 $R_{ab}=$________.如果六条边中有一边比如 cd 边的电阻 R 与 r 差很多,则 cd 间的等效电阻 $R_{cd}=$________.

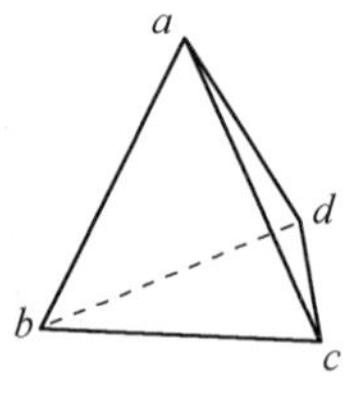

如果不允许拆开电路,要找出这条阻值与其他边相差很多的边并测出其具体值,那么:

(1) 如果用欧姆表进行测量,分析可能出现的情形,我们最多测量多少次,就能找到这个阻值与其他边阻值 r 相差很多的 cd 边?(事实上我们不知道哪个顶点是 c 或 d)

(2) 如果用电桥来测量 R 的精确数值,我们要测量的量有________.由这些量我们可以计算 R 的实验值为________________.

四、理论题(14 分)

在处理氢原子的线状光谱问题时,玻尔模型中有两个极为重要的假设:

a. 定态假设:原子能够,而且只能够,稳定地存在于与分立的能量相对应的一系列状态中,这些状态称为定态.

b. 频率条件:原子在两个定态(分别属于能级 E_n 和 E_m,设 $E_n>E_m$)之间跃迁时,吸收或发射

的光子的频率 ν 由 $h\nu=E_n-E_m$ 给出.

玻尔利用对应原理还得到一般教科书上所说的第三个假设:

c. 量子化条件:角动量是量子化的,即 $rmv=n\hbar$,$n=1,2,3,\cdots$,其中$\hbar=\frac{h}{2\pi}$.

试根据玻尔理论:

(1) 计算氢原子中电子在量子数为 n 的轨道上的能级以及圆周运动的频率.

(2) 计算当该电子跃迁到 $n-1$ 轨道上时所发出的光子的频率.

(3) 证明当 n 很大时,(2)和(1)结果近似相等,并说明其物理意义.

五、计算题(10×3=30 分)

1. 如图,一段长为 l、不可伸长、不计质量的光滑细绳的两端分别系于两竖直杆上的 A,B 两点,质量为 m 的小珠穿在绳上,平衡时处于 D 点. 已知 A,B 两点高度相差 h,$\angle CBA=\angle ABD$,$\angle ADB=90°$,重力加速度为 g.

(1) 试说明小珠的平衡位置满足的几何条件并证明之.

(2) 若给小珠垂直于竖直平面的微小冲量,求小珠摆动的周期.

(3) 若一开始小珠置于 A 处,从静止开始下滑,试写出它到达 D 处绳中张力满足的物理方程,并说明式中你所用符号的具体含义.(不要求展开具体数学运算)

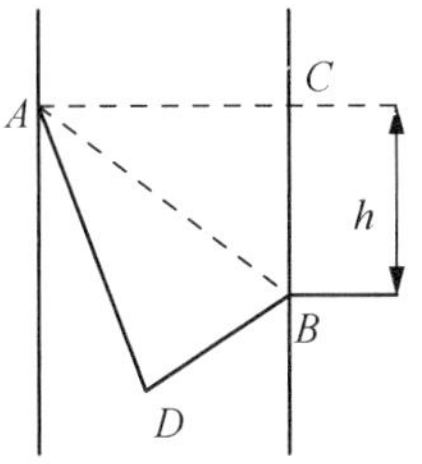

第 1 题图

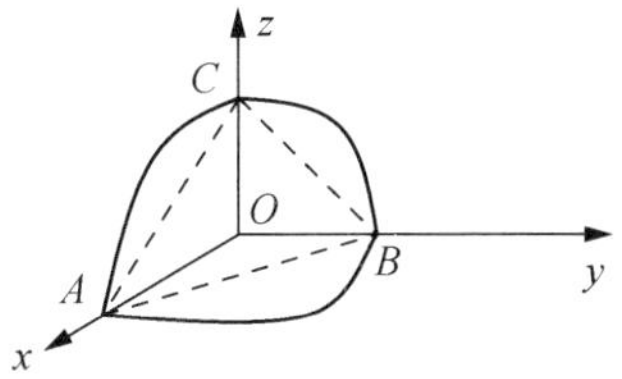

第 2 题图

2. 试用电磁学知识,求八分之一球面 ABC 在平面 ABC 上的投影面积.

3. 图示为一固定不动的绝缘的圆筒形容器的横截面,其半径为 R,圆筒的轴线在 O 处. 圆筒内有匀强磁场,磁场方向与圆筒的轴线平行,磁感应强度为 B. 筒壁的 H 处开有小孔,整个装置处在真空中. 现有一质量为 m、电荷量为 q 的带电粒子 P 以某一初速度沿筒的半径方向从小孔射入圆筒,经与筒壁碰撞后又从小孔射出圆筒. 设:筒壁是光滑的,P 与筒壁碰撞是弹性的,P 与筒壁碰撞时其电荷量是不变的,使 P 与筒壁碰撞的次数最少.

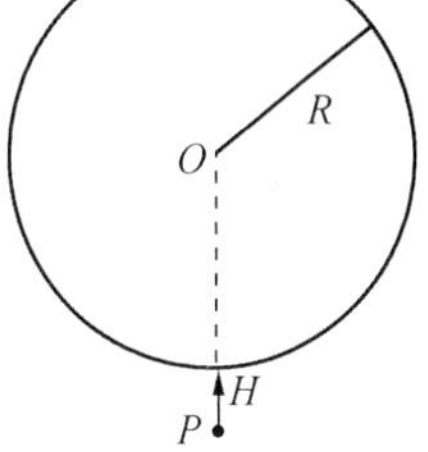

第 3 题图

(1) P 的速率应为多少?

(2) P 从进入圆筒到射出圆筒经历的时间为多少?

参考答案

一、1. D　2. A　3. BC　4. BC　5. A　6. ABCD　7. ABCD　8. BCD

二、1. $MT^{-3}K^{-4}$　$6\times10^{-8}J\cdot m^{-2}\cdot s^{-1}\cdot K^{-4}$

2. $-\frac{\sqrt{3}}{2}Ba^2/TR$　$-\frac{\sqrt{3}}{6}Ba^2/TR$

3. $Q+3W$

三、1. $\sqrt{R_S R'_S}$(2分)　接触电阻不同或电路不对称(2分)

2. $R_{ab}=r/2$(2分)　$R_{cd}=Rr/(R+r)$(2分)

(1) 由对称性可知,a,b,c,d 间六个电阻可分为三组:$R_{ab}=r/2$;$R_{ac}=R_{ad}=R_{bc}=R_{bd}\neq R_{ab}$;$R_{cd}=Rr/(R+r)\neq R_{ab}\neq R_{ac}$. 以同一顶点 a 与其他顶点间测量电阻,若一次测出 $R_{ab}=r/2$,则可知 cd 间为 R;若三次测量没测出 $R_{ab}=r/2$,则必有两次电阻相等,一次不等,则不等的这边即为 R. 故最多测量三次即可找到.(6分,答对"三次"给2分,三组分类2分,说明2分)

(2) R_{ab},R_{cd}　$R=2R_{ab}R_{cd}/(2R_{ab}-R_{cd})$(4分)

四、氢原子核外电子在原子核的库仑场中运动,有

$$\frac{mv^2}{r}=\frac{1}{4\pi\varepsilon_0}\frac{e^2}{r^2}. \qquad (1分)$$

其能量为

$$E=\frac{mv^2}{2}-\frac{1}{4\pi\varepsilon_0}\frac{e^2}{r}=-\frac{mv^2}{2}. \qquad (2分)$$

结合角动量量子化条件 $rmv=n\hbar$,$(n=1,2,3,\cdots)$ 得到速度为

$$v=\frac{e^2/4\pi\varepsilon_0}{\hbar c}\frac{c}{n}. \qquad (2分)$$

代入能量表达式即得

$$E_n=-\frac{mv^2}{2}=-\frac{mc^2}{2}\left(\frac{e^2/4\pi\varepsilon_0}{\hbar c}\right)^2\Big/n^2=\frac{E_1}{n^2}. \qquad (2分)$$

(1)
$$\nu_n=\frac{v}{2\pi r}=\frac{mv^2}{2\pi rmv}=-\frac{E_1}{n^2}\frac{1}{\pi n\hbar}=-\frac{2}{n^3}\frac{E_1}{h}. \qquad (2分)$$

(2)
$$h\nu=E_n-E_{n-1}=E_1\left[\frac{1}{n^2}-\frac{1}{(n-1)^2}\right].$$

$$\nu=\frac{E_n-E_{n-1}}{h}=-\frac{2n-1}{n^2(n-1)^2}\frac{E_1}{h}. \qquad (2分)$$

(3) n 很大时,(2)中跃迁光子频率表达式中1与 n 相比可略去,即与(1)中圆周运动频率相同. 这表明:在大量子数时,量子论的结果趋近于经典结果,此谓对应原理.　(3分)

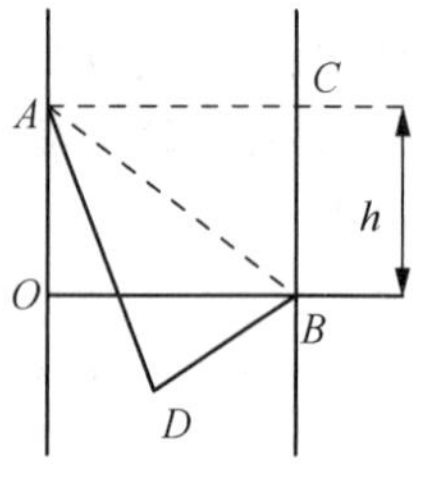

五、1. (1) 取 OB 为 x 轴,OA 为 y 轴,相应各点坐标为 $A(0,h)$,$B(d,0)$,$D(x,y)$,其中 d 为两杆间距. 绳长为 l,有

$$[(d-x)^2+y^2]^{1/2}+[x^2+(y-h)^2]^{1/2}=l.$$

平衡时,势能最小,即 y 取极小值. 对上式两边求导,并令 $dy/dx=0$,整理后可得

$$\frac{x}{[x^2+(y-h)^2]^{1/2}}=\frac{d-x}{[(d-x)^2+y^2]^{1/2}}. \qquad (2分)$$

这表明通过 D 点的竖直线恰好是 $\angle ADB$ 的角平分线,此即平衡位置满足的几何条件.

(2分)

证明几何条件可以像上面利用高等数学方法,亦可根据反射定律,用平面几何证明:保持 D 点高度不变,满足平衡条件时绳长是最短的. 这表明在保持绳长不变时,满足几何条件的 D 点即

为最低点.

(2) 据几何知识,易得等效摆长为 h,则可得小珠振动周期为

$$T=2\pi\sqrt{\frac{h}{g}}.\qquad(2\text{ 分})$$

(3)设 A,D 高度差为 Δy,小珠在 D 点速度为 v,则据能量守恒,可得

$$\frac{1}{2}mv^2=mg\Delta y.\qquad(1\text{ 分})$$

小珠到达 D 点后,绳子张力为 T,则根据法向牛顿第二定律,有

$$\sqrt{2}T-mg=m\frac{v^2}{\rho}.\qquad(2\text{ 分})$$

其中 ρ 为 D 点处椭圆轨道曲率半径. 于是可得张力为

$$T=\frac{\sqrt{2}}{2}mg\left(1+\frac{2\Delta y}{\rho}\right).\qquad(1\text{ 分})$$

2. 设球面半径为 r,面电荷密度为 σ,由微元法可知,八分之一球面在球心 O 点产生的电场强度 $E_{1/8}$ 与其投影面积 S 的关系为

$$E_{1/8}=k\sigma\frac{S}{r^2}.\qquad(3\text{ 分})$$

进一步可得半球面在球心 O 点处的电场强度为

$$E_{半球}=k\sigma\frac{\pi r^2}{r^2}=k\sigma\pi.\qquad(2\text{ 分})$$

注意半球面产生的场强可由 4 个八分之一球面产生的场强合成,考虑对称性,可得

$$E_{半球}=E_{1/8}\frac{4}{\sqrt{3}}.\qquad(3\text{ 分})$$

联立以上各式,可得八分之一球面投影面积 S 为

$$S=\frac{\sqrt{3}}{4}\pi r^2.\qquad(2\text{ 分})$$

3. (1) 如图甲所示,设筒内磁场的方向垂直纸面指向纸外,带电粒子 P 带正电,其速率为 v. P 在筒内的路径由三段等长、等半径的圆弧 HM、MN 和 NH 组成. 现考察其中一段圆弧 MN,如图乙所示. 由于 P 沿筒的半径方向入射,OM 和 ON 均与轨道相切,两者的夹角

$$\alpha=\frac{2}{3}\pi.\qquad(1\text{ 分})$$

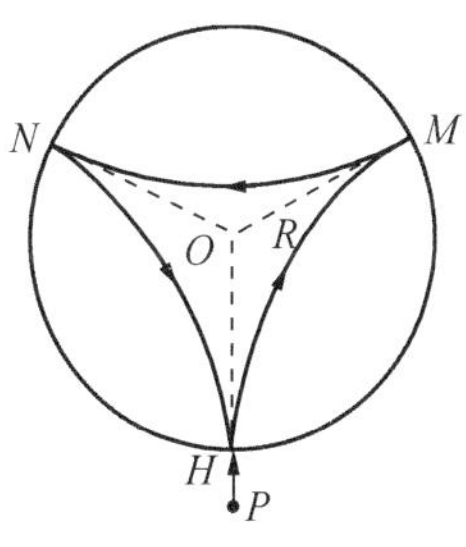

图甲

设圆弧的半径为 r,则有

$$qvB=m\frac{v^2}{r}.\qquad (2\text{分})$$

圆弧对轨道的圆心 O' 所张的圆心角

$$\beta=\frac{\pi}{3}.\qquad (1\text{分})$$

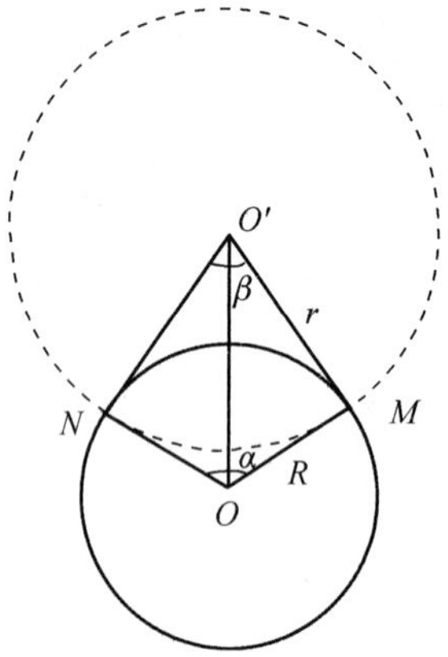

图乙

由几何关系得

$$r=R\cot\frac{\beta}{2}.\qquad (2\text{分})$$

由以上三式得

$$v=\frac{\sqrt{3}qBR}{m}.\qquad (1\text{分})$$

(2) P 由小孔射入到第一次与筒壁碰撞所通过的路径为

$$s=\beta r.\qquad (1\text{分})$$

经历的时间为

$$t_1=\frac{s}{v}.\qquad (1\text{分})$$

P 从射入小孔到射出小孔经历的时间为 $t=3t_1$,由以上有关各式得

$$t=\frac{\pi m}{qB}.\qquad (1\text{分})$$